Truth In Fantasy

タオ《道教》の神々

真野隆也

新紀元社

序文

●道教とはなにか

道教を簡単に定義すると、シャーマニズムを基盤として老子の哲学や儒教儀式、さらには仏教の教理などを採り入れた、中国民族固有の宗教ということができるだろう。道教の〝道〟とは「聖人の道」という意味で、いわば理想的な人間像ということである。

その第一の目的とするのは〝不老長生〟、つまり老いさらばえることなく長生きすることである。中国人は古来、〝福禄寿〟が人間のもっとも大切なものと考えている。福＝幸福、禄＝財産、収入、寿＝長生きである。もっともいくら幸運や財産が山ほどあったところで、死んでしまえば何の意味もないのだ。そこで〝寿〟つまり長生きすることがいわば究極の目的となったのである。

長生といったところで若く、何の病気も持たない人にはピンとこないだろう。しかし、古代中国に比べて飛躍的に進歩したと思われる現代医学においても、癌をはじめとする難病はいまだに克服できず、どんな人間にも老衰による死は免れない。ましてや衛生観念の行き届いていない時代では、感染症をはじめ、死にいたる病気は数えきれない。もしも、死を免れる方法があるのなら誰でも飛びつくのは当然のことだ。道教のひとつの柱である神仙思想はそうした背景から生まれたと思われる。神仙＝死を超越した人間である。何人もの神仙の存在がエピソードとともに伝説化されると、人々はみずから神仙になれる可能性を追求したのである。人間としての理想像を追求したり（老子の哲学）、医学的な研究（健康法、神秘的な薬＝神丹）や倫理的な生活姿勢（功過格　三十八ページ参照）である。さらに儒教の厳格な儀式を借りてきたり、仏教の死生観から地獄の概念や因果応報、輪廻転生などが採り入れられたのである。つまりこの世での所業が、死後の世界や生まれ変わる際に大きく影響するというのだ。したがって、この世での道徳的な生活が重要視されることとなった。

中国には自然現象や無機物、樹木や動物などすべての存在に生命が宿っているというアニミズムや呪術信仰（鬼道）が古代から色濃く存在し、中国独特の思想である易、八卦、陰陽・五行説もある。それらを貪欲に吸収し、時代の影響をさまざまに反映しながら出来上がった信仰体系が「道教」であるといえるだろう。

さまざまな要素を吸収して育ったものだから、その内容は複雑極まりなく、矛盾や混乱もある。道教がはたして宗教かどうかという論議もあるという。しかし、実際に十数億の人間が生活習慣のなかに採り入れ、信仰の対象としているのである。しかも、長い年月をかけて練り上げたものであるだけに、中国民族の体質や考え方を知る上で、たいへんに興味深い存在であるといえる。「道教」とはこうした興味津々たる宗教なのである。

●宗教としての成り立ち、発展

道教が宗教教団として形を整えたのは、二世紀初頭の「太平道」（百七十八ページ参照）と、それにやや遅れて発足した「五斗米道」（後の天師道、正一道　五十一ページ参照）とされている。晋代（二六五～四二〇）には葛洪（百九十三ページ参照）が『抱朴子』を著し占星術、錬丹術、鬼神駆使術などを集大成して、道教の教理を確立した。その後、中国で仏教が教団の形を整えはじめると、五世紀初頭に寇謙之[*一]は仏教にならって科儀（儀式）、斎醮《さいしょう》（祭壇での祈禱法）などを定めて新天師道を設立した。道教寺院が出来て道士（修行僧）や女冠（尼僧）が置かれ、「道教」の名称が初めて使用された。

さらに陶弘景[*二]は道教の神学を確立し、神々の階位表を著した。彼の宗派は「茅山派」「上清派」と呼ばれた。

唐代（六一八～九〇七）に入ると道教は次第に国家の主導的な宗教になっていった。皇帝や貴族階級が帰依したのである。十二世紀に金が王朝を建てると、道教も変貌した。それまでの呪術性は薄れ、儒教や仏教の教理を大幅に採用した新しいタイプの教団として全真教、太一教、真大道教が勃興する。とりわけ勢力を誇ったのは王重陽（百九十八ページ参照）の興した全真教で、禅の思想と実践を採り入れた性命双修《せいめいそうしゅう》（心身ともに修める）を実行し、知識人階級の支持を受けた。王重陽の後継者である丘長春（長春真人　百九十九ページ参照）がモンゴル帝国のチンギス・ハンの庇護を受けると、勢力を政権内部にまで及ぼした。

●現代の道教

元代（一二七一〜一三六八）に最盛期を迎えた道教は、その後次第に衰退していき、政治に深く関与することはなくなったものの、民衆の支持は衰えることがなかった。明代（一三六八〜一六四四）になると政府は道教を全真教と正一教のふたつに分けて統制した。

しかし中華人民共和国の成立（一九四九）と文化大革命（一九六六〜一九七六）を経て、道教は他の宗教とともに衰退の一途をたどった。その後の開放政策のなかで、道教もすこしずつではあるが息を吹き返し、閉鎖された道観や廟も修復されるようになった。

本国ではこうした状況下にあるが、昔のままの勢いを保っている国も少なくない。台湾や香港という中国民族の国や、マレーシア、シンガポール、タイなど、華僑が勢力を持つ各地に道教は生きつづけている。世界の主要都市にあるチャイナタウンでも、道教の習慣のままに生活する人々を見ることができる。

さらに、中国文化の支配下にあった日本や韓国にも道教の影響が残っている。『日本書紀』にはすでに「常世の国」として不老不死の楽園が紹介され、神仙思想が入っていたことがうかがえる。修験道の始祖とされる「役《えん》の小角《おづの》」は道術の士ともいえる存在である。奈良・平安時代には「陰陽道」が信仰され、江戸時代には庶民のあいだで「功過格」を説いた書物が流行している。クドの神さま、荒神さまというのは竈神のことだし、庚申信仰も道教の「三尸説」（三百七十四ページ参照）がルーツになっているのだ。

そのほかにも、日常的なさまざまの事柄が道教の教えに由来している。夜、爪や髪を切ってはいけないという迷信や、臍下丹田とか、元気、気力などの言葉は、道教用語そのものなのである。もっとも中国文化の背景となるものが道教思想なのだから、中国文化の影響を大きく受けているわれわれ日本人のボキャブラリーにこうした言葉が多いのは当然でもある。

●神々のプロフィール

本書が採り上げるのは、道教の神として中国人に信仰されているキャラクターの紹介である。八百万《やおよろず》の神という言葉があるが、道教[*三]の神々も実に多く、ちょっと数えただけでも数百に達するほどだ。神々を簡単に分類すると、初めから神格の権化として作りだされた神々（元始天尊など）、思想・哲学的指導者（老子など）、伝説化された英雄（関羽など）、永遠の生命を得た仙人（左慈など）、神話上の神（黄帝など）、自然崇拝の対象（龍王など）、物語の主人公（孫悟空）たちである。

これほど多彩な顔ぶれなのだから、信仰の仕方も対象に応じて違ってくる。つまり、仏さまのように崇めたてまつる場合もあれば、敬愛される程度の神もいるし、怒らせると怖い精霊もいる。しかも、天上界にいるとされる神々も転勤や交代があるのだから、話はさらに複雑になる。したがってキリスト教のような一神教を信仰する西洋人からは、道教を宗教と認められないとする説も出されるのだ。

ともあれ、こうした神々の存在を知ることで中国人の発想法が理解できるし、『西遊記』や『三国志』を読む上でも大きな手助けになる。それに、なによりも神々のプロフィールはたいへんにユニークで面白い。本書の企画意図がその点にあることをご承知おきいただきたい。

＊神名として表記されたローマ字は拼音《ピンイン》表記によるもの。

＊年号、エピソードなどについて食い違いがみられる場合がある。これは数説あるなかからひとつを採用したものなので、詳細についてはそれぞれの専門書を参照されたい。

＊一　**寇謙之**《こうけんし》　三六三〜四四八。河北省の出身で、北魏第三代の皇帝である太武帝に謁見して都に天師道場を建設し各地方に道教寺院を建設した（四三一）。ここに道教が国家公認の宗教となったのである。その後、教団組織を強化して、皇帝に廃仏を断行させた。

＊二　**陶弘景**《とうこうけい》　四五六〜五三六。江蘇省の出身。十歳で葛洪の『神仙伝』を読んで道士になることを志し、梁の武帝（四六四〜五四九）の保護を受けた。儒教、仏教、道教のいわゆる三教に通じ、老子を神格化したその著書『真誥』は当時の代表的な道教経典となった。

＊三　**道教の神々**　現在、道教で信仰されている神々の数は、台湾の場合、『台湾廟神伝』（中華民国一九八五年発行）によると、孔子や関羽など実在の人物・伝説上の天子が八十九神、仏教からきたもの三十三神、自然神・庶民神が三十一神、通俗信仰からきたもの七十九神、その他の由来を持つ神を含めると合計で三百二十神以上になると報告されている。また、一九七八年のデータでは台湾にある道観・廟の数は四千七か所である。台湾の数十倍の国土を持つ中華人民共和国では、文化大革命中に多くの廟が破壊、閉鎖され、その実態は掴みにくいが、その後の開放政策と共に復興されつつある。

目次

第七章「神仙」 347

終章 417

第一章

天界神

ここで紹介する神々は、道教のなかでももっとも位が高いとされている神々である。道教研究家の多くは、道教を成立道教と民衆道教に大別して取り扱っている。成立道教とは、宗門として道士が唱える道教で、煩雑な教義や理論があり、民衆道教とは一般の、市井の人々が日常生活で信仰する、いわば通俗的な道教の形である。こうした分類はあくまでも便宜的なものではあるが、成立道教の神々のなかには庶民があまり親近感をもたない神も存在する。しかし、教義のなかでは非常に重要な役目を担っているのである。

本書の目的は壮大なイメージをかきたててくれる神や、ユニークなキャラクターにあふれる神を紹介していくことで、あまり抹香臭い神々は扱わない方針ではあるが、神々が住むとされる天上界のようすを知ることも道教理解の上では欠かせないのである。

さて、天上界に住む神々はすべて、それぞれの役職をもっている。それは古代中国の官僚制度をそのまま天上に移したようなものである。したがって、人事異動もあれば転勤・左遷もあるといったように、時代の推移にともなって最高神も交代するという面白い現象がある。元始天尊と玉皇上帝の立場などもそういえるだろう。宗派によって上位に置く神も違ってくるし、さらにはある時代において、皇帝が特別な信仰を示した神などは、皇帝から称号を貰うと天界での立場も強くなるのである。つまり、けっこう融通が利くというのが彼らの役職分担なのである。

こうした役職分担というか、神々の上下関係を示したものは神相図と呼ばれる。仏教を参考に作られたのであるが、以上の理由によって、各時代、宗派ごとに神相図の登場人物は違ってくる。また道観（道教寺院）や廟によって祀られる神々の顔ぶれも違ってくる。日本の神社の場合、祀られる神体はひとつであるが、道観または廟の場合は、例えば関帝廟といっても鎮座するのは関羽さまひとりではなく、ほかの多くの神さまも併せて祀られるのが普通だ。元代に隆盛を誇った北京の白雲観という道観には、今も百九十五体の神が祀られている。そして、それぞれの誕生日とされる祭日には、別個に祭祀が行われるのである。誕生日以外にもいろいろな記念日があるので、ほとんど毎日祭祀が行われるといっても過言ではないだろう。

ともあれ、高位の神さまたちの顔ぶれとさまざまな霊験を紹介していこう。

元始天尊《げんしてんそん》

yuanshitianzun

別名 上合虚道君応号元始天尊《じょうごうきょどうくんおうごうげんしてんそん》　楽静信《らくせいしん》

天界での役割 神々のすべての項点に立つ最高神

気より生じた創造神

この世のあらゆる物事が始まる前、つまり宇宙がまったく形をなしていないときに、「気」（生命の原動力となる神秘的な勢い。あらゆるもののエネルギー源）に触れて生まれたのがこの最高神であるとされている。過去、現在そして未来にいたる永遠の生命を持った存在である。元始天尊が生まれてはじめて、すべてのものに名前と実質が与えられたのだという。数百、あるいは数千とも数えられる道教の神々は皆、直接あるいは間接的に元始天尊によって奥義を授けられたのである。

道教の教義によれば、天上世界は三十六層に分かれている。そのなかの最高天である大羅天という場所に元始天尊の住まいがある。玉京と呼ばれるその地は、地上にびっしりと黄金が敷きつめられ、御殿の階段は純白の大理石で作られている。周囲には宝石があちこちにあり、木々にも宝石が実っている。さらに、キリンやライオンが遊んでいるという。これらの動物は神聖な存在で、瑞兆（めでたいきざし）をもたらす霊獣である。

ある説によれば、やはり宇宙がまだ混沌としていて、星もなく、天と地の境もない頃に盤古真人《ばんこしんじん》という神がいて、みずから元始天王《げんしてんのう》と名乗っていた。それから四劫《こう》*、つまり宇宙の成立から破滅にいたる時間の四倍が経過すると天地が分かれた。さらに二劫の時間が過ぎて、太元玉女という女性神が生まれた。元始天王は太元玉女と結婚して天皇（天上界の皇帝）を生み、天皇は地皇（地球上の皇帝）を生み、地皇は中国の伝説的存在となる人皇（人間界の皇帝）を生み出したという。この盤古真人（元始天王）こそ道教の最高神である元始天尊であるという。

☯死んだ肉体が宇宙を構成

古代の中国人が盤古真人に託したイメージは壮大なものだ。彼は一日に二・二五メートルずつ成長して天と地を分割したほどの巨人なのだが、死に際して巨大な肉体が解体・拡散して世界を構成することとなる。すなわち左目は太陽になり、右目は月に、呼吸は風や雲となり、その声は雷鳴と電光になったのである。さらに、髪と髭は星となって大空にちりばめられ、四肢五体は地上に四極（東西南北）と五獄（五岳＝二百四十四ページ参照）をもたらした。血液は河川となり、筋は地脈となり、肉は田畑となった。皮と体毛は草木に、歯と骨は金属と石に、そして汗は雨になったというのである。

いわば、古代の中国人が考えられる限りの大きなスケールで盤古真人の肉体は再構成さ

れたのである。こうした発想は、宇宙全体を支配する秩序がそのままミクロに凝縮されて、人間の肉体と「入れ子（相似形）」になるという思想のルーツとなるものだ。

元始天尊の十戒

元始天尊をめぐるエピソードは残念ながらあまり存在しない。それは宇宙創造神という抽象的な立場に起因しているといえる。また、この章すべての神についてもいえることなのだが、自然発生的な民間信仰を「道教」として体系化を図るときに、いくつかの矛盾を含んだまま神格を設定したのである。したがってこの神は民衆には理解しにくい存在なのである。庶民と触れ合うにはあまりにも偉大な存在なのだとする評価もある。

さて、あるとき元始天尊は大勢の神々や仙人を引き連れて宇宙の各地を巡視したことがあった。ある国に着くと、そこは国王が道教の神々をうやまい、たいへん平和な治世を行っていた。そこで天尊は使者を国王の元に遣わして、次の十種類の戒律を伝授したという。

一．両親や師、目上の人にそむき、不孝をしないこと。
二．殺生をしたり、すべてのものの生命を損なわないこと。
三．君主にそむき、国家を損なわないこと。
四．親類はもちろんのこと、血縁のない女性とも姦淫してはならないこと。
五．道教について非難したり、教えを他人に漏らしてはならないこと。
六．祭壇を汚したり、祭壇の前で淫らな服装をしないこと。
七．孤児や貧乏人をだましたり、他人の財産を奪ってはならないこと。
八．大酒を飲まず、悪口や二枚舌を使わないこと。
九．太陽、月、星の下で裸になったり、老人や病人を捨てないこと。
十．凶悪な行い、尊大、多大な利益を慎むこと。

こうした戒律はわたしたち現代人から見ると、いかにも幼稚な道徳訓にしか思えないが、弱肉強食が正義として横行した古代社会にあっては大きな意味があったのである。わたしたちの持つモラルも、こうした戒律が積み重なって作られたものであることを了解したい。

天上界は三十六階の高層ビルディング

道教では、人間は死ぬとまず地獄に落とされる。そして閻羅王による裁判の結果、罪のある者は懲役刑となり、そうでない者は天上界に昇ることができるとされる。それでは天上界はどのような構造になっているのだろうか。

各説あるなかで、一番ポピュラーな三十六層説を紹介しよう。一般の人間が到達できる天界は欲界、色界、無色界の、いわゆる三界である。これは天界のなかでも下層に位置する世界である。

欲界＝太皇黄曽天という名前の天界から七曜摩夷天までの六層に分かれている。生前に悪事、殺盗、邪淫の罪を犯さなかった人間が行くことができる。ここに入った人間の寿命は一万年とされている。

色界＝虚無越衡天から無極曇誓天までの十八層の天界がある。ここには一生の間に悪事を犯さず、怒りの表情を見せなかった人間が住むことができる。ここでの人間の寿命は一億万年。

無色界＝皓庭宵度天から秀楽禁上天までの四層の天界。悪口、二枚舌、嘘、おべんちゃらをいわなかった人間が入ることができる。ここでの人間の寿命は一億万年のさらに一億倍である。

以上が普通の人間が到達することができる三界で、合計二十八層の天界である。さらにその上にあるのが「上四天」と呼ばれる世界だ。無色界で善行を積んだ善男善女は、西王母の迎えを受けて、四梵天《しぼんてん》あるいは四種民天《ししゅみんてん》という四層からなる天界に昇ることができるとされている。ここまで到達すると、もはや人間には死を待つという恐怖は存在しない。永久の生命が保証されるのである。

さらにこの上に「太清《たいせい》」、「上清《じょうせい》」、「玉清《ぎょくせい》」という天界がある。ここは仙人と大勢の神さまの住む世界であり、人間は到達することができない。位の高い神仙はみなそれぞれの宮殿を持ち、仙王、仙公、仙伯、九仙、九真、九聖などの仙官の住居でもある。

さて、そのまた上にさらに天がある。これこそが天界中の天界である大羅天《だいらてん》である。いわば天国の最上階なのである。ここには玄都《げんと》という都市があり、その中心部に玉京という宮殿がそびえたっている。この宮殿の主人公が道教の最高神である元始天尊なのだ。彼は宇宙の創造神で、混沌からすべての物を作った神である。もちろん現在もなお宇宙の一切をコントロールしているとされる。宮殿は金銀宝石で飾られ、庭には霊獣の麒麟や獅子が遊ぶという、中国人にとってはこれ以上望みようのない、ユートピアだ。

＊一劫《こう》　または「ごう」と読む。サンスクリット語のカルパ（kalpa）の中国語「劫波」の略である。仏教用語で、測ることも数えることもできないほどの長い時間の単位という意味である。元来はヒンドゥ教の神話の千ユガ（yuga）に相当し、人間世界では四十三億二千万年に相当する。これは宇宙の成立から滅亡にいたる時間とされている。「四劫」というのは、この時間を「成劫《じょうこう》」、「住劫《じゅうこう》」、「壊《え》劫《こう》」、「空劫《くうこう》」に分けた言葉。したがって本文の四劫をあえて解説すれば、四十三億二千万年ということになる。

太上老君 たいじょうろうくん

taishanglaojun

別名 道徳天尊《どうとくてんそん》　老子《ろうし》　**天界での役割** 元始天尊を補佐する上級神

道教の中心思想を担う実在人物

太上老君は〝道家〟*一の開祖であり、本名は李耳《りじ》、戦国時代の初期（紀元前五～紀元前四世紀前半）に実在したとされる人物である。一般には老子の名前で知られている。

彼は周（紀元前十一世紀～紀元前二五五年まで、約八百五十年間続いた王朝）の王室書庫の記録官をしていたといわれている。当時から哲学者として知る人ぞ知る存在だったが、「自分を隠し、名を現さない」という主義を貫くことから周囲の人間は彼の偉大さを理解していなかった。やがて、周の国力が衰えたことに見切りをつけてぶらりと旅に出た。函谷関《かんこくかん》（当時の西の国境）を通ると、そのまま行方がわからなくなったという。風のように消えていったのである。ところが、国境で警備隊長の尹喜《いんき》に求められて、道徳の奥義を説いた五千字の書物を書き記した（詳細は「尹喜」の項参照）。

このたった一冊の書物が老子を一躍スーパースターにしたのである。書物は数世紀後に大きな反響を呼び、道教のもっとも重要な経典として受け入れられ、皇帝から庶民にいたるまですべての中国人の思想的よりどころとなったのである。この書物は現在伝えられている『老子』（別名は『道徳経』）である。

老子の思想は「無為自然」すなわち万物の根源を無であるとし、無の性格は自然で、水のように物事に逆らわずに流れるものであるとした。しかも生命の源をなすというものである。

天界の精霊が地上に降り立った

老子は古代から現代にいたるまで、庶民にもたいへんに人気のある神さまで、多くの逸話や小説にも登場している。例えば『西遊記』[*二]では、乱暴で神さまも手に負えない孫悟空を懲らしめ、やがては孫悟空の良き相談相手になっている。

『神仙伝』[*三]によると、老子はもともと人間ではなかったと記されている。その各説を紹介しよう。まず、老子の母は流星を見て、その「気」に感じて老子を身ごもったという。また母は懐妊してから七十二年目にして老子を生んだという。しかも生まれる時に母親の左脇の下が割れて出てきた。生まれながらに白髪だったので「老子」と呼ばれたという。また一説によれば、母親が李《すもも》の木の下で生み落とし、老子は生まれるとすぐに口を開いた。李の木を指さして「これをわたしの姓としよう」といったのだそうだ。

道教経典による老子の姿は身長およそ三メートル、身体は黄色で、鼻は鳥のくちばしに

似ていて眉の長さ十七センチ、耳は長さ二十三センチという異形をしていて、亀のベッドに横たわり、身には五色の雲をまとっている。黄金と宝石で飾られた御殿に住み、階段は白銀で作られている。彼の前後左右には天の東西南北の守り神である、多数の青龍《せいりゅう》、白《びゃっ》虎《こ》、朱雀《しゅじゃく》、玄武《げんぶ》が護衛となり、頭上には雷電が輝いているという。

老子が釈迦に生まれかわったという説

老子には「化胡説《かこせつ》」、「転生説」というものがある。「化胡説」とは老子が胡（ここではインドを指す）へ行って釈迦となった。または釈迦に仏教の教えを授けたという伝説。老子が登場する最古の資料である『史記』[*四]には西の国境を立ち去り、誰もその最期を知らずとあることから、この伝説が生まれたようだ。一六六年、襄楷《じょうかい》という人が桓帝をいさめるために上奏文を記したが、このなかに老子が浮屠《ふと》（釈迦）になったという一節があり、それを起源としている。

老子は姿を消してから後も、いろいろな時代に姿を変えて出現して人々の救済者になったということは広く信じられている。これが「転生説」である。三皇五帝[*五]以来、名前や姿を変えて代々の皇帝の師となったとされているのである。例えば伏羲《ふつぎ》に八卦（二百六十八ページコラム参照）を教え、神農《しんのう》（二百五十八ページ参照）の前には大成子《だいせいし》という名前で現れ、百穀や百薬を伝授した。祝融《しゅくゆう》の時代には広寿子《こうじゅし》という名前で火や陶器の製作法を教えたとされるのである。いわば、すべての大事な物事のルーツが老子の影響下にあるというのである。こうしたエピソードは、老子という存在が時間を超越し、姿形も自在に変貌できる能力を示している。

また『道徳経』を唱えると、老子は信者の目前に姿を現し、救ってくれると『老子変化経』（敦煌出土の経典、六一二年著）に記されている。これほど変幻自在の人物なのだから、釈迦に生まれかわったとしても不思議はない。もっともこういう伝説は道教信奉者にしてみれば都合のよいものである。自分たちの宗教の祖が仏教の開祖でもあるというのだから、仏教徒より優位に立てるという心理が働いているのかも知れない。ちなみに老子がマニ（Mani＝マニ教の開祖）になったという説すらもある。

☯孔子による老子評

孔子は老子に面会したことがあるが、そのときのようすを弟子たちにこう語っている。

「鳥がよく飛び、魚がよく泳ぎ、獣がよく走ることはわたしもよく知っている。……しかし龍についてはまったくわからない。龍は風雲に乗じて天に昇るというが、わたしが今日お会いした老子という方も龍のような人物であった」（『史記』より）

天地創造のエネルギー源「気」

古代中国の哲学において、宇宙創造以前の基本的な概念として考えられたのが「気」である。天と地が分かれる前のなにもない世界に、この「気」が充満して天地が分かれ、次いであらゆる物事ができあがったのである。人間をはじめとして自然界のあらゆるものを成り立たせている生命・物質の動的エネルギーが「気」なのである。

この「気」の概念はたいへんに抽象的なものだが、戦国時代になって、孟子が〝浩然の気〟をとなえるようになると、具体的なイメージを持った思想的テーマへと変貌する。「血気」が元となり、治気養心という養生術の形態を伴うようになったのだ。

道家において、気は生命や自然の解明を求める思考の中で発展し、人間を含む万物の生成変化を「気」の集散によって説くようになった。

道教においては、教義の理想的観念である「道」を「気」(元気)と規定している。

「勇気」「空気」「やる気」「気力」など、われわれがなにげなく使う言葉もこうした背景を持っているのである。

＊一　道家《どうか》　老子とその後継者である荘子を代表とする学問の派閥のひとつ。周代末期から戦国時代にかけて、中国にはさまざまな思想が出現し「諸子百家」といわれるほどの賑わいを見せた。そのなかで道家は「無為自然」をモットーとして、仁義を重んじる儒家や兼愛説を唱える墨家を否定した。さらに人々が純粋な生活を送るために原始社会への復帰を説き、また統一国家の出現を予想している。

＊二　『西遊記《さいゆうき》』　一五七〇年頃に完成した長編小説で、中国四大小説のひとつとされている。作者は呉承恩。物語は唐の高僧である三蔵法師が孫悟空、沙悟浄、猪八戒を従えてインドの仏教経典を持ち帰るという話。これには玄奘《げんじょう》（六〇二～六六四）という実在の僧侶の旅行記『大唐西域記』が下敷きとなっている。明代の初めまで講釈師によって口説されていたのだが、これを呉承恩が当時の世相を踏まえて小説としてまとめあげた。

＊三　『神仙伝《しんせんでん》』　晋代の道士として有名な存在の葛洪（二八四～三六三）の著作とされる書物。内容は「神仙」つまり仙人のエピソードを個別に紹介したもの。平凡社より翻訳、出版されている。

＊四　『史記』　前漢の歴史家、司馬遷（紀元前二世紀頃）の著作である中国最初の歴史書。全百三十巻からなる大著で、当時最初の君主とされた黄帝から漢の武帝に至るまでの歴史を記している。この書は単に後世の歴史のみならず文学にまで大きな影響を与えている。

＊五　三皇五帝《さんこうごてい》　中国上古の伝説の帝王の総称。異説もあるが、三皇には伏羲、神農、祝融の三人をあてる。五帝には黄帝、顓頊《せんぎょく》、帝嚳《ていこく》、堯《ぎょう》、舜《しゅん》をあてる。

霊宝天尊 れいほうてんそん lingbaotianzun

別名 上清境霊宝君《じょうせいきょうれいほうくん》　三界医王太上道君《さんかいいおうたいじょうどうくん》　太上道君《たいじょうどうくん》

天界での役割 元始天尊の右腕

混沌を象徴する神

霊宝天尊は宇宙の始まりである混沌を象徴する神とされている。混沌とは、もやもやとしていて物の形が作られていないこと、または天地のまだ分かれない状態をさしているが、道教ではむしろこうした状態を歓迎する。すなわち、その状態こそが世界のあらゆる物事が生まれるための源なのである。それゆえに混沌という言葉ではなく「太極《たいきょく》」と名づけて、大きな価値を認めるのである。

霊宝天尊の像もしくは絵図には、宇宙原理である太極を象徴する陰陽鏡を持っていることが多い。つまり「太極」そのものを具現したのが霊宝天尊という存在なのである。こう述べるとなにやら難解な感じを持つだろう。しかし、仏教の寺院に相当する道観《どうかん》や廟《びょう》を訪問すれば理解できると思う。道観や廟の中央を占める建物には必ず「三清像《さんせい》」または「三清図」というものが祀られている。これは、いわば道教の三大最高神である。中央は元始天尊、左側には太上老君（老子）、そして右側にいるのがこの霊宝天尊である。この三者

を称して「三清」という。キリスト教の三位一体を連想するようだが、仏教の「三身説」[*一]から採り入れられたのである。つまり、霊宝天尊は元始天尊の抽象的な分身、あるいは哲学的な化身として存在しているのである。庶民にとってはなじみのないのも、こうした抽象的な役割をもたされたことに起因するのである。一方、具体的かつ実践的な役割を担うのは左側に鎮座する老子さまなのである。彼は庶民までがよく知っているスター的存在であり、具体的なエピソードをいくつも持っている。いわば神さまの役割分担であるといえよう。もっとも庶民には理解しにくく、割を食った霊宝天尊ではあるが。

ちなみに、彼ら三清は三清境という場所に住んでいるという。玉清《ぎょくせい》と呼ばれる場所には元始天尊が住み、上清《じょうせい》には霊宝天尊、そして太清《たいせい》には太上老君、つまりは老子さまがそれぞれの宮殿を構えて住んでいるとされている。

＊一　**三身説《さんしんせつ》**　仏教用語で応身《おうじん》、報身《ほうじん》、法身《ほっしん》の三者を総称して三身という。簡単に説明すればブッダ（Buddha）の死後、その肉体は滅びたものの、常に人々に教えを説く存在として仏教徒の心のなかに生き続けた。そうした、死してもなお生きる仏のあり方を仏教の理論家は三つの状態に分けたのである。応身とは超自然的な創造のもとに肉体を持った仏であり、報身は「果報の享受」、つまり永年の修行の結果として仏となったという意味である。そして法身というのは絶対的な原理（法）を持った存在としての仏という意味である。

玉皇上帝 ぎょくこうじょうてい yuhuangshangdi

別名 天公《てんこう》　玉皇《ぎょくこう》　玉天大帝《ぎょくてんたいてい》　玉皇大天尊玄霊高上帝《ぎょくこうだいてんそんげんれいこうじょうてい》　老天爺《ろうてんや》　玉皇爺《ぎょくこうや》

天界での役割 人間をはじめ生き物すべての運命をつかさどる

民間信仰の最高位にある神

時代の推移のなかで宗教は変貌していく。道教についても同様であるが、この場合は少々の変貌ではない。大きく変わるのである。例えば最高神についてである。実をいえば五世紀頃には太上老君（老子）が最高神の扱いを受けていたのであるが、六世紀になると元始天尊が最高神となった。玉皇上帝が登場するのはこの頃であるが、宋の真宗（九六八〜一〇二二）の時代になると事情が変わってくる。真宗は玉皇上帝を強く信仰したことから、人々はこの神を最高神として崇めるようになったのである。その結果として、今日では道士は元始天尊を、庶民は玉皇上帝を最高神として信仰するようになったのである。『西遊記』をはじめとする小説の世界にもたびたび登場して、人気はさらに不動のものとなっていった。

人々に慕われる理由は玉皇上帝の任務にある。中国人の各家庭には竈神《そうしん》（かまどの神）というものがいるとされる。この神はその家の人々の暮らしをつぶさに観察して、年末になると詳細な報告書をそれぞれの上級神に提出する。その報告書が最終的に集まるのが玉皇上帝の元なのである。さて、玉皇上帝は報告書を検討してひとりひとりの人間の善行と悪行をチェック、善行が多ければ翌年に幸福を授け、悪行が多ければ禍いを科すというのである。これを「功過格」（コラム参照）という。いわば地上のすべての人々の運不運、また寿命をコントロールする神なのである。

光に満ちた輝ける存在

『重増捜神記』という書物には玉皇上帝について以下のように記されている。昔、光厳妙楽国という国に浄徳王と宝月妃という国王夫婦がいた。王は年をとっても跡継ぎが生まれないので道士たちに依頼して盛大な祈禱を行った。祈禱が続けられて半年ほどたったとき、王妃は夢を見た。太上老君が赤ん坊を抱いて空を飛んできたので、懇願してその赤ん坊を貰い受けたという夢だった。彼女が目覚めたら妊娠していて、翌年の一月九日に男の子が誕生した。そのとき、宮殿には不思議な光が満ち溢れたという。

彼は成長するにつれて慈悲深くなり、宮殿の宝物などはすべて貧乏人に分け与えてしまったという。父王の死後、しばらくは政務を執ったが、やがて山中にこもって修行に打ち込んだ。そして八百劫、つまり宇宙が二百回も生まれたり滅びたりするほどの気の遠くなる時間を経て、ついに奥義を悟ったといわれている。しばらくは地上にとどまり、病人を

治したり、人々の悩みを救済していたが、そのうちに人間界から姿を消し、天上に昇っていったのである。

誰でも玉皇上帝の位に昇ることができる？

現在でも台湾や東南アジアの中国系住人の間では、この神は強い支持を受け続けている。台湾の人々は祭り事があれば必ず、玄関から入ってすぐの応接室入口近くに吊してある天公炉（香炉）を拝むしきたりがある。天公炉というのは名前の通り玉皇上帝のシンボル的存在である。（旧）一月九日の玉皇上帝の誕生日[*1]には、人々は各地の天公廟に参拝する一方、自宅の応接間に燈座《とうざ》と呼ばれる、紙に神像を描いた筒状の物を飾るのである。

玉皇上帝がなぜこれほどの人気を保っているのだろうか。それは、おそらくは玉皇上帝が最初から神だったわけではなく、善行を積み重ねた結果として天上界の王者に君臨したという、いわば庶民出身の神さまだったことに起因していると思われる。特別にものすごい奇跡を起こしたわけでもなく、日常生活のなかで徳を施したのである。言葉を換えれば、誰でも神になることができるという期待が込められているのだ。こうした期待を裏付けるような教義がある。

道教経典では善行をひとつ行えば心が安定し、善行を十回行えば気力が盛んになるとされているのだ。地仙（下級の仙人）になるには三百善、天仙（上級の仙人）には千二百善を行えばなることができると記されているのである。そして玉皇上帝になるためには一万善を行えばかなうのである。善行とは父母に孝行したり、すべてのものに慈悲の心を持ったり、自己犠牲、先祖の供養などと、さほど難しいものではない。こんな程度ならば誰だって仙人や神になれると思うのも不思議はない。ところが現実には、そうは簡単に神さまにはなれないのである。なぜならば、たったひとつでも悪行（殺生、飲酒、嘘、淫色など）を犯すと、それまで積み上げてきた一切の善行がすべてご破算になってしまうという仕組みなのだ。したがって一般の人々は、そうは簡単に神さまになることはできないのである。

前述の「功過格」とは違い、庶民には非情ともいえる厳しいルールがあるものの、善行そのものはさほど難解なものではない。ちょっと生活態度を改めれば一日に三つや四つの善行を積むことは可能なことである。悪行を犯さないという自信はないものの、特別に難解な経典を理解しろとか、人間の体力をはるかに超えた修行をしろとかいうものでないだけに、庶民にはとっつきやすいのである。このあたりが玉皇上帝の人気の秘密といえるのだろう。

功過格《こうかかく》

十二世紀の前半、道教宗派のひとつ〝浄明道〟が神託をもとにして作ったとされている。当初は道士を対象としていたが、十四世紀になると一般庶民が主な対象となった。簡単に説明すると、これは倫理や道徳を教えるものなのだが、中国人独特の合理的なシステムとなっている。善い行い（功格）がプラス、悪い行い（過律）をマイナスとして、それぞれに点数をつけているのである。つまり、一日の行いを得失点表に照らして記入し、一か月で小計、一年で総計を取るのである。その結果、得失点に応じて玉帝からプレゼントを受け取るのである。そのプレゼントとは生命の長さや、幸運といった形でもたらされる。人間にはあらかじめ定められた寿命というものがあるが、得点があればその分を増やしてもらえ、失点の場合は減らされるというわけだ。次に功過格の一部を紹介しよう。

《功格　プラス》

親の名前を高める	五十点
一年間、牛や犬の肉を食べない	五点
一年間、動物を殺さない	二十点
友達の危機を救う	百点
先輩を尊び、良友と付き合う（一日）	一点
兄弟に善行を勧める	百点

《過律　マイナス》

親を怒鳴りつける　十点
人を脅す　三点
毒薬を作る　百点
人を殺す　百点
使用人を虐待する　三十点
目上の人を馬鹿にする　十点

＊一　**誕生日**　神々にはそれぞれ誕生日（聖誕日）が決められていて、その日を中心に各種の行事が行われる。その際、祭りの中心となるのは道観または廟であるが、宗派によって祭る神の種類、数も違ってくるのである。例えば北京市内にある白雲観の場合、正月（以下すべて旧暦）には玉皇上帝はじめ五神、二月は文昌帝君（三日）、太上老君（十五日）など七神、三月玄天上帝（三日）、張天師（十五日）など八神といった具合で、一年間で六十九回もの聖誕祭を行っていた。もっともこれは中華人民共和国成立（一九四九）以前のことで、現在では半数ほどに減らしている。ちなみに行事はそれぞれの神のまつられている建物を中心に行われる。玉皇上帝の場合は玉皇殿である。

西王母 せい（さい）おうぼ

xiwangmu

別名 九霊太妙亀山金母《きゅうれいたいみょうきざんきんぼ》　太霊九光亀台金母《たいれいきゅうこうきだいきんぼ》　金母元君《きんぼげんくん》　王母娘々《おうぼニャンニャン》

天界での役割 すべての仙人を監督する最高位の女性神

崑崙山《こんろんさん》に住む仙界の聖なる母

彼女の宮殿は崑崙山の頂にあり、そこは天界につながっている場所といわれているが、人間はそう簡単にはたどり着くことはできない。宮殿の左には揺池《ようち》という池があり、右には翠水《すいすい》という川、山の下には弱水《じゃくすい》という川が流れていて、数万メートルもの高波をあげているのである。西王母の宮殿は広大なもので、黄金や大理石で作られた輝くばかりの美しい御殿がいくつも並んでいるという。

西王母は絶世の美女として知られている。大きなまげに冠をつけ、黄金色の錦の服を着て、鳳凰の縫い取りをした靴をはいている。手に持つのは元始天王から授かった万能のおふだである。しかし*『山海経《せんがいきょう》』によれば人間のようでありながら豹のしっぽと虎の歯を持ち、ザンバラ髪に宝石のかんざしをつけた異形であると記している。絶世の美女とザンバラ髪の妖怪、いったいどちらが本当なのだろうかと思われるだろうが、両者ともに西王母の実像であるといえる。なぜならば西王母は女性なのである。聖母のような広い愛情と、

その半面で妖怪のような恐ろしい素顔といった二面性をもつのは当然なのである。
仙人に対する影響力は大きく、仙人は必ず朝夕に挨拶をしなければならないしきたりになっている。その理由は、西王母が仙人になるための方法のひとつである長生をつかさどる蟠桃の所有者であり、多くの人々がこの不思議な果実のお陰で仙人となったのであるからだ。いわば仙人の総元締といった役割を担っているので、仙道を志す人間にとっては何よりも神聖な存在なのである。

☯多くの皇帝に仙術を授ける

西王母に助けられた皇帝や、面会を許された皇帝が何人かいる。黄帝が天下統一の際、涿鹿《たくろく》の野《の》（現在の河北省涿鹿県）で蚩尤[*二]と壮絶な戦闘を行っている。黄帝の不利を知った西王母は即座に部下の九天玄女を遣わして彼を助け、黄帝を仙界に導いている（詳細については九天玄女の項参照）。

春秋五覇（春秋時代の国盗り英雄）のひとりに数えられる、勇猛果敢な周の穆王《ぼくおう》（?〜紀元前六二一）は崑崙山の近くを巡視したおりに西王母に面会を許されている。これは八頭の名馬が馬車を引いたこともあってたどり着けたのである。西王母は穆王のために揺池のほとりで宴会を催した。穆王は楽しくて帰ることを忘れてしまい、そのために自分の国が乱れてしまったという（天界の一日は人間界の一年に匹敵するといわれている）。穆王が帰るときに西王母は「不老長生の道を会得したいのならば、もう一度ここにいらっしゃい」という意味の詩を贈ったが、穆王は二度と再び訪れることができなかった。

前漢の武帝（紀元前一五六～紀元前八七）も不老長生の願いを強く持っていた。そこで西王母は紀元前一一〇年七月七日、武帝の宮殿に大勢の供を率いて降りたった。武帝は大歓迎、叩頭《こうとう》（頭を床にすりつける挨拶。身分の高い人に対するおじぎ）して不老長生の道をたずねた。

西王母は「おまえは淫乱で残虐なことばかりしている。こんな生活を続けていたら長生（長生き）などできっこない。しかし、おまえの気持ちに免じて元始天尊からいただいた護符（百八十ページコラム参照）と口伝書（口頭で述べられた文書）を与えよう。今後は身を慎み、教えを勉強すればせめて地仙（位の低い仙人　三百五十三ページコラム参照）くらいにはなれるだろう」といって天上に帰っていった。

☯長生を約束する神秘の桃

西王母は天界に蟠桃園《ばんとうえん》という桃園を持っていて、西王母自身が育てている。蟠桃が実る時期になると西王母は大勢の仙人たちを招いてパーティを催すことを習慣とした。これは蟠桃会《ばんとうえ》と呼ばれている。孫悟空はここの番人になったことがあり、神秘の桃を盗み食いしたおかげで不死になったといういわくつきのものだ。

『西遊記』にはこの不思議な桃について次のように説明されている。まず、蟠桃園の桃は全部で三千六百株。入口に近い千二百株は三千年に一度実がなる。実は小さいが、食べると身体が軽くなり、仙人になることができる。中央の千二百株は八重の花が咲き、実は甘く、六千年に一度熟す。これを食べると霞に乗って飛翔でき、不老長生になることができる。奥の千二百株は紫色の斑点があって種が小さく、九千年に一度熟す。人間がこの桃を食べると天地や太陽、月とおなじくらい長生きできるという。

西王母が武帝のもとを訪れた際、七個の蟠桃を持参して、四個を武帝に与えたという。武帝は食べ終わった桃の種をあとで植えようと思い、ひそかに懐に入れるのを見て西王母が笑った。なぜならばこの桃は三千年に一度しか実らないのだから、一般の人間が植えても実るまで生きられないのである。

ところで蟠桃を四個も食べたはずの武帝は七十歳あまりで死んでいる。なぜ彼は仙人になることができなかったのか。それは西王母が「今後は身を慎み、修行を積みなさい」といったのにもかかわらず、武帝は相変わらず飲酒にふけり、多くの女性との淫らな生活を続け、戦争ばかりしていたのである。結果として、西王母に授かった口伝書も焼失してしまい、蟠桃も効果を発揮しなかったというわけである。仙人になるイージーな方法というのはないようだ。

＊一　『山海経』　中国に現存する最古の地理書。筆者不明。洛陽付近を中心に山や河川、産物、神と祭儀などを記した五蔵山経と、その周囲にあると考えられた不思議な国のことを記した海外経、海内経などから成り立っている。これらは一時に書かれたのではなく、各時代に追加されたもの。もっとも古い部分である「五蔵山経」は戦国時代（紀元前四〇三～紀元前二二一）以前に記されたものとされる。

＊二　蚩尤《しゆう》　神話時代の英雄のひとりである。神農氏の子孫とされ、牛の形をした頭部は銅、額が鉄で四つの目玉を持ち、人間に似た身体には六本の腕があるという異形であった。しかも砂や石を食糧としていたのであるから、かなり奇妙な生き物だったのだ。戦争がうまいことで知られ剣、鎧、矛《ほこ》、戟《げき》（枝刃がふたつあるほこ）、戈《ほこ》（ひとつの枝刃のあるほこ）、弩《いしゆみ》（矢の固定装置のある弓）など武器の発明者とされている。こうした伝説を見ると、この蚩尤というのは中国に製鉄技術をもたらした技術者集団ではないかと推定される。ちなみに蚩尤の本拠地は河北省涿鹿県の町の東南にあったという。

玄天上帝 げんてんじょうてい

xuantianshangdi

別名 玄武《げんぶ》　真武帝君《しんぶていくん》　上帝爺《じょうていや》　上帝公《じょうていこう》　北帝《ほくてい》

天界での役割 北極星の権化とされる妖怪退治の神

髪を振り乱し、裸足で妖怪を撃破

玄天上帝は元始天尊の化身もしくは分身といわれている。彼は太陽の精気をうけて浄楽国王の善勝夫人の胎内に宿ること十四か月を経て誕生したとされている。十歳になるまでに経典のすべてを理解するという恐るべき才能を示し、十五歳になると家を出て修行の道に入った。そして玉清聖祖紫虚元君という神仙に出会い、その指示にしたがって湖北省の太和山という場所で四十二年間修行に励んだ。修行が成就したのを見た玉帝は、彼を天上界に呼び寄せたのである。

さて、殷《いん》の紂王《ちゅうおう》（?～紀元前一〇二七頃）の時代、鬼神が民衆を傷つけ、苦しめるという事件が起こった。元始天尊は彼に鬼神の征伐を命じた。命令を受けた上帝は裸足のまま、大慌てでザンバラ頭に兜をかぶって戦場に赴いた。その際「六丁六甲《ろくていろっこう》（コラム参照）」という鬼神退治の神将たちを伴った。激しい戦闘の末、鬼神が巨大な亀と蛇に姿を変えると、彼は足元に踏みつけて退治したのである。戦争に勝利し、天界に凱旋した彼に対し

て、元始天尊は玄天上帝という称号を与えたといわれている。

北方七宿の神獣、玄武

玄天上帝の姿は、髪を長く伸ばして、黒い衣服を着て剣を持ち、大亀と蛇を踏みつけて描かれる。背後にいる従者は皆、黒旗を掲げている。亀と蛇、そして黒、これが玄天上帝の欠かすことのできないシンボルなのである。

古代中国の天文学は、天の赤道のまわりの星を観察して二十八に分け、これを二十八宿《しゅく》[*1]（星座）とした。紀元前五世紀の頃である。この星座を東西南北の四つに分けて、七宿ずつそれぞれの方角に四神（四獣）と呼ばれる想像上の獣に割りあてた。東が青（蒼）龍、西に白虎、南は朱雀、そして北が玄武《げんぶ》である。玄武は斗、牛、女、虚、危、室、壁の七つの星座に君臨する神獣である。北方七宿のシンボルである玄武というのは、亀と蛇の合体した姿で描かれている。「玄」とは黒色のことで、道教では教義の真髄という、もっとも重要な意味を持っている。「武」とは亀の固い甲羅が武器のように身を守るということを示している。もともと中国の神話では、亀は大地を支える存在とされている。したがって亀の化身が地上を守るのは、しごく当然の行為として受け止められる。

天界の〝神将〟

玉帝をはじめとする天上界の神々が、疫病退治とか邪鬼たちの掃討作戦を開始する時に、手足となって活動するのが天界直属の軍隊であり、その司令官たちを〝神将〟という。彼らの代表的な存在が〝六丁六甲《ろくていろっこう》〟と呼ばれる十二神将である。これは十干《じっかん》と十二支《じゅうにし》の組み合わせである、*干支《えと》（かんし）の神格化である。六丁六甲は昼夜を二時間ずつ十二の単位に分けて、それぞれを守る神でもある。名称は次の通り。

〈六丁神（陽神）〉

①丁丑神＝伐折羅《ばさら》
②丁卯神＝安底羅《あちら》
③丁巳神＝珊底羅《さんちら》
④丁未神＝波夷羅《はいら》
⑤丁酉神＝真達羅《しんだら》
⑥丁亥神＝毘羯羅《びから》

〈六甲神（陰神）〉

⑦甲子神＝宮毘羅《くびら》
⑧甲寅神＝迷企羅《めきら》
⑨甲辰神＝額倆羅《あじら》
⑩甲午神＝因陀羅《いんだら》
⑪甲申神＝摩虎羅《まこら》
⑫甲戌神＝招杜羅《しょうとら》

①

④

⑥

⑦

⑩

⑫

＊一　**二十八宿**　紀元前五世紀頃から、中国人は火・水・木・金・土の五つの惑星の運動を観察するようになった。その後、天の赤道の周囲の星を二十八に分けて二十八宿としたのである。この二十八宿を方角で割ったことは、四神（四獣）のみならず二十四節気、十干、十二支、八卦、五行といった発想の元をなすものなのである。

また、四神は方角と色彩を関連づけたものでもある。東が青、南が赤（朱）、西が白、そして北が黒（玄）となっている。さらに中央に黄があり合計五色となる。

＊二　**干支**　十干十二支ともいう。十干は甲・乙・丙・丁・戊・己・庚・辛・壬・癸。十二支は子・丑・寅・卯・辰・巳・午・未・申・酉・戌・亥。これらを組み合わせた六十干支を使って年を数えたり、時間や方位を記す方法が中国や日本でも行われている。殷の時代にこうした数え方が作られ、甲骨文などに使用されたのが最初だとされている。

三官大帝 さんかんたいてい

sanguandadi

別名 三官《さんかん》　三元大帝《さんげんたいてい》　三界公《さんかいこう》
天界での役割 天・地・水をつかさどる神々の監督役

玉帝に次ぐ高位の神々

二世紀後半に起こった五斗米道*一という宗教運動は、道教のルーツのひとつとされている。この宗派には病人を治癒させる面白い方法があった。病気というのは必ずなんらかの悪行を犯した報いであるという観点に立つ。病人は氏名とその悪行を悔い改める旨を記した手紙を三通作る。そして、ひとつは山の頂に置き、ひとつは地中に埋め、ひとつを水中に沈めて祈ったのである。これは「三官手書」といわれていた。つまり天・地・水をつかさどる神々に謝罪することで病気の治癒を祈ったのである。この三体の神々が三官大帝として現在に伝えられているのである。

美男子と龍王の娘が生んだ三兄弟

三官については次のような俗説もある。昔、陳子椿というたいへんな美貌で聡明な男がいた。彼を見初めた龍王（〝龍王〟の項参照）の三人の娘は途端に一目惚れして求婚する。

彼は三姉妹に甲乙つけがたく、みんなまとめて妻とした。中国社会ではこうしたことは、さして珍しいことではない。もちろん相応の財力があってこそ果たせることではあるが。こうした例では通常、長女が正妻となり、次女、三女が側室となる。

さて、まるでハレムのような幸福な新婚生活の末、それぞれが玉のような美しい男の子を生んだ。この子供たちは成長するに従って神秘的な能力を発揮するようになったのである。おそらくは妖怪の正体を見破ったり、人々の病気を治したりしたのだろう。こうした名声は元始天尊の耳にも届き、天尊自身によって認められるところとなり、天上界に神として招へいされたといわれている。

三兄弟の神名は、長男が天官賜福大帝（上元一品九気天官紫微大帝）、次男が地官赦罪大帝（中元二品七気地官清虚大帝）、そして三男が水官解厄大帝（下元三品五気水官洞陰大帝）である。

神名を見てもわかるように天官は人々に福を授け、地官は人々の罪をゆるし、水官は災難を取り除くといった役職分担をしている。三官大帝とはこの三兄弟神の総称である。これら三官のなかでは天官がもっとも庶民の人気を集めている。新年を迎える中国人の家庭では吉祥画（縁起のよい絵）を部屋に飾る習慣があるが、これに圧倒的な人気なのが「天官賜福」（天官によって福を賜る）という絵なのである。長男とはいえ、役得を大いに満足しているふうである。

しかし、庶民の間ではともかく、道士が信奉する教義の上では解釈が異なっている。三官は神々すべての統括神とされているのだ。天官は各天界の帝王、高位の神仙や星の神々を統括し、人々の善悪の行為を監督させる神とされている。おなじく地官は山岳や大地にいる神々に人間を監督させ、水官は水に関係のある神々のすべてを監督指導する役目を担っているとされる。

仙人の住居は海中に浮かぶ山の頂上

道教成立前に考えられた仙人の住居は次のような場所である。

渤海湾から何億万キロも東方に進むと帰墟《ききょ》と呼ばれる場所がある。そこには広大なスケールの底なし谷があり、地上を流れる河から天の川まで、すべての河川の水がこの谷に流れ込んでいるとされている。底なし谷の中央には五つの高い山がそびえている。蓬萊、方丈、瀛州、岱輿、員嶠で、これらは五神山と呼ばれている。これらの山こそが仙人が住むという場所なのである。始皇帝が徐福を派遣して仙薬を入手しようと試みた伝説の霊山である。仙人が住むのはその頂上の部分。そこには黄金や大理石で作られた豪華な宮殿があり、その周囲には宝石で作られた樹木が生い茂り、果実は人間界とは比べものにならないほど美味で、しかも食べると不老不死がもたらされる。

宮殿に住むのは仙人か、将来仙人になるべく修行中の仙人候補生だけである。彼らは飛行術をマスターしているので、一日に何回も山の間を行き来している。もっとも、これらの山は非常に大きなもので、ふもとの周囲が千五百キロ、山と山の間が三千五百キロも離れているのである。

＊一　五斗米道《ごとべいどう》　江蘇省生まれの張道陵（二世紀後半頃）によって始められ、その子張衡、孫の張魯によって組織化された宗教結社。「天師道」ともいう。道教の源流のひとつとされている。祈禱によって病気を治すことを主に行い、信者は『老子五千文（道徳経）』を唱えた。祈禱の謝礼として五斗（約九リットル）の米を出させたことから「五斗米道」といわれた。義舎というものを設けて食糧を置き、人々に自由に食べさせたという共済的な要素を持っていた。孫の張魯の代になると陝西省を拠点に独立した勢力を持つまでになった。二一五年、曹操に攻められて降伏した。子孫は後に江西省龍虎山に移り、道教の一派「正一教」を開いた。

北斗星君《ほくとせいくん》／南斗星君《なんとせいくん》

beidoxingjun/nandoxingjun

別名 北斗《ほくと》／南斗《なんと》　北斗真君《ほくとしんくん》／南斗真君《なんとしんくん》

天界での役割 人間の生死をつかさどる星座神

人間の寿命を地獄の王に命令する

北斗星君とは文字どおり北斗七星の神格化した存在である。北斗七星つまり大熊座は、道教では大きな霊力を持ったものとして扱われている。研究によれば紀元前三世紀以前の北斗七星は現在よりも北極星の近くに位置しており、そのために天文観測上の基準（辰《しん》）とされていたのである。

一説によれば北斗星君は上級神の命を受けて、天・地・水の三官（三官大帝、前項参照）とともに、地上の人間たちや死者たちの行いの善悪を調べる神であるとされている。人間が悪事を行うと三官が北斗星君に報告し、それを受けた北斗星君は地獄の王に命令して、その人間が落ちるべき地獄と、拘留期間を示すというのである。

さて、この神の対として存在しているのが南斗星君である。北斗七星のひしゃくにあたるところの近くにある六つの星（射手座のケイローンと弓の先端を結ぶ六星）は、中国では南斗六星と呼ばれている。この星座の神格化が南斗星君である。北斗星君が死後の人間をつかさどる神であるのに対して、南斗星君は生きている人間をつかさどるのである。次に両神の性格を象徴したエピソードを紹介しよう。

☯閻魔帳を改変させて寿命を延ばした話

『捜神記』に北斗星君と南斗星君に頼んで寿命を延ばしてもらったという話がある。易学を得意とする管輅《かんろ》という男が山東省を旅行中、ある青年の人相を見ると若死にの相が現れている。青年の父親は管輅に、なんとか寿命を延ばしてもらう方法はないものかとたずねた。管輅はこう答えた。

「家に帰って清酒一樽と鹿の乾肉を用意しておきなさい。そしてわたしの指示した日に南にある大きな桑の木のところへ行ってごらん。木陰でふたりの男が碁を打っているはずだ。ふたりに酒を注いで乾肉をさしあげなさい。酒と乾肉がすべてなくなるまでサービスなさい。もし、男からなにかたずねられても、けっして口をきいてはいけない。ただ黙って頭を下げていればよろしい。きっと誰かがおまえを助けてくれるだろう」

青年が当日命じられた場所へ行くと、管輅の説明どおりにふたりの男が碁を打っている。そこで乾肉を出し、酒を盃に注いでやった。ふたりの男は碁に熱中しているので、青年の存在には気がつかないまま酒を飲み、乾肉を食った。しばらくの後、北側の男が青年に気がついた。

「なぜここにいる?」

青年は答えずにただ頭を下げる。南側の男がつぶやいた。

「さっきからこの青年のもてなしを受けていたとあっては、礼をしなければならないなあ」

北側の男が答える。

「しかし閻魔帳[*一]にはもう書き込まれているんだ」

「ちょっと閻魔帳を見せてくれ」

南側の男が帳面を見ると、青年の名前があり、その下に十九歳と寿命が記されている。男は筆をとって返り点（上下を違えて読む印）をつけた。

「どうだ。おまえの寿命を九十歳まで生きられるようにしてやったぞ」

青年は喜んで帰っていった。あとで管輅はこう説明したという。

「じつは、北側に座っていた男が北斗星、南側の男が南斗星だったのだ。南斗星は人の生をつかさどり、北斗星は死をつかさどるのだ。すべての人は母の胎内に宿ってからは、南斗星から北斗星の方へと進んでいくものなのだ。だから、すべての願い事は北斗星にお願いするのだ」

☯ 諸葛孔明と北斗七星

『三国志』[*二]にも登場する英雄、諸葛孔明《しょかつこうめい》（諸葛亮　一八一～二三四）の軍勢が魏《ぎ》の軍と対峙しているとき、彼は病気になり、自分の寿命を占う祭事を行った。まず、テントを張り、その中央に祭壇をしつらえた。壇上には北斗七星を象徴する七つの大きな燭台を飾り、その周囲に四十九個の小さな燭台を配した。そして中央に置いたとりわけ大きな燭台は諸葛孔明自身の生命を象徴している。さて、テントの周囲を四十九人の兵士に警護させるというものものしい警戒のなかで儀式がはじまった。孔明は剣を手に祈り始める。そして六日目の夜、彼は自分の命を象徴する燭台が輝きを増すのを見て喜んだ。ところがその時、部下のひとりが伝令としてテントに駆け込んできた。

「魏の軍勢が降参しました！」

その途端に伝令は勢い余って祭壇中央の燭台を踏み消してしまった。これを見た孔明は、剣を投げ捨て、天を仰いで嘆いた。

「ああ、わたしの命もこれまでだ」

その後、孔明自身の予言通り、彼はあっけなく病死してしまった。

こうしたエピソードはなにを物語るのだろう。まず、いえることは人間たちの運命が夜空に輝く星の動きに、写し絵のように呼応しているということだ。エジプト、ギリシャをみるまでもなく、天文学は星占いとして発展してきたものだが、とりわけ中国人にはこうした傾向が強い。中国人のひとりひとり、皇帝から名もなき庶民にいたるまでが自分の星を持っているのである。もちろん、皇帝の星は大きく輝き、庶民の星はおぼろげで、まるで流れ星みたいにあっけないのではあるが……。

もうひとつ特徴的なのは、星に示される運命をただ受け入れるだけではなく、みずから変更させることが可能であるとしたことである。文字通り大空の星を動かすのだから簡単なことではないものの、そこには与えられた運命を甘受するだけではなく、それに積極的に働きかけるというアグレッシブな姿勢、これが中国人のバイタリティの源なのだろう。

＊一　**閻魔帳**《えんまちょう》　地球上に生命を受けたすべての人間の誕生日と、死亡するべき予定日が記されている帳面のこと。閻魔帳という以上、文字通り地獄の閻魔さまが持つノートのことであるが、ここでは閻魔の上級神にあたる北斗星君が持っていることになっている。人間の寿命を示すものとしては、この帳面のほかに地獄の小部屋にあるという蝋燭の存在が知られている。これは人間ひとりひとりの名前が記された火のついている蝋燭で、残りの長さによって寿命を知ることができるという仕組みだ。

＊二　**『三国志《さんごくし》』**　一般に三国志と呼ばれているのは、正式には『三国志通俗演義《さんごくしつうぞくえんぎ》』のこと。正史としての『三国志』（陳寿・撰）とは異なる。『演義』は羅本の著作による長編歴史小説である。後漢末から魏・呉・蜀漢三国の分立を経て、晋が天下を統一するまでの史実をもとに物語にしたもの。三国を舞台にした物語は、すでに北宋の頃から講釈師によって語り継がれ、演劇の題材にもされてきたが、『三国志演義』によってさらに広範な読者層を獲得した。

南極老人星

なんきょくろうじんせい

nanjilaorenxing

別名 寿星人《じゅせいじん》　寿老人《じゅろうじん》

天界での役割 人間の幸福と長寿をつかさどる神

天下泰平を祝福する星神

南極老人星というのは、二十八宿のうち東方の角《かく》と亢《こう》のことである。つまり現在の星座でいえば乙女座ということになる。この星座は二十八宿の長とされている。不思議なことにこの星座は戦争や国の秩序が乱れているときには見ることができず、天下が安定し、平和なときに見られるという。そうしたことから、人々はこの星が見えると、こぞって幸福と長生きをお祈りしたのである。歴代の皇帝も、寿星壇《じゅせいだん》（寿星つまりは南極老人星を祭る祭壇）を建設して天下の泰平を祈願している。

ちなみにこの南極老人星は、七福神のひとりとして、室町時代に日本に入ってきている。七福神とは大黒天、恵比須、毘沙門天、弁財天、福禄寿、寿老人（南極老人星）、布袋の七人の神のことである。

☯大酒飲みの異形の老人

一〇六三年の十一月のこと、北宋の主都の開封（現在の河南省にある）に、ぶらりとひとりの老人が現れた。町をぶらつき、占いをしたりするのだが、人々はその姿形の異様なのに驚いた。身長はさほど高くはないのだが、頭が異常に長く、身体の半分ほどもあるのだ。道士（道教の僧侶）のような服装をしているのだが、道観（道教の寺院）に住んでいるようすもない。しかもこの老人はたいへんな大酒飲み。酒屋を見つければ中へ入り、がぶがぶと浴びるほど飲む。そのくせに、酔っ払ったようすはまったくないのだ。この不思議な老人はやがて町の噂になった。物好きな連中が老人のそばに寄って、その異常な姿を絵に描いたりするのだが、老人は怒りもせずまったくの無頓着ぶりだった。

噂は時の皇帝である仁宗《じんそう》（一〇一〇～一〇六三）の耳にも入った。興味を持った仁宗は老人を宮殿に招いた。老人は皇帝の前でも平然とした態度だ。そこで仁宗は一斗樽の酒を用意させて老人に勧めてみた。喜んだ老人はまるで砂漠が水を吸い込むように飲み干してしまった。仁宗は驚いて声も出ない。老人は用意された酒を続けざまに飲んで、七樽ほど空けてしまうと、悠々と宮殿を後にした。そして、そのまま行方知れずとなった。

翌日のこと、天文台の長官が仁宗に緊急報告をするために宮殿を訪れた。

「陛下、昨夜のことですが、寿星が帝座（皇帝の星座）の近くに行ったまま、突然見えなくなりました」

仁宗はその報告を聞いてすべてを納得した。

「そうか、昨日の老人は寿星の化身だったのか」

寿星が天空で光り輝くときは天下安泰を意味していて、寿星が観測できなくなるときは国家が乱れることを予言しているのである。仁宗が前日に不思議な老人を宮殿に招き、その後行方不明になったという経緯は、天体観測でも同様に見られたのである。

歴史をひもとけば、北宋四代目の皇帝である仁宗が即位してからは国は富み、多くの名臣、文人が輩出するなど繁栄期を迎えている。しかし、その後中国の西北にあった西夏(タングート系民族の国家)が勢いを増し、契丹《きったん》(キタイ　蒙古系民族)にも脅かされるようになった。それらの外敵からの防備のために北宋の軍隊は百万人にもふくれあがった。さらには西夏との戦争後は深刻な経済恐慌に見舞われ、仁宗の政治手腕も若手官僚の支持を得にくくなるなどの政治的危機にも陥ったのである。

仁宗の治世の繁栄と荒廃のターニング・ポイントに南極老人星が大きく関与したというのが、この物語の要点なのである。

通常、こうした国家的危機に見舞われた際、皇帝は天界の神々に祈ることを余儀なくされた。なぜならば、中国皇帝とは文字通り「天子」、つまりは天界の神々に地上を統治するように任命された存在だからだ。これは国民に対する義務でもあったのだ。現在も北京に遺されている天壇*[1]の豪壮なスケールを見れば、天に祈ることの重要さが納得できるだろう。

中国人にとっては南極老人星、つまりは寿老人の肖像はたいへんになじみ深いものである。家具や木彫品、陶器、つづれ織りなどに描かれることが多い。肖像画を見ると、異常に長いハゲ頭と優しそうな微笑が印象的だ。彼は色彩豊かな長衣をまとい、霊芝《れいし》(長寿をもたらすとされる神秘のきのこ)や仙人になれるという不思議な草のぶら下がった杖を突いている。杖の頭部は龍の形をしている。もう一方の手には蟠桃(西王母の項参照)を持つ。そして、彼の乗り物として一匹の雄鹿が描かれる。雄鹿は人間には探せない霊芝を山中でかぎわける能力があるとされている。

＊一 **天壇《てんだん》** 故宮の南にあり、現在は天壇公園として市民に開放されている。明の永楽十八年(一四二〇)に完成したもの。東西千七百メートル、南北千六百メートルという広大な敷地に祈年殿(皇帝が五穀の豊作を祈った場所)、皇穹宇《こうきゅうう》(聖人を祀る堂)、天壇(冬至の儀式に使用した)がある。北京には、このほか故宮の東には日壇、西に月壇、北に地壇がある。

媽祖 まそ

mazu

別名 天上聖母《てんじょうせいぼ》　天妃《てんび》　天后《てんごう》

天界での役割 航海の守護女神

観音さまに授かった霊力

唐の玄宗（六八五～七六二）の時代、現在の福建省莆田《ほでん》県に林《りん》という人が住んでいた。彼の妻は観音さまからうどんげ*一の花をいただき、それを飲んだところ妊娠したとされている。受胎後十四か月目にしてようやく女の子を生んだ。夫婦はその子供を大切に育てたが、ほかの子供たちとはどうもようすが違っている。満一歳のときにお宮参りに行けば、神さまの前で両手を合わせ、おがむような仕草をする。五歳のときには「観音経」を暗唱したという。

莆田県という海上貿易の盛んな土地柄から、彼女の四人の兄たちも商人になって航海する日々を送っていた。ある日のこと、機織りをしていた彼女は突然に気を失って動かなくなってしまった。両親は驚いて彼女の身体を揺り動かして正気に戻そうとした。やがて意識を取り戻した彼女は両親に語った。

「せっかく兄さんたちを助けようとしていたのに、わたしを揺り動かすので、一番上の兄さんを助けられなかったじゃありませんか」

両親はなんの話か理解できず、ただ、うろたえるばかりだった。しばらくして兄たちが航海から戻ると、両親はすべてを納得できた。兄のひとりがこう話したのだ。

「三日まえにひどいシケに遭遇して、わたしたちの船は沈没するところでした。ところが、どこからか美しい少女が現れて、わたしたちを助けてくれたのです。でも一番上の兄さんの船は、残念なことですが沈没してしまいました」

やがて彼女の霊力は周囲の人々にも功徳を施すようになった。病に倒れた人を見ればその病気を治したり、悩みを抱える人には正確に未来を予言して、不安を取り除くようにした。こうした彼女の評判を知った唐の朝廷は、彼女に「天妃《てんぴ》」という称号を贈り、その死後は彼女を祀った廟が各地に建てられたのである。

現在でも海に関係のある仕事に従事する人々の間では、媽祖は絶大な信仰を受けている。いわば航海者の守護神なのである。

☯アジアの各地で熱烈に信仰

福建省というところは海外貿易の拠点として発展した歴史を持ち、多くの航海者や海外移住者を輩出した土地柄である。華僑の進出とともに媽祖信仰も東南アジア一帯に広がり、今日でもマレーシア、インドネシアなどに豪華な媽祖廟が建てられている。とりわけ盛んなのは台湾である。福建省は海を隔てて向かい側に位置する島なのだから縁が深いのも当然ではある。台湾では媽祖は各神々のなかでも玉皇上帝（同項参照）にならぶ人気者である。ちなみに我が国、沖縄の那覇にも媽祖廟がある。

＊一　うどんげの花　正しくは「優曇華《うどんげ》」。サンスクリット語のウドゥンバラ（Udumbara）の写音である。この植物はインド神話に現れる想像上の樹木で、三千年に一度開花するとされ、この花の咲くときは仏さまがこの世に出現すると説かれている。

天仙娘々 てんせんニャンニャン tianxianniangniang

別名 天仙聖母碧霞玄君《てんせんせいぼへきかげんくん》　碧霞元君《へきかげんくん》

天界での役割 人々の出世、結婚、豊作など全般にわたる

霊山、泰山信仰のもっとも人気のある女神

この女神は華北[*一]地方では西王母をしのぐ女性神として人々の信仰の対象になっている。天仙娘々のルーツについては諸説ある。その第一は泰山の神である東岳大帝《とうがくたいてい》の娘、玉女大仙だという。あるとき、人々は玉女大仙の石像を作り玉女池のほとりに置いたが、いつのまにか消えてしまっていた。ところが北宋の真宗（九六八～一〇二二）が泰山を訪れた時のこと、突然、玉女池の泉が涌きだしてきたのである。不思議に思った人々が池の底をさらうと玉女の像が見つかったのである。そこで石像を大理石像に改めて、立派な廟を建設してそこに納めたのだ。明代（一三六八～一六四四）になると、この女神は父親の東岳大帝をしのぐ人気を集めるにいたったという。

第二の説は後漢の明帝（二八～七五）の時代に石守道という人の子供、玉葉《ぎょくよう》として生まれたが幼い頃から利発さを示して、七歳で西王母に会うという霊能力者ぶりを見せた。その後、山中に隠遁して修行を続け、天空山（泰山）の黄花洞に入り、ついに碧霞元君（青

い霞の女仙人）というロマンチックな敬称で呼ばれるようになったという。
そのほか、西崑《せいこん》真人という仙人が神化したという説、山東省生まれの老奶々《ナイナイ》と呼ばれた女性が神化した、観音さまの生まれ変わりなど各説がある。

☯北京市民の妙峰山参り

天仙娘々がどれほど人々の信仰を集めていたかという実例を紹介しよう。今世紀初頭の北京市民の例である。彼らにとってはこの神さまは、神々のなかではもっとも願い事を聴いてもらえ、信心の薄い者に対しても救いの手を差しのべてくれる、特別に優しい存在なのである。病気を治し、商売繁盛、夫婦円満、子宝に恵まれるなどの御利益のほか、お告げがよく当たるという。さらにとりわけ女性や子供の願い事をかなえてくれるというのである。

そんなわけで、できればこの神さまの本拠地である泰山にお参りしたいところであるが、泰山までは遠すぎる。そこで北京市の西北五十キロの妙峰山《みょうほうざん》の山頂にある碧霞元君（天仙娘々）の廟、「妙峰山娘々廟」がクローズアップされるのだ。毎年（旧）四月一日から十五日までの開廟期間ともなれば、北京から訪れる多数の老若男女でごったがえすほどの盛況となる。講を組織して参詣するグループも珍しくない。北京市民にとっては二泊三日の行程だ。

麓から山頂にいたる二十キロもの険しい参道には、昼夜をいとわず登る信者のために灯油の街灯が灯される。数キロ置きに休憩所や靴の修理、茶菓の接待所が用意される。これらはすべて信者によって運営される無料施設だ。たいていは徒歩だが、身体の弱い老人や金持ちは籠に乗る。そして特別に信心深い女性の信者は三歩進んでは叩頭しながら長い時間をかけて廟に向かう。さらに信心深い人は赤い衣装を着て、両手両足に鎖を巻いた古代の罪人の姿で参詣する。重たい馬の鞍を背負って登る姿もある。こうした苦行をすることでいままでの罪を一日で洗い流せるとされたのだ。また、娘々がもたらした御利益を感謝するお礼参りの意味もある。

さて、山門の杏色の大きなのぼりをつけた旗竿をくぐりぬけると、廟の境内は混雑の極みだ。たいていの人々はかろうじてひざまずく隙間を見つけては本堂に向かって叩頭し、経を読む。境内の中央に設置された大きな鉄鉢には親指ほどの太さの線香がもうもうと煙をあげて、本堂が霞んで見える。鐘やドラの音、それに経を読みあげる声に交じって、お土産物屋の商売熱心な怒鳴り声が凄まじい。どこの廟でも似たようなものだが、屋台には[*二]赤いコウモリの飾り物、桃の枝で作った杖（桃には魔除けの御利益がある）、天仙娘々の絵姿、おふだなどが売られている。

頂上周辺にはいくつもの小屋が建てられ、演芸や武芸を見ることができる。無事にお参りをすませた人々はこれらの見世物を見物することになる。見世物は単に商売だけではなく、精進の成果を神さまに見てもらうという意味もある。たっぷりと芝居や獅子舞、武芸者の実演を楽しんだ信者は自分の信仰心の厚さに満足して、人込みに酔いながら帰途につくというわけだ。

＊一　華北地方　現在の首都・北京を中心に天津市、河北省、山西省、内蒙古自治区、河南省といった地方の総称。黄河の流域に位置し、大同、洛陽、開封などの古都がある。

＊二　赤いコウモリ　中国語でコウモリは「蝠（fu＝フー）」で、幸福の「福」と同じ発音である。また赤つまり「紅（hong＝フォン）」は大きいことを意味する「鴻」と同じ発音であることから、赤いコウモリとは「大きな幸福」という意味を持っているのである。

九天玄女　きゅうてんげんじょ

jiutianxuannu

別名　玄女《げんじょ》　天界での役割　西王母の副官役とされている

英雄たちの守護神

九天玄女は独立した神格というよりも、西王母の右腕として活躍する機会が多かったようだ。有名なエピソードを紹介しよう。

中国の伝説的な帝王のひとりである黄帝は、人々に五穀（コメ、ムギ、アワ、マメなど人間が常食とした穀物の総称）を栽培することを教えたことで知られている。彼は天下統一にあたって蚩尤《しゆう》（四十二ページ参照）という怪獣の一群と戦ったことがあった。この怪獣は動物の身体ながら人間の言葉を使い、頭は銅、額は鉄、米や麦のかわりに砂、石を食べるという奇妙な生き物。蚩尤は戦場となった涿鹿の野一帯に霧を巻き起こしたおかげで、黄帝の軍は方角を見失ってしまった。そのとき、部下の風后《ふうこう》が発明した指南車*1のおかげで、かろうじて退却することができた。戦闘方法について悩んだ黄帝はある晩、夢を見た。そのなかで、西王母が姿を現して〝ある女性を派遣するので戦に勝利しなさい〟という内容だった。

黄帝は祭壇を設けて三日三晩、祈り続けた。すると九天玄女が眼前に出現した。そして霊宝五符などの護符や、兵法、『陰符経』などを授けたという。それらを駆使した結果、黄帝は蚩尤を打ち破ることができ、天下統一に成功したといわれている。その時に黄帝が授かった経典は『黄帝陰符経』として知られ、後世、重要視されている。

『水滸伝』の英雄・宋江、玄女に助けられる

もうひとつのエピソードは『水滸伝』[*二]の主役のひとり、宋江《そうこう》にまつわるものだ。宋江が梁山泊に向かう途中、追っ手につかまりそうになって古い廟に隠れたことがあった。追っ手に足跡を発見されて、絶体絶命だと思った瞬間、祭壇の後ろから黒雲が立ち昇り、冷気のこもった風が吹き出した。追っ手たちは突然の出来事に顔面蒼白となって廟から逃げ出して行った。さて、敵が去ってひと安心した宋江の前に、青衣をまとったふたりの童女が現れて、宋江を女神の元へ案内する。その女神こそが九天玄女だったのだ。

その姿は、頭に九龍飛鳳というまげを結い、金色に輝く衣装、青い玉をちりばめた帯に長い中国風のスカートといういで立ち。供の童女に勧められて飲む酒はこの世の物とは思えないほど美味で、天界から持ってきた棗《なつめ》の実も素晴らしかった。さて、九天玄女は宋江にこう語った。

「そなたに三巻の天書（天界の書物）を授けます。天にかわって道をおこない、人の頭となって忠をまっとうし、義を貫き、臣となって国を助け民を安んじ、邪を去って正に帰すように……」

その書物は他人には絶対に見せてはならず、志をまっとうしたら焼き捨てなさいといい、四句の天言（天の言葉）を授かったのである。その天言とは、

「宿に遇いて重々に喜び
高に逢う是れ凶ならず

　外夷および内冦に
　幾処か奇功をあらわさん」

つまりは今後の宋江の活躍ぶりを予言したのである。

宋江はその後も九天玄女に会っている。宋の総司令官として遼の軍隊に苦戦を強いられていたときだ。このときは具体的な戦闘方法を教えられている。

　こうした九天玄女の働きぶりからみると、彼女は皇帝や英雄が窮地に陥った時に援助の手を差しのべる、守護神的存在であることがうかがわれる。しかも具体的な戦闘方法を伝授する〝戦闘神〟の役割をも担っていたと推測される。

＊一　**指南車《しなんしゃ》**　方角を指示する装置である。二輪車の台上に前方を指し示す人形がセットされたもので、地面に接触するふたつの車輪の回転を、歯車と滑車を利用して台上の人形に伝える装置が組み込まれている。広大な平原や砂漠地帯などでは方角を見失うことが多い。とりわけ敵味方入り乱れての戦闘状態にあっては、味方の陣地を示す指針となる。技術史の上では後漢時代の発明家・張衡《ちょうこう》（七八〜一三九）が作ったとされている。

＊二　**『水滸伝《すいこでん》』**　明代の長編口語小説。著者は羅本《らほん》。北宋の徽宗（一〇八二〜一一三五）の時代に山東省の梁山泊に集まった、宋江はじめ百八人の豪傑が官軍に反抗する物語である。これは「宋史」に見られる史実を下敷きにしたものである。彼らの遊侠行為は抑圧された民衆の圧倒的な支持を受け、講談や演劇にされることも多かった。日本には早く、江戸時代に入ってきている。

太乙救苦天尊
たいおつきゅうくてんそん
taiyijiukutianzun

天界での役割　地獄のすべてを統括する神

地獄に落ちた人間たちを救済する

通常、太乙救苦天尊の像は一頭の獅子に乗った姿で表されるが、『道教霊験記』という書物にはこう記されている。九頭の獅子が口から炎を吐き出して蓮華座[*1]を捧げ、神はその中央に座っている。また、九色の光が身体中に降り注ぎ、光の先端は槍や剣の形をして外部に向かう。つまりは炎と武器に包まれた姿なのである。

この神は地獄に落ちた人々を救い出す神として、とりわけ台湾では有名な存在である。死人の遺族たちは、この神の名前を記したおふだを持って祈れば死者の魂が救われるとされている。もし、誰かに不幸な出来事が続いたり、病気がなかなか治らなかったりすると、その人は占いを行う。道士や巫女に依頼するのである。こうした場合、たいていは次の事柄が原因であるとされる。つまり、本人の縁者（例えば亡き父や母）が地獄で苦しみを受け、それを彼に〝助けてほしい〟と訴えていると判断されるのだ。

そして死者を地獄から救い出すための儀式が盛大に行われる。まず、死者の地獄での罪

を減じてもらうための書類や祈願を文書にして読み、焼いてしまう。焼くことで太乙救苦天尊の手元に書類が届くのである。次に道士はあらかじめ祭壇の上に用意してあった紙製の地獄の城を剣で破り、中央の紙人形を取り出す。これは道士が地獄へ降りていって地獄の長官と話をつけ、死者を救い出す動作の象徴である。それから祭壇の下に用意した洗面器で死者の紙人形を沐浴させたり、紙の橋を渡らせたり、[*二]紙銭や紙で作った家の模型を焼く儀式

が続く。こうして地獄で責めさいなまれている死者は救われ、縁者である祭主の病気や不幸は快癒するというのである。

身体に異常を感じると、それが死者からのメッセージであるとする考え方は現在も生きている。もちろん老人たちが信じているものだが、例えば頭が痛いときなどには〝ご先祖または先立った連れ合いがこづかいを欲しがっている〟と判断し、紙銭を墓前で焼くと、たいていの頭痛はこれで治ってしまうという。

太乙救苦天尊は、地獄で責め苦にあえぐ死者たちのために特別な赦免を行使できる権限を与えられた神であるといえるだろう。研究家は、仏教における地蔵菩薩の役割を道教が採り入れたものとしている。

☯天尊に現世に帰してもらった話

あるとき、多才で口のうまい張某という道士がいたが、口がうますぎてやたらに嘘をつく癖があった。もちろん友人と交際することもあまりなく、嫌われ者だった。彼が病気になり、地獄へ連れて行かれた。生前、なにか危急の際には太乙救苦天尊の名を呼べばよいと聞いていたので、その名を唱えてみた。十数回唱えたが、彼を引き連れる鬼たちは笑うばかり。そこで、さらに十数回唱えたところ、赤い光がさして天尊が姿を現した。天尊いわく、

「人間の悪業のうちで口のあやまちがもっともいけない。おまえの寿命はすでに尽きているので、もう現世には戻せない。しかし、七年間だけ戻してやるから、そのあいだにわたしの画像を描いて人々に知らしめ、善道をあゆませるよう勤めなさい」

はっと気がつくと張は夢から覚めた。それからは人が変わったようになり、道観や廟に太乙救苦天尊の像を描いて、人々に広めることに勤めた。そして七年後、あっさり死んでしまったという。

太乙救苦天尊の威光はこうして人々の間に知れ渡った。

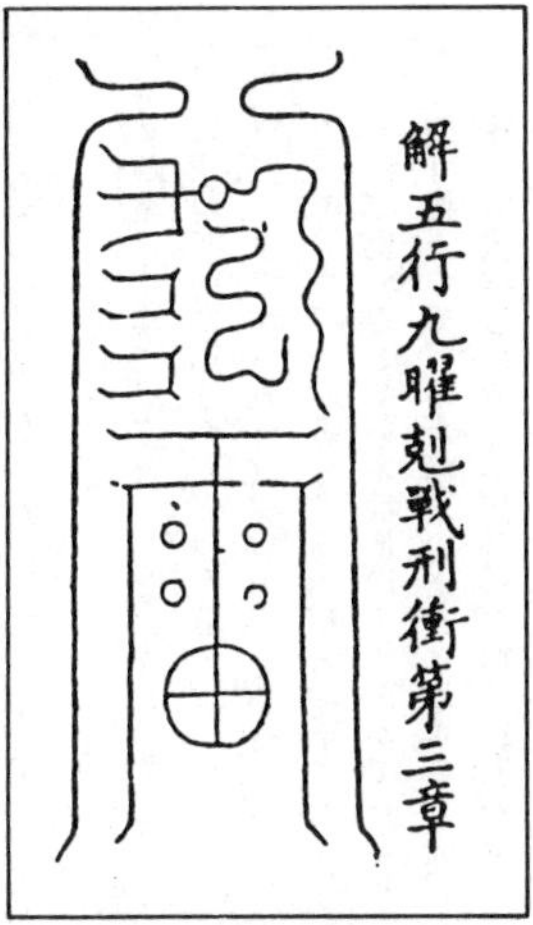

▲太乙救苦天尊の護符の一例

こうした神の存在は、死人の出た家の遺族にとっては心が休まるものである。なぜなら、たいていの人間は生前になんらかのあやまちを犯している。つまり死んだら必ず地獄に落とされることを覚悟しなければならないのだ。父や母が病気で苦しんだあげくに、死んでから地獄の責め苦に遭うという道教の教えは、遺された者にしてみれば残酷すぎる。こうした気持ちを和らげるためにも、太乙救苦天尊のような立場の神さまがいなければならないのだ。

＊一　蓮華座《れんげざ》　「蓮座」「蓮台」「蓮《はちす》の座《ざ》」ともいう。仏教用語で仏や菩薩の像を安置するための台座で、蓮の花の開いた形をかたどったもの。

＊二　紙銭《しせん》　紙で作られた冥界専用のおかね。いろいろな種類があるが、紙銭には「地府通用鈔票」、つまりはあの世でのみ通用する紙幣と印刷され、発行元は「冥通銀行」と記されている。中国人の考え方では、焼くことであの世に送ることができるとされている。したがってお祭りのときには神さまへの贈り物として、また葬式のときにはさらに盛大に紙銭が焼かれる。清末の金持ちの家の葬式には、紙銭を山積みした荷車が何台も葬列に続いたという。この時代は葬列の途中で燃やすのだが、その際、できるだけ高く空に舞いあげることが効果的とされ、紙銭投げの専門家を雇うこともあったという。

焼くことであの世に送ることができるという発想は現在も生きている。最近の葬式やお盆には、豪邸や高級車、冷蔵庫、そして使用人まで紙で作り、あの世に送るようになったほどだ。

酆都大帝／閻魔王

ほうとたいてい／えんまおう

天界での役割　地獄の総責任者とその官僚

fengdudadi/yanmowang

地獄の神々を統括する酆都大帝

道教の地獄についての考え方は仏教とよく似ている。死んだ人間はまず、地獄に連れて行かれる。そして閻魔王の前で生前の罪を残らず調べられて、罪に相当する責め苦を受けることになる。刑期をすませた死者は再びこの世に生まれ変わる。人間になれる者もいるが、ある者は虫や動物に姿を変える。どんな生き物に生まれ変わるかは、その罪の重さに対応するとされる。生前に善行を多く積んだ者は天上界で神になることもある。

完全に罪のない人間というのは存在しないので、この裁判所にはどんな人間も足をはこばなければならないとされている。ここの総司令官が酆都大帝である。この役職は中国の伝説上の皇帝のひとり、神農氏（同項目参照）が勤めていたとされる説もある。いずれにせよ、酆都大帝や閻魔王というのは官職だから、時代によって担当が代わり、昇進や左遷もあった。

道教では地獄のことを「地闕《ちけつ》」「地府《ちふ》」という言い方もする。地獄の所在地は現在の四

王
王

川省豊都県にある酆都山の地下とされている。

☯ 六人の閻魔王（別名は閻羅王《えんらおう》）

閻魔王は髭を生やした恐ろしい顔付きと、明代の裁判官の制服に似た衣装を身につけている。威厳にあふれた姿は、けっして人間に嘘をいわせない迫力を持っている。どんなにいい逃れのうまい人間でも、閻魔王の前では従順になるという。

地獄には六か所の役所があり、それぞれの役所の長官たる閻魔王が采配をふっている。（地獄の役所の数、また閻魔王の数については各説あるが、ここでは六つの役所、従って六人の閻魔王説を紹介する）

第一の役所は紂絶陰天宮《ちゅうぜついんてんぐう》で、死者が最初に訪れ、自分の行き先を決めてもらうところである。

第二の役所は泰煞諒事宗天宮《たいさつりょうじしゅうてんぐう》で、急死した人間が訪れるところ。書類が整ってなかったり、同姓同名ではないかなどを調べられる。

第三の役所は明辰耐犯武城天宮《みんしんたいはんぶじょうてんぐう》と呼ばれ、聖人、賢人が招かれる。

第四の役所は恬昭罪気天宮《かっしょうざいきてんぐう》である。禍福（わざわいとしあわせ）などを調べる場所とされている。そのほか第五の役所は宗霊七非天宮《しゅうれいしちひてんぐう》、第六の役所を敢司連宛屢天宮《けんしれんえんるてんぐう》という。

これらの役所は生者にも影響力を持ち、六天宮の名前を夜中に唱えれば、悪鬼や悪霊を退けることができるとされている。

☯唐の太宗と十八層地獄

『西遊記』のなかにある地獄のエピソードを紹介しよう。地獄のようすについては多くの説があり、ここで述べられる地獄は十八層に分かれている。唐の太宗（五九八〜六四九）の時代に、首都長安の郊外にある涇河《けいが》に住む龍が、ちょっとしたいきさつで玉皇上帝の命令に背き、罰として人間界の役人に殺されることになった。龍は役人の上司である太宗に命乞いをした。太宗は承諾したものの、手違いから刑が執行されてしまった。死んだ龍は太宗を逆恨みして、地獄で訴訟を起こした。こうして太宗は地獄に行くことになった。彼が地獄で見た光景は次の通りだ。

まず酆城《ほうじょう》に着いてしばらく歩くと大きな城塞が現れる。「幽冥地府鬼門関」と金文字で大書きされた門をくぐると森羅殿《しんらでん》に着く。ここで閻魔王と面会して龍が死んだいきさつを話した。閻魔王の判決は無罪となり、太宗はこの世に帰れることとなった。背陰山のうしろにある十八層地獄を案内されて、帰途についた。十八層地獄とは次の通りだ。

吊筋獄・幽枉獄・火坑獄（生前、さまざまな悪行をした人間が落ちる）

酆都獄・抜舌獄・剥皮獄（不忠不孝で腹黒い人間が落ちる）

磨捱獄・碓搗獄・車崩獄（不正直、不公平、口のうまい人間が落ちる）
寒氷獄・脱殻獄・抽腸獄（あくどい商売をした人間が落ちる）
油鍋獄・黒暗獄・刀山獄（善人に暴力をふるった人間が落ちる）
血池獄・阿鼻獄・秤杵獄（欲から人殺しをした人間が落ちる）

文字通り舌を引き抜いたり、皮を剥いだり、油の煮えたぎった鍋にぶち込まれたりする光景を、太宗は目撃させられた。死者たちが苦痛で泣き叫ぶさまを横目で見ながら地獄を通り抜けると、次に奈河《なか》橋に出た。この橋の長さは数百メートルあり、幅は三十センチという狭さ。てすりがないので、うっかりすれば三百メートル下を流れる川（水深三千メートルという、日本では三途の川といわれる）に落ちてしまうのだ。おまけに弔ってくれる縁者のない餓鬼や亡者たちが手を伸ばして太宗につかみかかり、引きずり込もうとする。ここを無事に渡るには餓鬼、亡者たちに小銭を恵んでやらなければならないという。太宗はなんとかこの世に帰りつけたのであるが、一般人ではかなり難しそうだ。

☯地獄の不合理を正した男

令《れい》狐《こ》譔《せん》という頑固者の学者がいた。彼は日頃から神や鬼*一の存在を信じようとはせず、地獄の話には耳も貸さなかった。近所にある金持ちの老人がいて、これがすこぶる貪欲なので悪評が高い。あるとき老人は病気にかかり、ぽっくり死んでしまった。ところが三日後に生き返ったのである。譔は老人に理由を聞いてみた。

「なに、わしが死んでから家人が盛大に紙銭を焼いてくれたので、地獄の役人が大喜び。それで帰してもらえたのだ」

これを聞いて譔はひどく腹がたった。

「役人は賄賂を取って金持ちの便宜を計り、貧乏人は金がないので罪に落とされる。不正はこの世だけの話だと思っていたら、あの世でも同じとは。こんな理不尽なことがあっていいものか」と放言した。

その晩、夜中に二匹の鬼が譔の家に現れて、あっという間に譔を地獄に連行し、閻魔王の前に引き出された。閻魔王は声をあらげていう。

「おまえは学識あるにもかかわらず、わが役所を罵るとはなにごとだ。耕舌地獄（舌で畑を耕す責め苦の地獄）に落としてやる」

譔は抗弁した。

「わたしは文筆の仕事にいそしむ貧乏学者ですが、申したことが間違っているとおぼしめしですか。大衆は愚かで厚かましく、盗みを犯しても改めようとはしません。金持ちにしても貧者をだまし、財をむさぼるあまりに義に背きます。天の神さまが地獄をお作りになり、恐ろしい刑罰を実行なさるのも、人々の悪行をいましめて善をつくすようにというお気持ちからと存じます。それなのに貧富の差で人間の罪の軽重を計るというのは納得しかねます。わたしが刑を受けることは覚悟の上ですが、この説は曲げられません」

これを聞いた閻魔王は考えを改めて、譔の無罪を申し渡した。その上、彼の頑固なまでの志を称賛したのである。老人を再び捕らえて獄に入れるよう命令し、譔は二匹の鬼に案内されて自宅に帰れることとなった。

帰路、譔は罪人の責め場を通った。牛頭馬頭[*二]が守衛をしていて、無数の人間に夜叉[*三]は責め苦を与えていた。人々は皮を剥がれて血を流し、心臓をえぐられ、目玉をくり抜かれて、その痛さにころげまわっていた。別の場所では銅の柱に男女ふたりが縛りつけられ、夜叉が胸を切り開いていた。胃も腸も流れ出すと、そこに熱湯を注ぎかける。鬼が説明した。

「こいつは医者だったが、患者の妻と密通した。患者が死んだのは病気が理由だったものの、事情を考えれば殺したも同然。それでふたりして報いを受けているんだ」

別の場所では坊主や尼さんが裸

▲閻魔王の前で死者は生前の罪を白状する

にさせられ、鬼たちに牛や馬の皮を着せられていた。ぐずぐずしている者は鉄の鞭で叩かれている。

「連中は耕さずに食い、織らずに着て、そのうえ戒律を守らずに淫をむさぼった。それで畜生に生まれ変わる準備中なのだ」

譔が自宅に帰りついてぐっと伸びをすると、夢から覚めたのである。(『剪燈新話』より)

＊一　**鬼**《き》　中国では死んだ人間はすべて鬼と呼ばれる。もともと鬼は「隠《おに》」で、姿が見えないという意味を持ち、善悪の区別はなかったのだ。その後、悪い性格を持つ鬼のみがクローズアップされた。怨鬼《えんき》＝生前の恨みをはらすことができない鬼。倀鬼《ちょうき》＝行く場所がなくうろつきまわる鬼。溺死した人、不慮の死をとげた人、自殺者もすべて悪鬼である。一般に頭に角を生やし、恐ろしい顔付きで、身には虎のふんどし一枚という姿をしている。本文の鬼は地獄で閻魔王の使用人という役目を持つもので「鬼卒」といわれる。

＊二　**牛頭馬頭**《ごずめず》　牛頭は牛の頭を持ち、人間の身体を持つ生き物。馬頭は馬頭人身。ともに地獄の役人として死者への刑罰を執行する。

＊三　**夜叉**《やしゃ》　サンスクリット語のヤクシャ（Yaksa）のことで、インド神話では財宝を守る鬼神とされている。仏教では仏法を守護する生き物とされ、毘沙門天の配下となっている。後世になると、醜い容貌で強い力を持ち、人の精気を吸い、人肉を食う凶悪な悪魔として知られるようになった。

第二章

文・武・財神

ここで紹介する神々は高位の神でありながら、しかも熱烈に大衆に信仰される神々である。その理由は、人々の具体的な夢や希望をかなえてくれるとされるからである。入学試験に合格を願ったり、お金が溜まりますようにという思いを精いっぱい託すのである。

その代表格は関聖帝君であろう。彼は『三国志』にも登場する実在の英雄・関羽である。しかも武術に優れているだけではなく、友情に厚く、義を尊び、清潔な金銭感覚を持つとされる。それほどの人物が、結果として非業の死を遂げるという史実も、彼の人気をさらに盛り上げている。悲劇のヒーローというものは、どこの国でも民衆の強い支持を受けるものなのだ。これほどの人物なのだから、死んでも神さまが見捨てるわけがない。きっとあの世では能力を充分に発揮しているに違いない。そして、庶民に功徳を施してくれるはずだ。こう考えるのが庶民感情というものだ。

ところで関聖帝君というのは元々は武神（戦争の神さま）だったと思われるのだが、次第に幸運を授けてくれたり、財産が溜まる神さまに変貌している。戦乱の世の中ならば武神も大事な存在だが、平和な時代ともなればこうした神を信仰するのは軍人ぐらいのものだろう。時代の流れで神さまのご利益が変わるというのも、中国の神さまならではの融通の良さといえる。

そして、この章で登場する神々はたいていが実在の人物であるとされることも人気の秘密だろう。それがたとえ伝説であれ、人間としてこの世に生活した経験をもっているならば、庶民の暮らしぶりや悩みなどを知っているはずである。教義の権化そのものの神に比べれば、ぐんと身近なのである。

あえていえば、庶民の人気によって神さまにまで押し上げられた存在なのである。

関聖帝君　かんせいていくん

guanshengdijun

別名 伏魔大帝《ふくまたいてい》　山西夫子《さんせいふし》　蓋天古仏《がいてんこぶつ》　協天大帝《きょうてんたいてい》　関帝爺《かんていや》

信仰目的 武神、財神

中国の民族的大英雄

関羽《かんう》（?～二一九）ほど中国人に親しまれる人物はいない。多くの人々が芝居や講談で彼の業績を熟知している。関羽は現在の山西省の出身だが、亡命して河北省にいたときに劉備《りゅうび》（三国時代の蜀漢の建国者　一六一～二二三）、張飛《ちょうひ》（武将　?～二二一）と知り合い、義兄弟の契りを結ぶ。そして衰亡した漢王朝を復興させるという劉備に力を貸したのだ。三人の仲はまるで兄弟のようだったという。数々の戦闘を勝ち抜き、三人の夢が実現するかに見えた。ところが宰相の曹操《そうそう》（一五五～二二〇）が裏切って王座を奪い、自分の王朝・魏を興した。魏ともうひとつの王国・呉への対抗上、劉備はやむなく蜀の王であることを宣言した。関羽は赤壁の戦いで勝利した後、呉と魏の連合軍に攻められて戦死した。

彼の人並み優れた武将ぶりは『三国志』などでも周知の通りである。中国人は彼を〝二[*1]大武聖〟のひとりとした。愛国者で、友情や義理に厚く、金銭に清潔で、しかも沈着冷静な好漢なのである。しかも、これほどの英雄の結末が悲劇で終わったということは、人々の心をことさらに熱くさせるのだ。

さて、関羽は殺された後も数百年間、魂がこの世をさまよったという。『三国志演義』によれば、その魂は荊門州当陽県にある玉泉山（現在も湖北省にある仏教寺院）に飛来した。この山には普静《ふじょう》という老僧が暮らしていた。ある夜、普静の瞑想中に突然、叫び声がした。

「わしの首をかえせ」

馬に乗った関羽が従者を従えて空中に浮かんでいた。普静は関羽を諭した。

「生前の出来事の是非はいってはならない。どちらが良いとか悪いとか、きりがないだろう。あなたは今、わしの首をかえせといったが、それならばあなたに殺された将軍たちは誰にかえせというのだろうか」

この言葉を聞いて関羽は悟りを得て、魂は成仏したという。そして、その後しばしば玉泉山に現れて悪霊を退治したり、災害を予告するなど、住民たちに霊験を示したので、人々は山頂に廟を建てて関羽を祀ったという。

これが関羽が神格化されたはじまりだと思われる。中華人民共和国成立（一九四九）前までは関羽の誕生日（〈旧〉六月二十四日）には学校が休日になり、各家庭で供養をするなど、国民的英雄の人気は衰えなかった。

☯仏教、儒教でも神として崇められる多方面神

関羽が仏教寺院で成仏した伝説があることから、仏教の側からも関帝菩薩、伽藍菩薩と呼ばれ、護法神とされている。儒教の側でも『春秋』(孔子著とされる儒教書)を愛読書としていたことから神格化された存在となった。

武将であったはずの関帝は、現在では財神(財産を蓄えてくれる神)として人々から厚い信仰を受けている。その理由のひとつとして次のようなエピソードがある。関羽は仇敵の曹操に捕らえられたことがある。曹操は関羽に多額の金銀を贈って歓待したが、隙を見て一緒に捕らえられた劉備夫人とともに脱出に成功した。その際、贈られた金銀をそっくり、そのまま残しておいたという。つまり、金銭に清潔であるという性格だから、祈ればきっと願いをかなえてもらえるという人々の素朴な気持ちの現れだろう。

関羽は武神、財神として以外にも災難を予知する神、妖怪退治の神、死者を蘇らせる神、天界の守護神として祀られるなど、多方面に活躍している。まさに中国の神さまの中のスーパースター的存在だ。ちなみに日本でも横浜、長崎に関帝廟があり、中国系の人々の信仰を集めているのはご承知の方も多いだろう。真っ赤な顔に長い黒髭が彼のトレードマークだ。

各地の関帝廟はフランチャイズ・システム

『子不語』[*二]には次のようなエピソードが記されている。

馬《マー》という男が科挙（文昌帝君の項参照）の受験勉強のために、ある家に間借りをした。隣家の妻が貧しさのあまり、馬の大家の鶏を盗んで食べるという事件があった。大家が隣家をなじると、隣家の主人は体面を傷つけられたことに腹を立て、妻を殺そうとする。妻はやむなく〝盗んだのは馬だ〟と嘘をついたのだ。濡れ衣を着せられた馬は関帝廟に行き、神さまに真偽を明らかにしてもらおうと提案した。ポエ（占い板　コラム参照）の結果、犯人は馬であるとされた。そして馬は家を追い出されてしまったのだ。

それからしばらくの後、ある者が神がかりになって、自分は関帝だと話しはじめた。それを見ていた馬は、関帝の占いなど信用できるものかと口汚く罵った。すると関帝の乗り移った男が馬に語りかけた。

「馬よ、もしあの時、わたしが本当のことを示せば、隣家の妻は殺されてしまったぞ。人の命はなによりも大切なのだ。わたしの判断は玉皇さまも褒めてくださり、天界での位も上げていただいた。わたしを恨むではないぞ」

馬は占いの一件は納得したものの、疑問がひとつ生まれた。

「あなたは関聖帝君という高い位なのに、まだその上の位があるのですか」

「実をいえばわたしは関帝さまではない。ここの関帝廟を受け持っているだけだ。関帝廟が全国各地にあることを知っているだろう。関帝さまがいくら霊力をお持ちだからといって、そんなに多くの場所には行きかねる。だから小さな関帝廟では、天界の神さまに選ばれて、わたしのような善行を積んだ死人が関帝さまの代理をして、本当の関帝さまは天の神さまのおそばにおいでなのだ」

おみくじを再確認する二枚の三日月板

日本で神社にお参りするように、道観や廟にお参りした人は、そこに備え付けのおみくじを引く。もっとも簡単な占術である。中国の場合は竹筒の中に細い竹の棒が何十本も入ったものを使用する。占いごとのある人は神さまの前にひざまずき、この竹筒を斜め前方に持って念じながら振る。しばらく振りつづけると竹筒の上に開けた小さな口からパラリと一本の竹棒が飛び出してくるのだ。竹棒には番号が書いてあり、係に告げておみくじをもらう。これも日本と同じだが、途中にもうひとつのステップが入るのだ。

それが「筶《ぼえ》」または「珓《こう》」と呼ばれているものである。竹筒を振って出てきたものが本当に神さまの意志にそったものなのかどうか、再度、神さまに問い質す作業を行うのである。これには十五センチほどの三日月の形をした板を二枚用意する。それぞれの板の片面が盛り上がっていて、片面は平面である。つまりは陽（盛り上がった方）と陰（平らな方）なのである。昔ははまぐりの殻を使用したという。

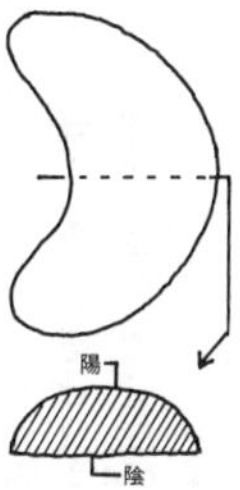

さて、占者はこのポエを両手で拝むように持ち、神さまの意志通りであるかどうか問いながら放るのである。二枚のポエが陽と陰の別々の面を見せたら、それは神さまの意志通りという証明である。これを「聖筶（シンポエ）」という。もし二枚とも陽あるいは陰だったら、竹筒を振る作業から再び始めなければならない。

人々は神さまに実にたくさんの供物をおそなえする。子豚の丸焼き、果物、お菓子、生きたままの鶏などであるが、人々は供物を神さまの前におそなえしてからしばらく待ち、ポエをする。そして「聖筶」と出れば、神さまが満腹なさったという合図だという。供物をさっさと包んで、家に持ち帰ってその晩の食卓を賑わすことになるのだ。神さまの食べた供物を自宅で食べるということは、神さまを囲んだ宴会という意味がある。なかなか合理的な方法ではある。

＊一　**二大武聖**　もうひとりは南宋の武将だった岳飛《がくひ》（一一〇三～一一四一）。彼は農民の子として生まれ、外敵の侵入に脅かされる祖国のために義勇軍に参加。将軍になってからは百戦百勝の活躍をした。ところが講和派の宰相・秦桧《しんかい》（一〇九〇～一一五五）は、自分の統制に服さない岳飛を無実の罪に陥れて獄死させ、講和の妨害を排除した。その後、宋の孝宗帝が即位すると岳飛は名誉回復された。

＊二　**『子不語《しふご》』**　袁枚《えんばい》（一七一六～一七九八）の著作で奇事異談を書き綴った文語体短編小説集。タイトルの〝子不語〟は『論語』の「子不語怪力乱神（君子は怪、力、乱、神について語らず）」から取ったもの。袁枚は中国料理書『随園食単』の著者としても知られる。

文昌帝君 ぶんしょうていくん wenchangdijun

別名 梓潼帝君《しどうていくん》 **信仰目的** 文神（学問の神）、受験の神

明・清代に人気を得た学問神

文昌帝君というのは『史記』天官書によれば、北斗七星の第一星から第四星の近くにある六つの星を神格化した神である。ある説によれば黄帝の子供の揮《き》が文昌帝君だという。彼は周から元（紀元前十一世紀〜一三六八）のあいだに九十七回もこの世に生まれかわり、学問を志す人々につくしたとされている。別説では、唐代（六一八〜九〇七）に生きた張亜《ちょうあ》が文昌帝君だとされている。彼は生まれ故郷の浙江省から四川省の梓潼《しどう》県にやってきて教師となった。優れた文章の才能をもち、人柄が良い。おまけに人に教えるときは親切丁寧。人々の大きな信望を集めた人物だったという。彼の死後、教え子たちは師を偲び、清虚観という廟内に祠を建てたという。

とはいうものの、文昌帝君の具体的なエピソードについては何も伝わっていない。つまり、一般の人々には縁のない神さまだったのである。庶民が学問に関心を持たないのは無理からぬ話。ところが明代（一三六八〜一六四四）になると人気は急上昇して、たいてい

の教育機関で文昌帝君を祀る祠が作られたのだ。清代（一六四四～一九一二）にはさらにエスカレートした。（旧）二月三日の彼の誕生日には、北京の頤和園《いわえん》にある文昌廟に大臣が派遣され、盛大な祭儀が催されるようになった。こうした隆盛ぶりを解く秘密は科挙《かきょ》制度にあったようだ。

☯科挙制度の充実に伴い、重用された神

さて、この文昌帝君は受験の神さまでもある。中国では科挙という有名な国家公務員採用試験の制度があった。これは隋に始まり一九〇五年まで、実に千三百年間にわたって行われていた。その目的は公平な実力試験によって幅広く人材を登用しようというものながらたいへんに狭き門である。科挙合格を目指して一生涯を受験勉強に費やす人も少なくなかったのだ。

科挙は理想的な制度ではあるが、実は中央集権化を進めるという目的もあった。科挙によって採用される人材は貴族や豪族とはあまり縁のない人々である。彼らが官僚になれば、既存勢力の力をそげるのである。科挙制度が衰退と隆盛を繰り返し、明清代になると完全に復活、整備されたのもこうした理由がある。文昌帝君の人気も、実はこうした政治的配慮に伴ってクローズ・アップされたといえるだろう。

明清代の科挙制度について簡単に説明しよう。応募者はまず、三段階の試験を経て各地方に設置された学校の生員《せいいん》になる必要があった。生員ともなれば官吏に相当する待遇が得られた。上級官僚を目指す者にはさらに八段階の試験が用意され、そのつど「挙人」「進士」という称号と高待遇を受けられた。最上級の試験は「散館考試《さんかんこうし》」と呼ばれ、皇帝自身の出題の形をとった。ここでトップの成績を収めた者は翰林院本官[*一]という高位の官僚となり、二番は中央政府の官僚、三番は県知事に任命された。

☯ 文昌帝君が教えてくれた答案のミス

試験に臨むには博学多識が要求され、とりわけ「四書五経」[*二]といった儒学書を丸暗記するほどの力が必要だった。不正行為を減らすための工夫も色々と考えられた。「糊名《こめい》」といって、答案用紙の受検者名を糊で貼って隠す、採点者との癒着防止策もあった。もっとも試験場は個室なので、入室の際のチェックを通りさえすれば、室内での監視は受けない。びっしりと注釈書を丸写しにしたカンニング用の下着を持ち込むなど、受験生も知恵を絞った。

ある受験生にはこんなエピソードがある。彼は文昌帝君はじめ天の神々を深く信仰し、日頃から虫や動物の命を大切にしていた。さて試験の当日、論文を懸命になって書いていると、どこからか一匹の黒蟻が入り込み、答案用紙の上から動かないのだ。思わぬ邪魔にイライラして黒蟻を追い払うが、何度払い除けても同じ場所に戻ってくる。不思議に思ってその箇所を見ると、なんと漢字に点が欠けているではないか。どんな立派な論文を書いたところで誤字がひとつでもあれば失格というのが試験の決まりである。彼は冷や汗を流して文字を直した。その結果、見事に合格したのである。後に彼は思い出した。数年前に自宅で勉強中、水たまりの中で孤立した黒蟻を見つけて、小枝で橋をかけてやったことがあったのだ。おそらくは文昌帝君がこれを見ていて、黒蟻に恩返しをさせたのである。

　科挙は現代の日本の大学入試など比較にならないほどの難しさだから、文昌帝君の加護を願う人々の気持ちは切実なものだったろう。もちろん現在でも受験生の願いを叶えてくれる神さまであると、人々は信じている。文昌帝君を祀った廟として有名なのは四川省梓潼県の文昌宮、北京頤和園内の文昌廟、江蘇省揚州市の文昌閣、貴州省貴陽市の文昌閣など。

＊一　**翰林院《かんりんいん》**　皇帝の詔《みことのり》を記す官邸のこと。ここの官僚は「翰林学士」と称されて天下第一級の学者であるという名誉がもたらされた。詔はいわば国家機密に属するものなので重要視されたのは当然であるが、唐宋の時代には、とりわけ政府中枢機関としての役割を強め、実質的な最高権力を握っていた。

＊二　**四書五経《ししょごきょう》**　儒教経典の総称で、四書とは「大学」「中庸」「論語」「孟子」のこと。五経とは「周易」「古文尚書」「毛詩」「礼記」「春秋左伝」のことである。儒教が中国官僚機構の必須学問であったことがうかがわれる。

托塔天王／中壇元帥

たくとうてんのう／ちゅうだんげんすい

tuotatianwang/zhongtanyuanshuai

別名 （中壇元帥）＝太子爺《たいしや》　羅車太子《らしゃたいし》　哪吒三太子《なたさんたいし》

信仰目的 妖怪退治をする天の将軍

勇猛な武将の子供は戦争の天才

伝説によれば、托塔天王は殷の紂王（?～紀元前一〇二七頃）に仕えた武将の李靖《りせい》といわれている。彼は勇猛果敢な戦士として知られ、ふたりの息子も立派な武士という家柄だった。ところが、三番目の息子はひどく風変わりな生まれ方をした。母親の身体から生まれ落ちたとき、ひとかたまりの肉塊だったのだ。驚いた父の李靖が肉塊を剣で切ったところ、中から美しい姿の子供が出てきた。誕生三日後に長老が訪れて「この子供は将来必ず名を上げる」と予言し、哪吒《なた》と命名したという。これが後の中壇元帥である。哪吒は幼い頃から武勇にたけ、七歳になると「風火車」という戦車を発明して、戦争には必ずこれに乗って出陣したという。

ところが、哪吒は周の武王（紀元前一〇五〇頃の人）の味方となったので、父と子は敵対するようになった。もっとも哪吒は父よりも数倍強かったという。やがて神仙のとりなしによって、父も武王の陣営につくようになり、親子して武王のために周の建国に貢献し

たといわれている。

☯ 九個の目玉と八本の腕をもつ魁偉

道教経典では、中壇元帥誕生の秘密を次のように説明している。玉皇上帝が世の中に魔神が多いのを嘆き、成敗するために大羅仙《だいらせん》という戦争の神を李靖の妻の胎内に宿らせたのだという。

したがって、中壇元帥が戦争にでかけるときは大羅仙の姿となる。身長二十メートル、三つの頭と九個の目玉、それに八本の腕をもった魁偉である。しかも、口からは青雲を吐き、足元には巨大な石を踏んで、大声で叫べば雲や雨を自由自在にあやつり、天地が震撼《しんかん》した。ほとんどの妖怪は彼の姿を見ただけで遁走するほど、彼の強さは天界や地上界に鳴り響いた。中壇元帥は一般には太子爺《たいしや》、羅車太子《らしゃたいし》、哪吒三太子《なたさんたいし》とも呼ばれている。

以上のようにふたりは紹介されるが、仏教の側では異なった説明がある。托塔天王というのは四天王[*一]のひとり、毘沙門天（＝多聞天）の化身であるとされる。彼は北方を護る仏とされ、その姿は鎧兜をまとい、左手に塔を持ち、右手で宝棒を握る形で表されている。托塔という名前もここに由来している。夜叉や羅刹[*二]を支配下に置き、その福徳が人々に幸せをもたらすことから七福神のひとりでもある。中壇元帥の場合も毘沙門天の太子《たいじ》（子供のこと）とされている。

☯孫悟空と戦った天の武将

『西遊記』によれば、天界を荒らしまわる孫悟空を退治するために、玉皇上帝はこの親子を派遣している。托塔天王を降魔大元帥、中壇元帥を三壇海会大神という役職に任命した。戦陣に赴いた中壇元帥は三頭六臂《さんとうろっぴ》（『西遊記』では六本の腕となっている）の巨大な姿に変身し、霊力のこもる六種類の武器を縦横に打ち振りながら孫悟空に迫った。これにはさすがの孫悟空も度肝を抜かれた。

「変われ」と叫ぶと孫悟空も三頭六臂の姿となり、如意棒を三本にして六つの腕で操った。両者が激突すると大地が激しく揺れ、山が動くほどの激しい戦闘となった。武器を打ち合うこと三十回、このままでは危ないと見た孫悟空は、身体の毛を一本抜き取ると号令をかけて分身を作り、中壇元帥と戦わせた。そして背後に回って攻撃をかけた。この奇襲にはさすがの中壇元帥も虚を突かれ、痛手を負って自分の陣営に逃げかえった。もっとも孫悟空が主人公の物語では、さすがの天将も脇役にまわるのは仕方ないだろう。ちなみにこの時の中壇元帥の武器は次の通りだ。

▲たいていの場合、中壇元帥は児童として描かれる

■斬妖剣《ざんようけん》＝魔物を斬ることができる霊力のある両刃の剣
■砍妖刀《かんようとう》＝妖怪を退治できる魔法の刀
■縛妖索《ばくようさく》＝どんな魔物でも身動きができなくなる縄
■降妖杵《こうようしょ》＝妖怪を叩き潰せる鎚
■綉逑《しゅうきゅう》＝鋭い刺がいっぱいでているボール状の武器
■火輪《かりん》＝炎を吐き出す車輪状の武器

☯北京は哪吒太子の全身をかたどった都

北京には城[*三]（都市のこと）造りにまつわる次のような伝説がある。時の皇帝が北京に都を築く計画を立てると、工部（建設省）の役人はあわてて皇帝に奏上した。

「北京という土地は〝水の苦い片田舎〟といわれ、そこに住む龍はとても恐ろしい奴です。とてもわたしの力では及びませんから軍師を派遣してください」

筆頭軍師の劉伯温《りゅうはくおん》と、次席軍師・姚広孝《ようこうこう》が名乗りを上げた。ふたりは北京に赴くと、どうしたら龍も手出しができない城を築けるか、知恵を絞った。ふたりはライバルなのでなかなか意見が合わない。そこで十日間、勝手に現地調査をした後、ふたりのプランを競わせるということになった。

城の東に陣取った劉伯温は、翌日から現地を歩き回った。気がつくと彼の前に、赤い上着と短いズボンの男の子が歩いていた。彼が歩みを早めると、子供も早く歩く。足を止めると子供も止める。変な子供だと思った。そんなことが翌日も、翌々日も続いた。ある夜、彼の耳元に声が聞こえた。

「ぼくそっくりに画かなきゃだめだよ」周囲には誰もいない。彼は考えた。

「あの不思議な子供は、もしかしたら哪吒さまじゃないだろうか。よし、明日は確かめてやろう」

その翌日、また例の子供が彼の前を歩いていた。よく見ると子供の赤い上着の肩のあたりに飾り布があり、風にふかれてゆらゆらしている。まるで八本の腕のように見えた。彼は子供に問い質そうと駆け寄ったが、子供は、

「ぼくそっくりに画かなきゃだめだよ」といって走り去ってしまった。供の者に確かめると、子供の姿など見なかったという。彼は子供が哪吒さまだと確信したのである。

この不思議な出来事は次席軍師の姚広孝にもまったく同様に起こっていた。さて、約束の十日間が過ぎて、ふたりの軍師は城の見取り図を見せあった。ところが両者の図面はまったく同じだった。劉伯温は説明した。

「これは八本腕の哪吒さまの城だ。正陽門は哪吒さまの頭。そこの内側には二つの井戸を掘る。これは両目にあたる。崇文門、東便門、朝陽門、東直門は右半身の四本の腕だ。宣武門、西便門、阜成門、西直門は左半身の四本の腕だ。安定門と徳勝門は哪吒さまの両

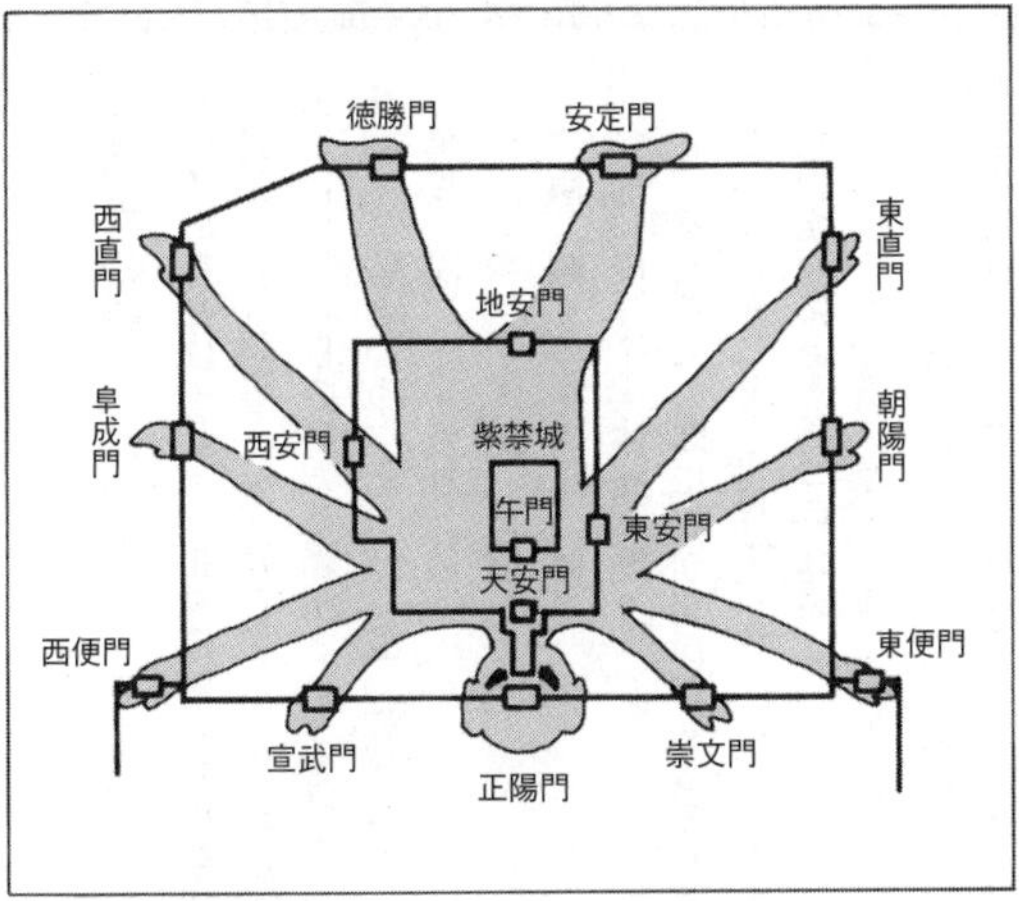

▲中壇元帥の姿をかたどった北京の見取図

足。そして皇帝のお住まいになる宮殿は哪吒さまの五臓の位置に作るのだ」

こうして北京の都は作られたのである。都市が水利の良い場所に作られるのは古代からの常識である。ところが北京は水質が悪いことから、水を支配するとされる龍の性質が悪い、つまりは悪龍が住んでいるとされていた。哪吒さま、つまり中壇元帥は悪龍退治の実績がある。彼は東海龍王・敖光（龍王の項参照）の子である敖丙《ごうへい》の悪行を怒り、退治したことがある。さらに、息子を殺された東海龍王との戦いでは、龍王を足元に踏み付けて鱗を剥ぎ、小さな青蛇にしてしまったのである。こうしたエピソードを踏まえて、北京の都は中壇元帥に守られているとしたのである。

陰陽五行説

すべての存在は十と一、相互に対立し均衡をとる

紀元前五世紀頃に考えられたのが「陰陽説」という思想である。「陰」「陽」というのは、本来は日陰と日の当たる場所という意味である。「気」によって生じた万物はすべて十と一に分類できるという。これらは互いに対立し、また循環するとされる。

男性（陽）↔女性（陰）
天（陽）↔地（陰）
太陽（陽）↔月（陰）
午前（陽）↔午後（陰）

と、それぞれの間に対立関係があるのだが、これらはいわば左右の極であり、両者が存在しているからこそ、世界のバランスがとれていると考えられるのである。

万物の根源にある五つの元素

紀元前三世紀頃に考えられたのが「五行説」である。これは、あらゆる現象を木、火、土、金、水という五つの概念によって説明する。宇宙空間ではこれらの元素が循環しているが、地上の世界では生活に必要なものとして存在している。

水＝（黒色）＝（潤下）ものを潤して低い場所に流れる

火＝（赤色）＝（炎上）ものを燃やして高い場所に上る
木＝（青色）＝（曲直）曲がったり、真っすぐになる
金＝（白色）＝（従革）自由に変形する
土＝（黄色）＝（稼穡）種蒔きと採り入れ

この五つの元素は相互に循環関係をもっている。木は土に勝ち、金は木に勝ち、火は金に、水は火に、そして土は火に勝つという循環である。こうした循環の原則は四季の推移から王朝交代など、自然界と人間界の変化などすべての物事に当てはめられるとされている。

「陰陽説」と「五行説」は、現在では「陰陽五行説」という言葉で一緒に論じられている。

＊一　**四天王《してんのう》**　東西南北の四方の守護神で、ヒンドゥ教ではローカ・パーラ（lokapala＝世界の守護者）とされている。仏教経典では須弥山《しゅみせん》の中腹に住む、仏法の守護者とされる。東方の持国《じこく》天王、南方の増《ぞう》長《ちょう》天王、西方の広目《こうもく》天王、そして北方の多聞《たもん》天王＝毘沙門天《びしゃもんてん》である。

＊二　**羅刹《らせつ》**　古代インドの鬼霊説で畏怖された鬼類の名称。サンスクリット語でラークシャサ（Raksasa）の写音。可畏、暴悪、護者と訳される。足が速く、怪力の持ち主で、人を食うという。別名は足疾鬼。一般には「悪鬼羅刹」「阿防羅刹」などの合成語で用いられることが多い。

＊三　**城《しろ》**　中国では「城」は都市のことである。正確に訳せば「城塞都市」となるのだろう。このエピソードは北京の内城について語られたものである。ちなみに史実では北京内城は一二六七年に創建され、途中数回の改築を経て一四一九年に現在の内城の形が出来あがった。

玄壇趙元帥

げんだんちょうげんすい

xuanshanzhaoyuanshuai

別名 趙玄朗《ちょうげんろう》　趙公明《ちょうこうめい》　**信仰目的** 財福神

黒い顔に髭面、イスラム教徒の神

玄壇趙元帥は、元々は人間だったとされている。戦乱の世の中を捨てて山中に入り、道教の修行を積み重ねていたところ、玉皇上帝に召されて天界に昇ったとされている。黒い顔で髭面、鉄の冠と鉄鞭を持って黒虎にまたがった姿で描かれる。天界での役職は神霄副帥《しんしょうふくすい》とされ、稲妻や雷を操って雨や風を巻き起こし、疫病を退散させたり、商売の守り神でもあったといわれている。現在ではもっぱら商売の神さまとして商人たちの信仰を集めている。

おもしろいのは、この神さまへの捧げ物が焼酎と牛肉にかぎられたことである。なぜならば、彼はイスラム教徒なので豚肉を食べないのだという。黒い顔にイスラム教、このふたつの際立った特徴から、趙元帥とはペルシャ人ではないかと考えられている。ペルシャ人といえば昔から貿易に従事し、商才に長《た》けた人々であるという印象を与える。こうしたことから、本来は風雨を操り、疫病退散の神でもあったものが、商売の神という側面ばか

りがクローズアップされて今日にいたったのだろうと、道教の研究者たちは考えている。

黒虎にまたがった神の霊験

十七世紀頃の話だが、夫に先立たれて染め物屋をきりまわしている女主人がいた。彼女の美貌に目をつけた材木商人がいた。商人は未亡人に言い寄ったが、彼女の方はまったくその気がない。そこで商人は悪知恵を巡らした。夜中に、盗品をひそかに彼女の家の庭に投げ込んでおいて、役所に泥棒だと訴え出る。それから自分で役人に賄賂を贈って、彼女を助けてやる。恩人顔をして、彼女の弱み

▲剣と虎が玄壇趙元帥のシンボル

につけ込もうという計画だった。さて、計画は実行に移された。庭の盗品を見て困惑した彼女は、その晩に夢を見た。彼女が日ごろ信仰する玄壇神が現れて「おまえの悩みについては、すでに黒虎に命令してある。安心なさい」と語った。

翌日のこと、商人は商売相手と山中に入り、材木の取引をしていた。すると林のなかから突然大きな黒い虎が現れて、商人をくわえるといずこともなく連れ去ってしまったのである。信仰深い未亡人はこうして禍いを避けられたのである。

もうひとつエピソードを紹介しよう。現在の江蘇省あたりでは昔からコオロギを戦わせる賭け事が盛んだった。張という男、この賭け事が大好きで、熱中のあまり家財道具まで失ってしまった。彼は日ごろから玄壇神を信仰していたので、窮状を神さまに訴えた。神さまは夢に現れた。

「そんなに悲しがるではない。わたしが黒虎を遣わしておまえを助けてあげよう。虎はいま化身して天妃宮[*一]の東南隅にある大木の下にいる。行って取っておいで」

張が示された大木の下を掘ると、真っ黒い大きなコオロギを見つけた。これを戦わせると連戦連勝、あっという間に賭けで失った額の数倍の儲けを得た。冬になるとそのコオロギは死んでしまった。張は泣きながら、銀の棺に死骸を入れて葬ったという。コオロギに変身した黒虎は役目を果たして玄壇神の元へ帰って行ったのである。

こうした逸話は人々にとっては強い印象を与えるものだ。弱い立場にある女や、賭けで破産した間抜け男にまで救いの手を差しのべてくれるのである。庶民の味方、玄壇神の信仰が盛んになるのも無理からぬ話だ。

＊一　**天妃宮**《てんぴぐう》　航海の守護神とされる媽祖（同項目参照）を祭った廟のこと。媽祖は元の王室から「天妃」の称号をもらっていた。ちなみに彼女の誕生日は（旧）三月二十三日とされている。本文でここが指名されたのは、たまたまこの土地には玄壇神の廟がなかったというだけの理由で、他意はないと思われる。玄壇趙元帥の誕生日は（旧）三月十六日となっている。

山中で精霊・害虫から身を守る法

山中で子供ほどの身長の一本足で、足が後ろ向きについている山の精や、革衣を着た山の精に出会うことがある。これらは恐れる必要がない。出会ったら、その名前を呼べば害をもたらすことはない。精霊の名前を事前に勉強しておく必要があるが。

まむしや蛇を避けるには雄黄《ゆうおう》（硫酸と砒素の化合物）を身につければいい。また日月、朱雀、神亀、青龍、白虎が常に自分の身を守っていると念じ、気息（気のこもった息）を周囲に吹きかければ、蛇は出現しない。万が一、かまれた場合にも気息を吹きつければ治るという。

長江の南側の土地では水の中に短狐《たんこ》や沙蝨《しゃしつ》という害虫がいる。短狐というのは拳ほどの大きさの虫で、針状の口から毒を吹きかける。沙蝨は毛先くらいの小さい虫で、人間の皮膚下に潜り込む。いずれも高熱を引き起こすが麝香丸《じゃこうがん》、犀角丸《さいかくがん》などが効果的である。海蛇の害を防ぐには制水符、蓬莱符などの護符を携行することが望ましい。

麝香丸＝ジャコウジカから採った香料。

犀角丸＝サイの角の先端部を粉末にしたもの。

鍾馗 しょうき zhongkui

信仰目的 悪霊を退治する神

玄宗皇帝にとりつく悪魔を食いころした巨大な鬼

鍾馗さまといえば、日本でも五月の節句にはつきものの人形であるが、その素性は意外なものであった。唐の第六代皇帝の玄宗（六八五〜七六二）が、ある年の大みそかに原因不明の病気になり、宮殿の寝室で休んでいた。すると、どこからともなく一匹の小鬼が出現した。片足にだけ靴をはいて、もう一方の靴は竹の扇子と一緒に腰にぶらさげ、赤いふんどしを身にまとっただけという奇妙ないでたちだ。鬼は玄宗の玉笛と楊貴妃が大事にしている匂い袋を盗んだ。そして宮殿のあちこちを走りまわっては玄宗をからかう。玄宗が怒ると、鬼は、

「わたしは、ひとの物を盗み、人間を憂欝にさせる虚妄*一という妖怪だ」

と憎々しげに笑いながら答える。玄宗が必死に鬼を捕らえようとすると突然、もうひとりの巨大な鬼が現れた。破れた帽子をかぶり、青色の上着を着ている。この鬼は玄宗がてこずっている虚妄をあっという間につかまえて、目玉をえぐり、身体を引き裂いて食ってし

まった。玄宗はこの巨大な鬼に語りかけた。

「おまえはいったい何者なのか」

「わたしは高祖皇帝（五六五～六三五）の世に行われた科挙に落第した鍾馗と申します。恥ずかしくて宮中の階段に頭をぶつけて自殺いたしました。高祖皇帝はわたしを手厚く葬ってくださいました。その恩義に感じ入りまして、天下の虚妄や妖怪を退治して、国の安泰のために尽くそうと誓いました」

鍾馗が答えおわった途端に、玄宗は夢から覚めた。不思議なことに病気はすっかり治っていた。喜んだ玄宗は、当時人気の画家である呉道子《ごどうし》に鍾馗の絵を描くように命じた。呉道子はその話を聞くと、あっという間に玄宗が夢で見たとおりの鍾馗像を描きあげた。これを見て玄宗はいった。

「なるほど。おまえも鍾馗を夢で見たな」

玄宗は人々に、除夜にその絵姿を飾って祈るようにと告げた。

☯新年の神から五月の神に移動

前述の伝説でもわかるように唐の時代では大みそかに鍾馗の絵姿を飾っていた。つまり新年を迎えるにあたって邪気を退けようというものだったが、時代が下るに従って五月に飾られるようになった。明確な理由はわからないが、中国では五月は「悪月」とされる。気温が上がるにしたがって病気の発生率が高くなるのがその理由である。邪気を払ってもらえるものなら、一月よりも五月の方が効果的だと考えても不思議はないだろう。

清代（一六四四〜一九一二）には、右手に剣を持ってコウモリをにらんでいる姿の鍾馗像が一般的になった。コウモリの漢字「蝠」は中国語では「福」とおなじ発音fu（フー）なので、幸福を象徴しているのである。

＊一 **虚妄**《きょもう》 「虚耗」とも書く。人間の喜びを減らし、憂いをつのらせるという妖怪。大みそかに出没するとされ、昔はすべての部屋からトイレにいたるまで明るく照らし、虚妄に家に入る隙を与えないという習慣があったという。

比干　ひかん　bigan

信仰目的　文財神

自分の心臓を切り開いて王を諫める

殷の紂王《ちゅうおう》（?～紀元前一〇二七頃）は殷帝国最後の皇帝である。猛獣と格闘して一歩も退かないほどの豪傑ぶりと、優れた行政能力の持ち主として知られていた。しかし、絶世の美女・妲己*一と恋に落ちてからは豹変する。国の政治など放り出し、乱行の限りを尽くして史上最低の皇帝という評価を受けるようになる。国庫財政が赤字になると住民への税負担を際限なく増やしたのである。何の方針もない国政、身勝手な重税に、国の治安は乱れるばかりだった。皇帝の権力の前にほとんどの大臣は、ただへつらうばかりだった。誰も苦言をいう勇気のある人間はいなかったのである。ところが日頃から忠臣をもって任じる文官の比干ひとりは違っていた。彼は皇帝に直言したのである。

「ご乱行をお慎みください。このままでは殷の国は滅亡してしまいます」

ところが紂王は、この訴えに耳を貸そうともしないでこういった。

「おまえは、わしに命令しようというのか？　それとも誰かに頼まれたのか」

「とんでもありません。わたしには下心などまったくありません」

「なるほど。おまえに腹心がないというのなら、その証拠を見せてみろ」

この時代、皇帝の行政に注文をつけることは反逆罪である。しかし、すでに覚悟を決めていた比干の決意は動じなかった。

「わかりました。わたしに下心があるかどうか、確かめてください」

そういうと、比干はその場で自分の胸を切り開き、心臓をつかみ出して皇帝の目の前に差し出したのである。この行動には、さすがの紂王も顔色を失ったのである。比干はこうして死んでいったが、結局紂王は素行を改めず、周に滅ぼされてしまったのである。

自分の命を賭けてまで皇帝に正義を求めた比干の行動は、その後〝忠臣〟の鑑《かがみ》として人々に崇められるようになった。武勇で知られた忠臣は数多いが、文官（事務官僚）がこれほどの勇気と決断力を持っていたことが驚異でもあったのだ。「世界は広く、人間は星の数ほどいるけれど、比干ほど正義を求めた人物は二度と現れまい」というのである。やがて庶民の間に、これほどの人物なのだから、わたしたちの願いもきっと聞いてくれるに違いないと、さまざまな願い事を持ち込まれる神となったのである。

＊一　**妲己《だっき》**　殷の紂王が有蘇氏を討った際に戦利品として自分の物とした女性。淫楽、残忍を好んだとされる。当時、燃え盛る炭のうえに滑りやすい銅柱を渡して、それを罪人に抱かせるという処刑方法があ

った。罪人が炭の上に滑り落ちると、見物していた妲己は声をあげて喜んだという。比干が自殺した逸話も、別説では妲己が「人間の心臓には七つの穴があるという。それを見せてくれ」といって、無理矢理に比干の心臓をえぐらせたという。中国史上、西太后とならぶ悪女として知られている。

風水説《ふうすいせつ》

中国人は家を建てるときや、墓を作るときに、その地形を重視する。陰陽説や五行説に基づいた一種の地形学があり、それを称して〝風水説〟という。

風水説とは、まず、多くの名山や霊山にはそれぞれの龍神が住んでいるとされる。そして、龍神の住処から山の麓に向かって龍の気が流れている。それを龍脈といい、龍脈が麓から平野部に入ろうとする付近に幸運を招くポイントである〝龍穴《りゅうけつ》〟があるのだ。

風水師、風水先生、地理師と呼ばれる人々は、この龍穴を捜し当てる専門家なのである。龍穴を中心に家、廟、墓などを作れば、家は繁栄し、廟は栄えるとされるのである。ただし、これには非常に細かいチェック・ポイントがあり、建物の正面が南に向かって開けていることや、東から川が流れているなど、条件が数多くある。

もっとも理想的な地形は中国の山水画を見ればいい。山水画の景色は風水説からみて、恰好の条件を満たしているとされる。こうした考え方は漢代以降に起こり、現在でも重要視されている。日本でも〝地相〟や〝家相〟などといわれ、住宅建設などの際に考慮されている。

蒼頡 そうけつ changjie

別名 倉頡《そうけつ》 制字先師《せいじせんし》 信仰目的 文字を作った神、学問神

四眼で漢字を造形した神

漢字文化圏の一翼をになう日本では、義務教育中に二一三六文字を学ばなければならないとされている。日常生活に使われる漢字の数はおよそ三千字あれば足りるという。漢字の本家である中国の場合、新聞を無理なく読むためには四千字、古典書を読むには七千字を理解する必要があるという。

人類は文字を持つことによって文化を発展させ、伝承させてきたといえる。世界各地でそれぞれの文字が発明されてきたが、そのなかでも中国が生んだ漢字は象形文字から発達した独自の表語文字であることが、とりわけユニークな存在である。しかも、紀元前十数世紀から既に使用されていたというから、驚異ですらある。

伝説によれば、この漢字を作ったのが蒼頡という神さまだといわれている。彼は天界から地上に降りてきて、鳥や獣が残した足跡をヒントに文字を思いついたとされている。蒼頡は四目の姿で描かれる。眼光鋭い四つの目玉で対象を見つめると、あっという間にその

特徴を的確にとらえ、次々と図形化していったのである。彼は龍顔*一の相をしていたとされる。別説によれば蒼頡は黄帝（同項目参照）の家臣であったという。彼は天地異変（地震や洪水のこと）の際に初めて文字を発明したとされる。彼が文字を作り上げると、空から粟が降ってきて、鬼は夜に泣き、龍は隠れてしまったという。つまり天界は彼の業績を称え、鬼や龍はこれを恐れ嘆いたのである。文字が人々の無知を解消し、人々の悩みを取り除くことに大きく貢献するという意味である。

この造字神の中心廟は陝西省の白水県という場所にある。二千年以上も昔に作られたとされ、正殿はもとより前殿、后殿、献殿、かねつき堂まで備えた立派なもので、現存している。

☯ 中国人特有の〝敬惜字紙《けいせきじし》〟の観念

中国には護符が多く存在する。護符によって災難を免れたり、幸運を招くというのである。これは護符に書かれた文字そのものが呪力を持つとする考え方に基づいている。殷の時代に盛んに行われた甲骨文*二の呪術的意味も文字そのものに対する信仰ともいえるのだが、同じ漢字文化圏にいるわたしたちには思いもよらない強い信仰なのである。

事実、どんな内容でも文字の書かれた紙は大事に扱われるのである。紙くずだろうが、重要文書の下書きだろうが、チラシにいたるまで字紙（文字の書かれた紙）はおろそかにしてはならないのだ。そして字紙に敬意を表すことが、文字を与えてくれた蒼頡や文昌帝君（学問神・同項目参照）に対する信仰のあかしなのである。

不要な字紙、道端に落ちている字紙などは一か所に集められて焼かねばならない。儒者や学者は書斎に専用の字紙籠を持っていた。字炉、字紙亭、敬字亭、敬惜亭などと呼ばれる専用の焼却炉が各地に置かれ、たまった字紙はここで焼かれるのである。そして、その灰は一定期日に海に捨てに行く。都市では字紙会という読書人の組織が作られて、専門の雇い人が街のあちこちの字紙を拾って歩いた。彼らは「敬惜字紙」（文字の書かれた紙を敬い、惜しみなさい）と大書きされた黄色のズダ袋を担いで回ったのである。

中華人民共和国成立（一九四九）前の中国ではこうした光景がよく見られた。台湾では今も字紙亭（専用焼却炉）が稼働している。そして、蒼頡の誕生日（春節＝旧正月＝から数えて九日目とされる）には字紙亭前で祭典が行われるのである。

中国人が漢字に寄せる深い思い入れがおわかりいただけるだろうか。

☯文字の神秘

中国人が文字に寄せる思いがどれほどのものなのか、ある物語を紹介しよう。八世紀頃の話とされるが、何諷という書生が紙の黄ばんだ古書を買った。読んでいると、中から髪の毛の丸まったようなものが出てきた。十センチほどの輪で、両端がない。引きちぎってみたところ、切り口から一リットルもの水が出た。不思議に思って道士に聞いてみると、彼はため息をついていった。

「ああ、残念。それに出会っていながら昇天できないとは、君もよほど運がない。『仙経』によると紙魚《しみ》（紙を食う虫）が〝神仙〟という文字を三度食えば、君が見た髪の毛のような姿に変わるそうだ。それは〝望脈《ぼうみゃく》〟という名前で、夜中にその輪から空をのぞくと天界の使者が現れて、仙薬を頂けるのだ。まあ、残念というしかないな」

何諷が自宅に帰って古書を調べてみると、数か所に虫食いがあり、文章のつながりから判断すると、確かに〝神仙〟という文字だった。これは唐代の小説『原化記』（皇甫氏著）に記されている。記された言葉が神秘的な生命を持つとする、中国人の〝文字観〟をうかがえる一例である。

＊一　**龍顔《りゅうがん》**　鼻が高く、長い顔の中央部が盛り上がっている人相。皇帝、貴人の人相とされる。また一説では、眼の上部、眉のあたりの骨が出ていることも龍顔とされた。

＊二　**甲骨文《こうこつぶん》**　中国最古（紀元前十四世紀頃）の占い法といえる卜辞《ぼくじ》は亀の甲羅や獣骨を焼いて、生じた裂け目から吉凶を判断する。その際、占いに使った甲骨（甲羅や骨）にその内容を記録した。これを甲骨文といい、文字が使用された最初のケースとされる。

斉天大聖　せいてんたいせい

qitiandasheng

別名　孫悟空《そんごくう》　大聖爺《だいせいや》
信仰目的　邪鬼、悪霊退治の神

神仏総出演ドラマのスーパーヒーロー

斉天大聖などというと誰のことだかわからないが、これは十六世紀の流行小説『西遊記』の主人公、孫悟空のことである。彼は東勝神州*一敖来国花果山山頂の大石が霊気をはらんで生まれた石猿、後の孫悟空である。

彼は生まれつきたいへんな暴れ者で、たちまち水簾洞の猿たちの王となるが、不老長生を求めて旅に出る。天界の玉皇上帝から弼馬温《ひつばおん》という馬屋番の仕事を与えられるが、太上老君が作った丹薬（不老長生の秘薬）を盗んだり、西王母の蟠桃《ばんとう》を盗んで大暴れしたので、玉皇上帝から逮捕の命令が出される。托塔天王や哪吒三太子、二郎真君など名だたる天界の武将たちが追っ手となるがいずれも敗退してしまう。太上老君が、左腕にはめていた金剛琢《こんごうたく》という腕輪をぶつけて、ようやくつかまえられた。

ところが、処刑しようにも老君の丹薬や西王母の蟠桃を食べて不死身となった孫悟空の身体は、傷ひとつつかない。そこで老君の八卦炉という霊力のあるかまどに放り込んだ。

孫悟空は炉の煙でいぶされたおかげで「火眼金睛」（真っ赤な目＝つまり猿の目である）となるが、運よく逃げ出すことに成功する。

いよいよ困った玉皇上帝は、釈迦如来[*二]に孫悟空をつかまえるようお願いする。孫悟空は釈迦の前でも自分の能力を信じて疑わず、可能なかぎり遠方へ飛行して見せるのだが、釈迦の手の平から抜け出せない。彼は釈迦の偉大さに降参して、五行山に閉じ込められる刑を受け入れた。そして五百年後、三蔵法師玄奘[*三]が現れ、インド旅行へのお供をすることで罪を償うことになるのである。

以上の部分が『西遊記』の導入部である。ここまでにも実に多くの神さまが登場しているのが、おわかりだろう。壮大で奇想天外な物語は、道教や仏教の神々が縦横無尽に活躍する舞台でもあるのだ。これは、いかに当時の人々の生活に、神さま仏さまが密着していたかということを物語っている。

☯ゴーストバスターの三銃士

孫悟空は生来の神通力に加えて、優れた術や武器を手に入れる。まず、須菩提祖師《すぼだいそし》という仙人から変身術と「觔斗雲」の術を習得する。「觔斗雲」の術は一瞬のうちに九千キロを飛行できるという霊雲の操縦法だ。続いて東方を護る龍の化身である、東海龍王敖広《ごうこう》から、重さ約七トンという伸縮自在の「如意金箍棒《にょいきんこぼう》」を手に入れる。これは古代の皇帝、禹[*四]

が洪水を鎮めるために海の底をならした由来のある神秘の鉄棒だ。優れた素質に道教の術や霊力のこもる武器を手にすれば、その力は数倍になる。もっとも、そのおかげで天界の怒りを買うことになるのだが。

弟分にあたる連中も、それぞれがいわくつきの妖怪だ。猪八戒《ちょはっかい》は、元は天の河の天蓬元帥《てんほうげんすい》だった。蟠桃会の時に酔っ払い、嫦娥《じょうが》(月に住む仙女)をからかって下界に落とされた経歴を持つ。雌豚の腹にもぐり込んで、この世に生まれ変わったので豚の姿をしている。彼の武器は九本の歯を持つ釘鈀《まぐわ》である。

沙悟浄《さごじょう》もかつては天界の霊霄殿に住む捲簾大将《けんれんたいしょう》という身分。やはり蟠桃会で誤って水晶の杯を壊して流沙河に落とされた経歴の持ち主。宝杖が彼の武器だ。

三蔵法師の乗る白馬の素性は西海龍王の子供。御殿の珠を焼いてしまい、鞭打ちに加えて死刑になるところを観音さまに救われたという経歴を持つ。つまり玄奘を除いて、旅行に同行する四人はすべて天上界の怒りを買い、その贖罪のために玄奘を助けるのである。

〝悪〟という存在は、とかくパワフルなものである。それが〝善〟のために使われたら……というのが『西遊記』の魅力だ。

一匹の悪猿が人々の信仰対象になった

『西遊記』がベストセラーになると、孫悟空たちのゴーストバスターぶりは人々の大喝采を呼んで、あっという間にスーパーヒーローになっていった。十七世紀には各地に孫悟空を祭った廟ができたという。これは玄奘の旅が成功裏に終わった褒賞として、孫悟空が天上界に召されたという小説のエピローグを実証したものである。

小説の主人公が神として崇められるというのも奇妙な話だが、それは『西遊記』のルーツを知れば納得できる。三蔵法師玄奘のインド旅行はれっきとした史実であり、唐末にはその冒険談が既に説話化されている。宋代には『大唐三蔵取経詩話』等の語り物として、庶民の間に浸透していった。明代に呉承恩によって作られた『西遊記』は、それらの説話を集大成したものなのだ。人々はこの小説を読んでもまったくのフィクションとは思えなかったのである。もちろん、孫悟空というスーパーヒーローを伝説や小説の世界にとどめておくのは惜しいとする庶民感情があったことも納得できる。

ともあれ、邪鬼をはらい、悪霊から守ってくれる神さまとして、人々の信仰対象となったのである。とりわけ台湾や東南アジアでは現在も人気を保つ。廟では孫悟空像を多数用意し、信者はこの像を借りだして自宅で祈る習慣がある。

＊一　東勝神州《とうしょうしんしゅう》敖来国《ごうらいこく》花果山《かかざん》　「東勝神州」は仏教用語。仏教の世界観では、須弥山《しゅみせん》（仏の住所）を中心に八つの山と八つの海があり、その外側の大海にある四つの島のひとつ。四つの島とは東勝神州（須弥山の東で地形が優れている）、西牛貨州（牛の貿易の盛んな地）、南贍部州（甘美な果実の実る地、人

間が住む)、北倶貨州(千年の寿命を持つ人々が住む)のこと。ちなみに、花果山は現在の江蘇省北部にあるという説もある。

＊二　釈迦如来《しゃかにょらい》　仏教の開祖ブッダ(Buddha)のこと。「釈迦」とはブッダの生まれた部族名で、サンスクリット語の「シャーキャ」(Sakya)の写音。ブッダに対する敬称として「釈迦牟尼仏」「釈迦如来」と呼ばれる。

＊三　玄奘《げんじょう》　六〇二〜六六四　河南省出身の僧侶で、六二九年にインドを訪れて多くの仏教経典を中国に伝えた。六四五年、長安に帰ると太宗皇帝は大いに喜び、持ち帰った経典の翻訳を命じた。彼の翻訳書は『大般若波羅蜜多経』六百巻はじめ多数にのぼる。帰国翌年に編纂された旅行記『大唐西域記』は七世記の西域、インドを知る貴重な文献である。

＊四　禹《う》　伝説上の夏王朝の始祖。『史記』によれば禹は洪水を治めた功績により帝王となり、河川、道路を改修して全国の交通網を作り、各地方を豊かにした人物とされる。禹以降、中国の世襲王朝制が始まったとされている。

鄭和　ていわ　zhenghe

別名 三保《さんぼ》太監　三宝《さんぽう》太監　**信仰目的** 守護神（東南アジア華僑の間で盛んに信仰される）

大艦隊を率いた東洋のコロンブス

鄭和（一三七一～一四三四頃）は明代初期の武将。雲南省昆陽のイスラム教徒の家に生まれた。雲南が明に服した後は、永楽帝（＝成祖　一三六〇～一四二四）に宦官*1として仕えた。永楽帝がクーデターをおこして皇帝に即位すると、鄭和も太監《たいかん》（宦官の長官のこと）となった。そして、永楽帝が推進した対外積極策の元に組織された南海遠征艦隊の総司令官に任命される。

最初の海外遠征は一四〇五年、六十二隻の艦隊に二万七千人の乗員を乗せて南京を出発した。チャンパ（ベトナム）、ジャワ（インドネシア）、パレンバン（同）、マラッカ（マレーシア）、セイロン（スリランカ）、カリカット（インド）を訪れ、各地で中華皇帝の勢力を誇示し、明王朝への服従を促した。もちろん従わない国は討伐したのである。鄭和はそれから一四三三年までに、七回にわたる航海を成功させた。その間にアフリカ東海岸、アラビア東南岸、ペルシャ湾岸まで足をのばしている。これほど大規模で広範囲にわたる

航海を、コロンブスに先立つこと百年も前に成功させたことは驚異ですらある。

『明史』鄭和伝によると、この航海に使用した船は南京郊外の造船所で作られ、船の全長百五十メートル、全幅六十二メートルという巨大なもの。これは現在の八千トンクラスに匹敵する。平底ではあったが耐浪性に富み、外洋航海にも充分耐えたのである。鄭和は航海術でも画期的な方法を採用している。この時代の航海は磁石を使用してはいたが、陸地の状態を確認しながら進むという沿岸航法が一般的だった。これは一四九二年のコロンブスの航海でも同様である。鄭和はイスラム教徒としてアラビア人との付き合いがあった関係から、彼らが持つ当時最先端の天文航法（星の観測で船の緯度を測定する航法）を採用したのである。

強大な軍事力は神格化して称えられる

鄭和は各地の紛争解決にも力を貸している。アユタヤ王朝の圧力に苦しむマラッカ人を援助したり、中国帰属に抵抗したセイロン王を本国に連行した。

こうした鄭和軍団の活躍をもっとも歓迎したのは、各地で鄭和を出迎えた華僑[*二]たちだと思われる。故国を離れて暮らす中国人は現地ではマイノリティ（少数派）で、しかも宗教、風俗の違いもある。肩身の狭い生活を強いられたことだろう。そこへ母国から強力な軍団が訪れ、国力を誇示したのである。彼らの社会的地位の向上に、大きく貢献したことは間違いない。その後、彼らは鄭和を守護神として崇めるようになったのである。一四九二年、ポルトガル人の航海者バスコ・ダ・ガマ（Vasco da Gama 一四六九～一五二四）がカリカット（インド）を訪れた際、住民たちは鄭和の英雄ぶりを記憶していたという。

鄭和の大航海の成功は、南海諸国との交易や使節の往来を活発にし、中国人の知識階級に見聞と知識を広めた。また、その後の華僑の増加を促す一要因ともなった。ジャワ、スマトラ、タイなど華僑の進出が盛んな土地では、各地に鄭和を祀った三宝廟が建造され、いまも人々の信仰を集めている。

＊一　**宦官**《かんがん》　宮廷で使役された去勢男性のこと。この制度は古くから西アジア諸国に存在したが、とりわけ中国では盛んで、周代から清末まで継続した。もともとは刑罰として去勢された男性の役職だったが、隋以降にこの刑が廃止され、異人種の捕虜、外国からの貢進者、自分で去勢した者などが充てられるようになった。職務は、本来は雑用程度なのだが、皇帝や皇后に接触する機会が多いことから次第に政治権力を掌握するようになった。司馬遷（紀元前一四五～？　『史記』の編著者）、蔡倫《さいりん》（？～一〇七　紙の発明者）、鄭和などが有名。

＊二　**華僑**《かきょう》　外国に居住する中国人のこと。起源は漢代までさかのぼることができるが、宋末に海外亡命した人々や、元代に南海征略した兵士の残留なども華僑のルーツとなっている。明王朝は当初、沿岸民の出航を禁止していたが、生活難などの理由で密出国者が絶えず、一五六七年以降これを許可した。十九世紀にイギリスが植民地開発のために行った苦力《クーリー》（肉体労働者）貿易は南アジアを中心に世界各

地に華僑を増大させた。現在、世界の華僑の数は二千万人を超えるとされ、結束力の強さから各地に〝チャイナ・タウン〟を作り、商業の成功者を多く生み出している。そのために華僑はアラビア商人、インド商人と並んで商売に長けた人々と称される。正式には、「華僑」とは中国国籍を持つ人のことで、最近では現地の国籍取得者も含めて「華人《かじん》」という名称が使われることが多い。

西泰王爺 せいたいおうや

xitaiwangye

別名 西泰王　郎君爺《ろうくんや》　孟府郎君《もうふろうくん》

信仰目的 芸能の神

中国一の美女に溺れた悲劇の王

西泰王爺というのは、唐王朝六代目の皇帝である玄宗（六八五～七六二）のことである。第五代皇帝睿宗《えいそう》の第三子として生まれ、乱れていた政権を奪回し、父を皇帝とした。そして二十八歳のとき父から皇位を譲り受けている。皇帝になってからの活躍は目覚ましかった。科挙出身の実力者を宰相に登用し、政治改革を断行した。刑罰よりも仁義を優先し、税制の改良、仏教寺院と道観の造営禁止（特別徴税はじめ住民に大きな負担を強いた）など一連の綱紀粛正を成功させて、太平の世をもたらせた。これらの秩序回復策は「開元の治」とたたえられた。「開元」というのは玄宗が即位した翌年に定めた年号である。

ところが実務派官僚たちの間で派閥抗争が起こり、玄宗は政治への関心を失っていった。七四三年に李林甫《りりんぽ》が宰相となると、政治の実権は完全に玄宗の手を離れてしまった。絶世の美女と噂された楊貴妃を妻としてからは毎日パーティを開いては遊びまくり、楊貴妃のいうままに彼女の親戚縁者を重職にとりたてたのだ。こうなると国政は乱れ、縁故や

賄賂で実権を握った高官が勝手放題に権力を乱用することになる。

玄宗はこのころから、道教の秘術（道術＝道教教義に基づいた魔術）に興味を持ちだしている。やがて軍事力を握った安禄山[*一]が反乱を起こした。反乱軍は各地で政府軍を撃破し、首都の長安にせまった。身の危険を感じた玄宗は現在の四川省方面に脱出を計るが、途中で自分の軍隊も反乱を起こす。その原因が楊貴妃一族を寵愛した結果であると指摘され、仕方なく楊貴妃を殺して将兵の怒りを鎮め、皇太子に皇位を譲ったのである。絶世の美女を傾国《けいこく》というが、文字通り楊貴妃は唐王朝を傾けてしまったのである。

玄宗は在位中に演劇や音楽に深い関

心を持ち、梨の木を植えた宮殿の庭に舞台を設置して、全国各地から集めた芸人に演技を競わせ、彼らを保護・優遇している。また俳優の師弟三百人を集めて演技の養成所を作り、みずから指導にあたっている。日本で歌舞伎界を梨園と呼ぶのはこうした故事に由来している。

玄宗は単に演芸を鑑賞したにとどまらない。もともと詩作に秀でていたので、演出に手を出したり、古典音楽を復活させたりしたようだ。自身の手で作曲したとされる「霓裳羽衣《げいしょううい》」という題の曲は、玄宗が夢で月の宮殿に遊び、その地で聞いた音楽がヒントになったという。

玄宗の行動を見ると、どうも熱しやすく冷めやすい性格の持ち主だったようだ。当初は心血を注いで政治に情熱を燃やしながら、結局途中で放棄してしまったのである。楊貴妃への溺愛ぶりも尋常ではない。おそらく芸能についても人並み外れた情熱を注いだことが想像される。

そうしたことから後世の人々は玄宗を称して演劇の開祖、音楽の神として信仰するようになった。俳優になろうとする者は西泰王爺（玄宗）を信仰すれば芸が上達し、西泰王爺に供えたお茶を飲めば、舞台で恥をかくことがないといわれる。西泰王爺の誕生日は（旧）六月二十四日とされている。

道士にいさめられた仙術好きの皇帝

玄宗は道教にたいへん関心を持っていたという。もちろん、これは政治に関心を失ってからの話である。宮殿に道士を招いて道教魔術の特訓を受けたこともある。あるとき、羅《ら》公遠《こうえん》という道士に隠形の術（透明人間になる術）を習った。しかし、どうもうまくいかない。全身を消そうと思っても、帯の一部や帽子の先が消えないで残ってしまうのである。

そこで彼は羅公遠に詰問すると道士は次のように反発した。

「陛下は天下を捨て去ることができないのに、どうして道術を全うできましょう。すべてをお教えしたら、きっと陛下は人々の家に自由に出入りなさいますでしょう。わたしは、そのことで人々が恐れ、苦しむのは耐えられません」

こういわれて玄宗の顔色が変わった。すると、身の危険を感じた道士は逃げて、宮殿の柱の中に入ってしまった。そして痛烈に皇帝の悪口を怒鳴りはじめたのだ。玄宗はますます荒れ狂い、家臣を呼んで柱を破壊させた。ところが今度は礎石（柱の基礎に置く石）の中から声がする。目を凝らして見ると、礎石の中に道士の姿が透けて見えた。礎石を砕かせたが、それでもまだ声が聞こえる。見ると、破片のひとつひとつに道士の姿が見えたのだ。玄宗は背筋が寒くなるのをおぼえ、道士に謝罪すると突然、破片の中の姿が消えていったという。

＊一　**安禄山**《あんろくざん》　七〇八?〜七五七　唐の節度使（外民族の侵入を防ぐために辺境地に置かれた軍団の司令官）。父はイラン系民族、母はトルコ系民族の出身。宰相・李林甫が計画した外民族出身者を将軍に採用するという政策に基づいて昇進した。その後、楊貴妃の一族である楊国忠《ようこくちゅう》と組んで李林甫排斥運動を起こし、李林甫が死去すると楊国忠が政治の実権を握った。安禄山はこれに反目し七五五年、楊国忠討伐の軍を動かした。これが「安氏の乱」の発端である。彼は七五七年、息子の慶緒《けいちょ》に殺される。彼は太鼓腹で体重が百キロを超すにもかかわらず、激しく回転する「胡旋舞《こせんぶ》」を得意とし、玄宗の寵愛を受けた異才の持ち主としても知られている。

第三章

教祖・始祖神

この章で紹介する神々は道教を体系だてた、あるいは道教の普及に貢献した人物である。ほとんどが実在したとされるが、実在が疑問視される人物もいる。宗派の創設者や宗教学者、理論家などが主な顔ぶれであるが、これらの人物も神として崇められている。これは、道教の特徴のひとつでもあるのだが、人々に貢献した功績が認められると、神の仲間入りをすることができるのである。そんなに偉い人物ならば、天上界の神さまが放って置くはずがないという、たいへんに民主的な考え方が支配するのである。

こうした神さまの成り立ちに、われわれは戸惑いを感じてしまう。なぜならば神さまは神聖な存在であり、市井の人間が近づけないような高貴な立場を持っているから崇拝できるのだ、というのがわれわれが持つ〝神〟観である。ところが中国の人々は簡単にこうした神聖視という垣根を取り外してしまう。官僚になる道を閉ざされてしまった人物や、世捨て人、さらには冒険小説の主人公までも神に押し上げてしまうのである。

もちろん宗派の始祖や教祖をそのまま神にしてしまったところで民衆の支持は得られない。そこで彼らの行った奇跡や霊験がクローズ・アップされることになる。したがって、彼らのエピソードのいくつかがやたらに道徳的なものだったり、教訓的な要素を含んでいるのは仕方ないことなのかも知れない。

呪術や自然崇拝からスタートした道教が、宗教としての体裁を整えていく過程で、仏教的善悪観や儒教の道徳観を採り入れていくのは、大衆の支持を得る上では欠かせないことなのだ。こうした神々に並んで、一方では太古さながらの自然神や魔術師然とした道士が神々に祀られている。

神=信仰の対象という論理がストレートには通らないのが、道教の持つ不思議な魅力なのかも知れない。

孚佑帝君

ふゆうていくん

fuyoudijun

別名 呂祖《りょそ》　呂祖《ろげん》　呂洞賓《ろどうひん》　純陽真人《じゅんようしんじん》

信仰目的 人々の願いをかなえる民衆神、仙人の代表格

科挙に落第、仙人のテストにパスした男

呂洞賓は山西省の出身者。七九八年四月十四日の生まれとされている。子供の頃から利発で、二十歳になると科挙の受験資格を得た。しかし、残念ながら三度続けて落第してしまった。彼は中央政府の官僚になる夢を捨て切れず、悶々とした毎日を過ごした。

そんなある日、例によって居酒屋で飲んでいると、ひとりの老人に出会った。老人は彼の果たせぬ悩みを聞くと、青磁の枕を取り出していった。

「わしの枕で寝てごらん。きっといい夢を見られるよ」

居酒屋の主人は粟飯を炊いていた。彼は老人にいわれた通り、枕に頭を乗せる。すると枕の両側の穴が次第に大きくなり、彼は身体ごとその中に入って行くような気がした……。数か月後、彼は資産家の娘を嫁にもらい、さらには科挙の試験にも合格するという幸運に恵まれた。それからは次々とチャンスをものにして出世を続け、政府の中枢を担う宰相の地位にまで上ると、人々は彼を賢宰相と褒めたたえるようになった。美しい妻を持

ち、子宝にも恵まれ、名誉も財産もすべて満たされた。ところが出世を羨む大臣から謀反をたくらんでいると訴えられる。潔白を証明するために自殺しようとするが、妻子の説得であきらめ、辺境の地に流刑となる。しかし数年後に無実が明らかにされて、彼は中央へ復帰することが許され、再び彼に栄華が訪れたのである。五人の息子は皆、官僚として昇進が約束された。広大な敷地の豪邸で孫たちに囲まれた幸せな晩年を送った。やがて年齢には勝てず病気勝ちとなり、寝床から起き上が

れなくなった。名医の看病や高貴な薬も効き目がない。皇帝から直々の励ましの手紙を貰ったその晩、彼は静かに息を引き取った。

……ふと目を覚ますと、彼は居酒屋にいた。まだ粟飯は炊きあがっていない。彼が過ごしたと思った人生は夢で、しかもわずか三十分ほどの出来事だった。老人が彼の顔をのぞきこみ、微笑していた。

「わかったかね。おまえが望む人生とはそんなものだよ」

老人は語った。現在の彼の生活がいかに不安定なものであり、世の中が虚飾と偶然、裏切りで成り立っているものであるか。そんな俗世間など一切捨てて、永遠の生命を得ることを考えなさいというのだ。老人は鍾離権《しょうりけん》という名前の仙人だった。

翌日、呂洞賓は鍾離権に連れられて終南山《しゅうなんざん》（陝西省西安市の南）に入り、修行に励んだ。やがて、師匠の鍾離権は彼の修行の成果に満足して天に昇っていった。呂洞賓も同行を許されたが、民衆の災いを取り除くまでは地上にとどまることを師匠に誓ったのだ。もちろん、彼は今もこの世界のどこかにとどまっているとされる。前述のエピソードは、〝邯鄲《かんたん》の夢〟ともいわれ、演劇などの題材にされることも多い。ただし情況設定や役柄は異なって伝えられている。

百八回変身して人々を救済

呂洞賓が師匠から伝授された仙術は、不老長生の秘薬「龍虎金丹」の作り方を記した書物や、「天遁《てんとん》の剣法」という悪霊を退治する秘法などである。悪霊とは自分の心にある煩[*一]悩を象徴するものであり、怒りや欲望など、一切の煩悩を断つ剣とされている。

彼は仙人になってからはさまざまな時代、さまざまな場所に出現しては人々に道教の真理を説いたといわれている。難病が治る薬を人々に与えたり、墨を巷で売っては、その金を貧乏人に恵んだり、庶民の味方となっていった。その一例を紹介しよう。

蘇州（江蘇省）にひとりの絵かきがいた。彼は呂祖（呂洞賓）の熱烈な信者で、好んで呂祖の絵を描き、是非一度会いたいと思っていた。ある日、路上で大勢の乞食が酒を飲んでいるのに出会ったが、そのなかのひとりが目についた。ぼろぼろの衣を着てひじが剥き出しだが、普通の人間にはない風格を感じたのだ。絵かきは、この男こそ呂祖ではないかと思った。

「あなたは呂祖さまでしょう?」

乞食は笑ってとりあわない。絵かきはひざまずいて拝んだ。すると、乞食は

「わたしが呂祖ならば、どうしようというんだね。しかしここは話をする場所ではない。夜になったら会いに出向こう」

そういって姿を消してしまった。その晩、絵かきの夢に呂祖が現れた。

「おまえの願いが一途なので会いにきた。だが、おまえは貪欲でけちなので仙人にしてやることはできない。まあ、ある人に会わせてやろう」

呂祖が空に向かって手招きすると女性がひとり、空から降りてきた。高貴な人であることを示すかのような艶やかな服装と、容貌の美しさが周囲を明るく照らしているようだった。

「これが董《とう》さんだ。覚えておきなさい」

女性の姿は消え、呂祖も天に昇っていった。夢から覚めた絵かきは真意がわからないままに、思い出しながら女性の姿形を絵に描いておいた。それから数年後、皇帝のお妃が亡くなった。皇帝はお妃をしのんで肖像画を描かせようと絵かきに依頼したが、誰ひとりとしてお妃に似た絵を描けなかった。たまたま都に来ていた絵かきは、お妃の名前が〝董〟というのを聞いて、もしかしたら夢に出てきた女性のことではと思った。そして数年前に描いた絵を献上したところ、皇帝からはまるで生き写しだと驚嘆され、大金を戴いた。これが評判となり、貴族の家々から亡きご先祖の遺影を描いてくれという注文が殺到した。絵かきがその人物を描きたいと念じると、空中にその姿が現れた。貴族たちはこぞって彼の絵に大金を支払ったという。（『聊斎志異』[*二]より）

さて、こうした霊験を背景に、呂洞賓の人気は元代（一二七一～一三六八）になるとさらに高まり、一三一〇年に武宗（一二八一～一三一一　クルック汗）から「孚佑帝君」の称号を贈られている。清代には、呂祖の誕生日（〈旧〉四月十四日）に人々は神仙糕《こう》（餅のこと）という五色の餅を食べ、花瓶に花を生けて祝った。政府は福済観（蘇州にある道観）で宮廷音楽隊の演奏をするなど、盛大に祭事を行ったのである。

当時の人々にとって、神仙（上級の仙人）は丹薬に精通しているというのが常識で、神仙を祈ることで病気が治るとされた。この日に福済観参りをすることは病魔退散という大きな意味があったのだ。また、信仰の厚い者には、乞食の姿をした呂洞賓が現れて霊験を示してくれるという。こうした信仰は現代も続き、呂洞賓は八仙[*三]の筆頭とされ、仙人の代表格のように慕われている。

＊一　煩悩《ぼんのう》　仏教用語で、サンスクリット語のクレーシャ（klesa＝苦悩、病苦）の訳。人々の心身を乱し、迷界につなぎ止める一切の妄念のこと。一説ではこの悩みは百八あるとされ、除夜の鐘も同数打たれる。呂洞賓が百八回変身するというのも、この数にちなんだものと思われる。

＊二　『聊斎志異《りょうさいしい》』　清代の短編小説集。蒲松齢《ほしょうれい》（一六四〇～一七一五）の作品。民間説話に取材した妖怪・神異談などが中心で、日本では明治時代に流行し、これを題材にした小説、戯曲などが数多く作られている。

＊三　八仙《はっせん》　中国・一般大衆の間でもっとも人気のある代表的仙人の呼称。呂洞賓を筆頭に、彼の師・鍾離権、李鉄拐、張果老、何仙姑、藍采和、韓湘子、曹国舅の八人。彼らを描いた絵や屏風は幸運を招くシンボルとして、人々に親しまれている。

李少君 りしょうくん

lishaojun

信仰目的 神丹作りの始祖

少年のような三百歳の方士

漢の武帝（紀元前一五六～紀元前八七）は専制君主制を確立した政治家として知られているが、多くの方士[*1]を採用したことでも有名だ。そのなかでも寵愛を受けた方士が李少君である。『神仙伝』によれば、彼は斉《せい》（山東省）の出身で、安期生《あんきせい》（千歳まで生きたという仙人）の教えを受けて錬丹術（仙人になれる妙薬の製造法）を習得していたが、貧しいために高価な薬品を調達できず、武帝の援助を願い出て、こう述べたという。

「わたしは丹砂（硫化水銀）を化学変化させて黄金にすることができ、出来上がった黄金を服用すれば仙人となって天界へ昇ることができます。わたしは以前、海岸地帯を旅行しましたときに安期生という仙人に出会い、瓜ほどもある大きさの棗《なつめ》（天上界に実る棗。通常は親指の爪ほどの大きさ）をいただいて食べたこともあります。それがわたしの長寿の秘密です」

感心した武帝は彼に莫大な資金援助をした。あるとき、彼はパーティに招かれたことが

あった。集まった人々のなかに九十歳を超えた老人がいた。彼は老人に近寄り、その老人の祖父と彼自身が一緒に狩りに行ったことがあると話しかけた。老人は幼いとき、祖父の狩猟に同行したことがあり、李少君の話が自分の記憶と一致したので驚嘆してしまった。計らずも李少君が数百歳であることが証明された。また、武帝が古い銅器を持っているのを見て、
「斉の桓公《かんこう》（在位紀元前六八五～紀元前六四三）がこの銅器を愛蔵しておられるのを見たことがあります」
と話しかけた。武帝がその刻字

を見ると、確かに斉の時代の作品であることが記されていたのである。

李少君は一見したところ五十歳くらいに思えたが、顔にも肌にも艶があり少年のようだったという。しかし、以上のようなエピソードを知った人々は、彼が三百歳を超えていると確信した。

権力者・武帝を裏切って天界に去る

さて、武帝の保護のもと、李少君は不老長生薬づくりにいそしんだ。やがて完成すると武帝に奏上した。

「陛下はぜいたく好みで、享楽をお捨てになることができません。戦もやまず、感情を抑えることもできません。遠くの地には故国に帰れない戦死者の魂がさまよい、裁判所では流血の刑が行われます。こうした治世をなさっていては丹薬を飲んで天に昇ることも不可能だと思います」

こう述べて、李少君は病気と称して自室に閉じこもってしまった。その夜、武帝は夢のなかで李少君と一緒に嵩高山《すうこうさん》（河南省）に登った。すると、途中で龍に乗った天上界の使者が雲の中から現れて、主人（天上界の神さま）が李少君をお呼びだという。夢から覚めた武帝は部下を呼んで李少君のようすを調べに行かせたところ、彼は病気で重体に陥っていた。これを聞いた武帝はあわてて見舞いに駆けつけて、ついでに丹薬を入手しようとしたが、用件を述べる前に李少君は死んでしまった。

しばらく後、武帝は冷静に考えた。李少君がそんなに簡単に死ぬだろうかと。不審に思って再び部下を李少君の屋敷に行かせると、納棺の際に死体が行方不明になったという。衣服は上下ともそのままで、まるでセミの抜け殻だったのだ。これを聞いた武帝は、李少君は死んだのではなく、天界へ昇っていったのだと悟った。これは「尸解仙《しかいせん》」といわれ、仙人がよく使う方法だった。

膨大な資金を提供し、厚遇したにもかかわらず、李少君はあっさりと武帝を見限ったのである。これは李少君の予定の行動と思われる。武帝は西王母（同項目参照）からも見捨てられた人物である。おそらくはその性格が仙人に向かないとされたのだろう。裏切られた武帝の無念さは知るべくもない。もっとも、金や権力さえあれば仙人になれるというのならば、庶民にとっては不公平この上ないことになる。富や権力の持ち主というものは、たいていは傲慢で、庶民のことなど顧みない性格である。そんな人間に仙人になられたら庶民は憤懣やるかたない。仙人になる資格は富や権力ではなく人間性にあると、このエピソードはいいたいのである。

李少君が遺した秘薬の効き目

武帝に冷たくした李少君も、気に入った相手には優しく対応したようだ。彼が親しくつきあっていた友人のひとりに董仲躬*二という人物がいた。武帝の忠実な家臣としてその高潔な人柄は有名だったが、世間の人が丹薬に血眼になることを馬鹿にしていた。李少君が姿を消してから後、彼も床に伏せるようになった。あるとき、李少君が病気がちだった彼のために遺していった薬のことを思い出して、半信半疑で飲んでみた。すると、半分も飲まないうちに身体が軽く感じ、病気はどこかへ行ってしまった。全部飲んでみたら、まるで若い頃のように気力も充実してきた。それから彼は宮廷勤めを辞職して、道士を訪ねては不老長生の術について教えを受けたが、うまく行かず、八十歳で死んでいった。髪は黒いままで、顔つきも元気いっぱいだったという。

李少君が董仲躬のために調合した薬は、次のように作られた。戊巳《ぼし》の草（不明）、土の養分、黄精《おうせい》の根（菌類の一種）、獣の脂肪、イノコログサの根、それに各種の花の蜜が主成分。十二月の上旬にそれらを銅の器で煎じる。沐浴し、身を清めた少年のみがその作業を行う。完成させたものは卵形に丸める。三個を限度として、一個飲めば身体が軽くなり、二個飲めば歯が抜けて生えかわる、三個飲めば老衰することがなくなるという。この丸薬を一個、彼は董仲躬に与えていたのだ。

李少君自身の説明によれば、彼は錬丹術を安期生から伝授されたとしている。しかし、後世の人々の間では錬丹術の祖は李少君とされる。矛盾しているようだが、これは李少君が錬丹術の成果を身をもって証明し、錬丹術の存在を人々に知らしめたという貢献度を評価したのだろう。

いずれにせよ、一般の人々は彼を錬丹術の祖と尊敬し、道士は彼を崇拝してやまない。信仰さえ持っていれば、いつか突然目の前に現れて〝仙薬〟を授けてくれるのではという期待とともに、道教の道を究めた先駆者への尊敬心が現代もなお続いているのだ。

＊一　**方士**《ほうし》　方術の専門家。方術とは本来、各種の技術を指し、医経、経方、房中、神仙、卜巫なども含まれる。戦国時代（紀元前四〇三〜紀元前二二一）末期には燕（洛陽を中心とした国）、斉（山東省にあった国）から方士が多数輩出した。漢の武帝の時代には医学、健康法、禁呪のほか易学、占術、陰陽なども含まれ、道教の隆盛とともに道士（道教修行者）と方士はまったく同一と考えられるようになった。

＊二　**董仲躬**《とうちゅうきゅう》　不詳。ただしこれを董仲舒《とうちゅうじょ》とする説もある。董仲舒は武帝に仕えた儒者。学者として名声高く、行政手腕も評価を受けた。後に武帝の政策を批判して罪を受ける。やがて許されて厚遇されるが、ふたたび罪に問われることを恐れて病気と称して辞任。学問にはげんだ。彼の儒学は漢王朝の政治的指導原理とされ、それ以降儒学は国家の保護を受けるようになった。彼は仙道にも関心を持ち、求雨の法（降雨術）や房中術を伝え、『李少君家録』という李少君に関する書物を著している。儒家が仙術に興味を持つというのもおかしな話だが、当時は儒家も盛んにこうしたものに関心を持っていたという。

誰にでもなれる？ 尸解仙《しかいせん》

各種の仙人の中でも、もっとも一般人に近い距離にあるのが尸解仙だ。これは仙人のランクではなく仙人になる方法のひとつだ。仙人になることができる人は、生まれながらにそれを約束されている、いわばエリートたちが大部分だ。それ以外の人々は修行を積んで、努力した上で仙人となることができる。凡人にも可能性が残されているわけだ。

『列仙伝』中のエピソードを紹介しよう。東晋の元帝（二七六〜三二二）の時代、鮑静《ほうせい》という男がいた。彼は陰長生《いんちょうせい》という仙人から尸解仙になる方法を伝授された。尸解とは一般の人々から見れば死んだように見えるが、事実は別な物を死体に見せかけるという術である。

これには上下二種の方法があり、上尸解の方法は剣を使用し、下尸解の方法は竹や木を使用する。筆に神丹（仙薬）を溶かした水を含ませ、剣の刃の両面に「太上太玄陰符」という呪文を書く。すると剣はたちまちのうちに術者そっくりの姿になり、寝台に横たわる。そのまま術者は家から立ち去ることができるのである。家人はこの剣を見て、術者が死んだと錯覚するのである。下尸解の方法も同様である。ただ呪文を書くのが剣ではなく竹や木という違いがある。尸解にはこのほかに木から落ちる方法、虎に食われる方法、剣で切られる方法などがある。

もっとも、尸解仙となるためには、この術を使う以前に充分な修行を積んで、仙人の有資格者となっていなければならない。

墨子 ぼくし

mozi

信仰目的 戦国時代の非戦思想、墨家の祖

仙人の骨格を持った兵法家

墨子（本名は墨翟《ぼくてき》 紀元前四八〇～紀元前四二〇頃）は、戦国時代の思想家、兵法家として知られている。諸子百家といわれるほど多くの思想家が活躍したなかでも、当時としては珍しく兼愛（無差別な博愛）、平和主義を説いた人物である。しかも兵器製作の技術者として、その名は広く知られていた。

宋国に雇われていたときのこと、楚国の公輸盤《こうしゅはん》という兵法家が雲梯*一という城攻めの兵器を作って宋を攻めた。この話を聞いた墨子は楚に旅行し、公輸盤に面会した。

「あなたは雲梯という兵器を作って宋を攻めているが、宋になんの罪があるのか。あなたの国の領土は余裕があるが、人民が不足している。足りない人間を殺す危険を犯して、さらに土地を手に入れようというのは〝智〟ではない。宋になんの罪もないのに、攻めるのは〝仁〟ではない。それを知っていながら王にアドバイスしないのは〝忠〟ではない」

公輸盤は答えに窮して、こう述べた。

「わたしにはどうにもなりません。王に直接申し上げてください」

墨子は楚王に謁見して同様のことを述べた。王は墨子の話に納得したが、公輸盤が納得しないので、彼と直接に戦術論を競うことになった。墨子は帯を解いて城に、帽子を武器に見立てた。公輸盤は攻城作戦を立て、九度も作戦を変更したが、そのたびに墨子の防御作戦に負けてしまった。公輸盤は悔しまぎれにいった。

「わたしは、あなたの作戦を封じる最良の方法を知っている」

墨子が答えた。

「あなたの最良の作戦はわたしも知っていますが、それも無駄なことです」

楚王が墨子にその理由を聞き、墨子が答えた。

「公輸盤の考えは、わたしを殺せば宋は守りきれないということです。しかし、弟子三百人が既にわたしの作った防御兵器を持ち、楚軍の攻撃を待ち構えています。わたしを殺したところで城攻めは成功しないでしょう」

こうして楚は出兵を思いとどまったという。このエピソードは墨子の思想を知る最良の教材である。つまり、彼は列強の狭間にある小国・宋のために身を粉にして働き、徹底して非戦論を貫くのである。

☯ダ・ヴィンチに匹敵する発明家

墨子の遺した書物は『墨子』として五十三篇が知られている。科学知識を扱った記載によれば、てこの原理を含む力学論、ピンホール・カメラの原理などのほか、平面鏡・凸面鏡・凹面鏡における物体と鏡像の関係を議論したものなどがある。それらは当時としては最先端の科学理論といえるもので、墨子はこれらの知識を駆使して投石器、連弩車《れんどしゃ》（車両に装備した連発式の大弓発射装置）などの武器を発明したといわれている。もちろん平和主義者の彼のこと、すべての武器は防御用として考えられたものだ。

墨子は八十二歳になったとき、一切の世俗的なものを捨てて周狄山《しゅうてきさん》（所在地は不明）に入り、道教の修行にはげんだという。そんなあるとき、山のなかで書物を読む声が聞こえてきたり、眠っている墨子に衣服を掛けてくれる者がいる。墨子が気配をうかがっていると、人の姿が現れた。

「あなたは山の霊ですか、それとも神仙でいらっしゃいますか。なにとぞ、わたしに道を教授願います」

神人（高位の仙人）がいった。

「あなたが道を極める志があるのを知り、ようすを見にきました。それで、あなたはなにをお望みかな」

「できることならば、天地とおなじくらいに長生したいと存じます」

神人は『素書』『朱英丸方・道霊教戒・五行変化』など二十五篇の書物を墨子に授けて、こう述べた。

「あなたは仙骨（仙人になれる骨格）があり、聡明ですから、これらの書物を読めば願いがかないます。師を待つまでもありません」

やがて墨子は地仙（下級の仙人）となり、戦国の世をさけて山中で暮らしたという。数百年の後、漢の武帝が使者を派遣して墨子を宮廷に呼び出そうとしたが、彼は応じなかった。そのときの墨子は五十歳くらいにしか見えなかったという。

墨子の思想の特徴は庶民、社会的弱者の立場でものを考えたことにある。窃盗や殺人は悪であると感じるものの、国家間の略奪や大量の殺人行為に対して人々は逆に〝義〟を感じ、むしろ称賛する。彼はこうした不合理な考えをさとし、侵略戦争を最大の悪であるとした。また、技術者集団の長として、小さい城の防御をもっぱらの

仕事として東奔西走し、理想の実現を志したのだ。

墨子の庶民の立場に立った反戦思想は共感を呼び、知識人はもとより市井の人々からも信奉され、敬愛されるにいたった。熱狂的な信者は持たないものの、穏やかに信仰される仙人もいるのだ。

＊一　**雲梯《うんてい》**　台車の上に滑車を利用して作ったはしご。今日でいうところのはしご車である。戦国時代の新兵器として、城攻めの際などに活躍した。製作者の公輸盤については魯班の項を参照。

彭祖 ほうそ

pengzu

信仰目的 房中術の始祖

すべての房中術に通じた仙術の始祖

中国で歴史上確認されている最古の王朝は殷（紀元前十六世紀〜紀元前十一世紀）とされているが、『神仙伝』によれば彭祖はさらに古い夏《か》王朝（紀元前二十一世紀〜紀元前十六世紀頃？）の皇帝の曾孫であったという。殷末にはすでに七百歳を過ぎていたが、少年のように若々しく見えたそうだ。殷王は彭祖の名声を聞いて大夫*一という宮廷の要職に推薦したが、彼は病気を口実に宮殿を訪れなかった。

彭祖は生まれつき地味な性格で、自分の能力をひけらかしたり、派手な術を人々に見せるようなことはなかった。若い頃からよく旅行に出かけたが、常に徒歩で、しかも数十日の旅でも食料はいっさい持参しない。普通、貴族であれば数十人の従者と牛車、さらには食料品から天幕、炊事用具などすべてを持参するというのが常識である。その理由は彼の養生術にあった。

彭祖は自宅にいるときには常に腹式呼吸をして、早朝から正座を続け、目を拭い、身体

をこすり、唇をなめ、唾を吸う。そして深呼吸を十回ほど行ってから日常生活に移ったという。後にこれは「補導の術」[*二]と呼ばれた。また、肉柱、雲母粉、特殊な鹿の角の粉末などを服用していた。疲労が激しかったり、体調の悪いときは「導《どう》引《いん》閉《へい》気《き》」というみずから編み出した養生法で患部を治療する。これは神経を全身くまなく行き渡らせ、その気（エネルギー）が鼻や口を経て十本の指先までとどき、やがて身体全体に活力がみなぎるという術なのである。

☯王が女仙にスパイを依頼

さて、殷王はこの術を教わろうと彭祖の自宅を訪問したが、彭祖はなにひとつ口を開こうとしない。大金を贈っても、貧しい人々にすべて施してしまう。そこで王は妙案を考えた。宮廷の客である采女という女の仙人を彭祖の元に送り、彼女に質問させたのである。

采女を前に、彭祖はようやく口を開いた。

「生きたまま天に昇り、仙人になりたいというのなら金丹を服用することだ。老子さまが天に昇ったのもこの方法だった。しかし、これは難しくて王にできることではない。次の方法は精力を大切に養い、薬草の力を借りることだ。この方法で長生は可能だ。しかし鬼神を使ったり、空中飛行することは不可能だ。また、房中術（体内に気を充実させるセックスの方法）を会得しなければ、その効果はおぼつかない。……たとえ仙道を知らなくても気を養う（体内のエネルギーを蓄える）方法が会得できれば百二十歳まで生きられる。多少、仙道が理解できれば二百四十歳まで生きられる。また、その倍も理解できるようになれば四百八十歳まで生きられる。こうして仙道の理解を深めていけば不死になれるというわけだ」

☯房中術の基本理論

彭祖が提唱した房中術とは、セックスを医学的・哲学的に研究したものである。馬王堆[*三]から出土した『養生法・天下至道談』には〝七損八益〟という房中術の項目がある。ここに紹介しよう。

〈悪法七例〉

過急、過欠、無休止、強行、精神不安、病中など。つまり、行為の最中に急いだり、間を置きすぎたり、途中で休まないようなことは厳禁で、無理強いや病気中の行為も慎まなければならない。情緒不安定な状態では行為してはならないという意味である。体内のエネルギーの乱用だというのである。

〈良法八例〉

早起きをすること。起床したら正座して背筋を伸ばし、肛門を引き締め、呼吸を整える。そして、体内の気を丹田に下ろす。房前は喜戯和合（行為に入る前に充分な前戯を行うこと）、房中は気を集中させ、しかも余裕をもって止める（精射してはならない）など。房中術はたいへんに具体的な体位やテクニックにまで及んでいるが、淫らな部分ばかりが強調されることも多かった。清末に勃興した秘密結社[*四]の中には、房中術を拡大解釈して乱交パーティを目的とした集団もあったという。

彭祖は天仙（天上界に昇れる仙人）になることを拒み、地仙（地上で暮らす仙人）に甘んじたという。その理由は〝なまじ天に昇って先輩仙人の使役となるよりも、地上の生活を楽しんだ方が良い〟と語ったという。天に昇れば役職を与えられ、人々の願いを達成させる立場になるが、地上にいれば気の向くままに生活を楽しめるというわけだ。こうした考えを持つ仙人は少なくなく、神格として信仰対象にされているものの立場が不明瞭で、信仰というよりも敬愛されている仙人が多い理由がうかがえる。したがって、とりわけ有名な仙人以外は中心廟はなく、廟では脇役に徹している。まあ、自由気ままという立場こそ仙人の醍醐味といえるだろう。ちなみに安徽省の歴陽という土地には〝彭祖の仙室〟という石室があり、ここで雨乞いをすると霊験があり、祈るとその後で地面に虎の足跡がついたという。虎は彭祖の仙室の護衛だとされている。

叩歯《こうし》と嚥津《えんしん》

叩歯というのは、歯を音をたてて噛み合わせることである。各種の方法があるが、通常は朝、目覚めたらすぐに口を閉じたまま頬をゆるめ、音が深く響くように歯を三百回噛み合わせるのである。これは長生のための健康法のみならず、邪鬼を避けたり、呪文を唱える際にも有効な方法だ。

歯の噛み合わせ方にも名称がある。左奥歯を噛み合わせるのを「打天鐘《だてんしょう》」、右奥歯の場合は「槌天磬《ついてんけい》」、前歯を叩くことを「鳴天鼓《めいてんこ》」という。凶悪な事件や縁起の悪い出来事に遭遇したときには「打天鐘」を三十六回行う。邪鬼を避け、天に呪文を唱えるときには「槌天磬」を三十六回行う。また、天界の神々を降臨させようとする場合には、精神統一とともに「鳴天鼓」を三十六回行うことが有効だとされている。

叩歯をさらに効果的なものにするためには嚥津、つまり唾液を飲み込むことが必要である。叩歯を行った後、舌で口中の唾液を中央に集め、それを飲み込む。この動作を三回繰り返すのである。これは身体の中にある液体を外に出さない方法のひとつなのである。精液、唾、涙、鼻水、汗などは体内の気を外に運び出してしまうものなので、これを防ぐための手段である。

とりわけ大切な存在と考えられているのが精液である。道教の養生術には各種の性行為上のテクニックが扱われている。これは房中術と呼ばれているが、その目的とするのは「接して漏らさず」。つまり、性交は気が充実するチャンスなのであるが、射精までは至ってはならないということである。精液に含まれる気が外部に去ってしまうからである。

＊一　大夫《たいふ》　官職名。古代中国には五階級あり、天子・諸侯・大夫・士、そして庶民である。その後、上流階級を示す言葉「士大夫」として使われるようになった。宋以降は農・工・商以外の知識階級・読書人を意味し、庶民に比べるとごく少数派ながら〝中国の文化は士大夫の文化〟といわれるほどになった。それだけ庶民の文化レベルが取り残されたのである。

＊二　特殊な鹿の角の粉末　麋角散《びかくさん》。麋はトナカイの仲間の「四不像《しふぞう》」とされる。その雌の角を粉末としたもの。一般に鹿の角、とりわけ鹿茸《ろくじょう》（袋角）は補精強壮剤として知られている。

＊三　馬王堆《まおうたい》　湖南省長沙市の東部で一九七二年から発掘を開始した前漢の墳墓。三体の遺体のほか二千点あまりの副葬品が出土し、漢代文化の研究に重要な資料となっている。

＊四　秘密結社　中国の秘密結社の歴史は古く、『水滸伝』の梁山泊のような兄弟、同志的結合を核とした組織が知られている。清末から民国にかけての政治的混乱期に多くの秘密結社が勢力を得ている。彼らは独特の符牒、隠語、階級制度などを持つ。青幇《チンパン》、紅幇《ホンパン》がその代表格。

張道陵

ちょうどうりょう

zhangdaoling

別名 張天師《ちょうてんし》　張陵

信仰目的 道教のルーツとされる五斗米道の開祖

反省文と祈禱で病気治療

張道陵は二世紀後半に活躍した人物で、江蘇省の出身といわれている。長生の道を志し、弟子とともに四川省の鵠鳴山《こくめいさん》に住んで二十四篇の道教書を作った。修行中のある日のこと、天界から老子さまはじめ大勢の神が彼の前に降り立ち、正一明威《せいいつめいい》という術を授かったとされている。これは人々の病気を治療する術で、素晴らしい効き目があった。

張道陵の治療法は一種の精神療法といえるもので、呪文や護符、祈禱を主眼としたものだ。方法は次の通り。

病人はまず、静かな部屋に入れられて、自分が過去に犯した過ちについて反省する。そして、それを悔い改めるという誓いの手紙を三通書く。その内容は、もし誓いを破ったら死んでもかまわないという厳しいものだ。手紙の一通を山頂に置いて山の神に捧げる。もう一通は地中に埋めて地の神に捧げ、最後の一通は河川に沈めて水の神に捧げるのである。天地水の三官（三官大帝のこと）に捧げることからこれを「三官手書《さんかんしゅしょ》」と呼ぶ。その

あとで病人は符水（護符で清めた水）を飲み、祈禱を受けるという順序を踏んだ。この際に読まれる経典は老子の『道徳経』*1である。つまり、病気の原因は人が神の定めたルール（善行）を行わなかった結果、罰として与えられたものであり、悔い改めて善行に励めば罰は贖えるという論理だ。果たしてこれで病気が治ったかどうかは疑問だが、たいへんな効き目があったとされている。

　この時代の人々は、病気とは邪鬼（文字通り〝病魔〟である）に肉体が侵されていることだという考え方を持っていた。中国の薬草研究は非常に古く、すでに各種の治療薬が開発されてはいたが、それを服用するのは体内の病魔を追い払うという考え方に基づいていた。したがって、薬草の服用と平行して巫師（男性の巫女）の祈禱で病魔を追い出すことも頻繁に行われた。では、なぜ病魔が人間を襲うのか。これに回答を与えたのが張道陵の思想なのである。つまり、自分の内面に知らずに犯した罪があったのである。こう考えると庶民も納得できたのである。

☯強力な宗教王国を築き上げる

　張道陵の思想および治療法は人々の支持を受け、またたく間に数万人の信徒が彼の元に集まってきた。彼の宗派が五斗米道といわれるのは、信徒たちに五斗（約九リットル）の米を上納させたことに由来している。彼は張天師と敬称され、子である張衡《ちょうこう》が二代目、孫の張魯が三代目の張天師を襲名する頃（一八五年頃）になると、陝西省南鄭県を本拠地に宗教国家ともいえる組織作りに成功している。教団には「天師」を筆頭に「祭酒」「姦令」「鬼吏」という役職が設けられ、新たに入信する信徒は「鬼卒」と呼ばれた。この国では道路整備や貧民への食料提供など公共事業を盛んに行い、「義舎《ぎしゃ》」と呼ばれる戦争避難民用の無料宿泊施設も作っている。諸葛孔明はこの教団を評して「北[*二]にいる張魯の国民は盛んで、国は富んでいる」と述べている。

それほどの強力な宗教国家を作れたのは、後漢末の国土がいかに荒廃していたかを物語っている。政権は宦官の抗争で混乱に陥り、大規模な飢饉や感染症の蔓延などが相次ぎ、とても庶民が落ちついて暮らせるような状況ではなかったのである。前述した「義舎」も行き場を失ったおびただしい流民たちのためであり、さらには信徒獲得のための手段ともなった。病気治療に霊験があったというのも、もしかしたら混乱した土地から隔離することで感染症をくい止めるという効果があったのかも知れない。こうした組織作りには、この宗派よりもやや先行した宗派である「太[*三]平道」の影響が強くうかがえる。

諸葛孔明に称賛された教団もやがては滅びるときがやってくる。二一五年、魏の曹操は五斗米道に討伐の軍を送り、張魯は降伏するのである。わずか三十年ほどの国家だった。戦後、曹操は張魯の人柄を讃えて将軍に任命するなど厚遇するが、張魯は国家の再建を企図して三男の張盛《ちょうせい》を江西省貴渓県に派遣、その地に龍虎山を設立して五斗米道を復興させ

▲これも天師符のひとつで、五毒の害をまぬがれるという護符

◀五月に家々に貼られる張天師符

た。これが後の「正一教《せいいつきょう》」である。唐・宋代には唯一の道教教団として勢力を持ったのである。ちなみに六十三代目の〝張天師〟張恩溥《ちょうおんふ》は第二次大戦後に台湾に脱出。六十四代目の張源先が二〇〇八年に逝去（羽化という）後、後継者争いが勃発した。

☯ヨモギで作る張天師の人形

人々の張道陵に対する信仰はいまも続いている。唐代にはすでに天師符（上図参照）を家屋に貼って災いを避ける習慣があった。これは（旧）五月の行事である。鍾馗の項でも述べたように五月は悪月とされている。

端午の節句の数日後の夏至を境に日照時間は短くなる。これは陽と陰の分岐点であると重視された。加えて気温の上昇に伴って流行病が起こり、毒虫が猛威を振るう季節となる。天師符はこうした災いから人々を守ってくれるとされた。元代にはヨモギを丸めて作った張天師の人形をこの時期に飾る習慣が起こった。

清末には北京の各家庭で風変わりな護符を、通りに面した門に貼った。幅三十センチ、長さ六十センチほどで、黄色い紙に派手な色で木版刷りされたもので、五毒（サソリ、毒トカゲ、ガマガエル、ムカデ、ヘビ）が描かれた。張天師がこれらの害虫を退治してくれると信じたのである。今日でも地方へ行けば見られるだろう。

＊一 **『道徳経』** 老子が函谷関を去るときに、守備長官の尹喜の求めに応じて記したとされている教え（尹喜の項参照）。これは『老子五千文』とも呼ばれる。五斗米道がこの書物を経典として採用したことは、その後の道教が老子を思想的根拠とするきっかけであった。

＊二 諸葛孔明の語ったとされるこの一節は、孔明が初めて劉備に会ったときに、国が三つに分かれることを予言したとされ、後の人々はこれを「天下三分の計」といった。その文中に張天師の国についての記述がある。

＊三 **太平道**《たいへいどう》 五斗米道とともに道教のルーツのひとつとされる宗教団体。開祖は干吉《かんきつ》、二世紀中頃に神から「太平清領書」という書物を授かったとされ、それを経典として布教活動を始めた。干吉の死後、張角《ちょうかく》（?～一八四）が指導者となり、十数年で華北一帯に三十万人の信者を集めた。張角は彼らを軍

団組織に編成して一八四年、後漢の王朝にとって代わろうと反乱を起こした。これが中国史上初の宗教反乱として有名な「黄巾の乱」である。一年足らずで張角は戦死するが、反乱はその後数十年続いた。やがて反乱軍の大部分は魏の曹操の軍隊に入り、彼の天下統一の力となっている。

護符

護符と呼ばれるものは世界中に存在するが、中国人ほど護符に大きな呪力を与えた人々はいない。それは漢字というものが他の民族にはない優れた表意文字であり、その神秘的な力を十分に認識していたからにほかならない。

既に紀元前二世紀には、道教組織の中に〝籙師《ろくし》〟という護符専門の職制が存在していた。護符の本来の目的は魔除けと病気治療であった。紙に書かれることが多いが、強力な呪力を持たせる場合には、桃の板に朱で大書きされる。また「符水《ふすい》」といわれるのは護符を燃やして、その灰を水に入れ、その水を用いる方法である。

もっとも強力な護符は、天上界の玄都の宮殿に収められている延命の護符といわれている。四方八方の気がそこへ飛び込んでくると、そこから人間の生命が生まれるという。いわば生命体を誕生させる護符なのだ。

左慈　さじ

zuoci

信仰目的　中国最大の魔術師

魏王・曹操を脅迫した金丹術の祖

左慈は揚子江北岸に生まれたとされているが、生年月日などはわかっていない。若い頃から「神の道」を修得したとされ、占星術、変身術、錬金術などに通じていた。彼は星占いによって漢王朝が滅亡することを知ると、こう考えた。

「これからの世の中では官職を得ても危険が大きいし、財産を蓄えたところで盗賊や軍隊に奪われてしまう。現世で栄誉を求めても虚しいばかりだ」

そして、その溢れる才能を道教に注ぎ込んだ。彼が修得したとされるのは六甲（隠身・変身術）、鬼神の使役法などである。成果のほどは『後漢書・方術伝』『神仙伝』『三国志』などに記述されている。

この話の一方の主人公は、『三国志』に登場する魏の創立者・曹操（一五五〜二二〇）である。彼は王宮が完成した頃、魔術師として有名な左慈を招待した。やがて左慈は斜視で片足を引きずり、青い帽子と単衣《ひとえ》の服を着た、まるで乞食のような姿で現れた。曹操はまず、左慈の能力を試した。石造りの部屋に閉じ込めて厳重な監視下に置き、食糧を一切禁じ、水だけを与えたのである。そして一年後、左慈を引き出してみた。ところが長い幽閉生活にもかかわらず、左慈の顔色はつやつやし、元気いっぱいのようすなのである。驚愕した曹操は左慈に魔術を教えろと迫るが、左慈は押し黙ったまま口を開かない。侮辱された曹操は怒って、左慈を処刑しようと考えた。ところが、そう思った途端に左慈が口を開いたのである。

「おひまをいただきたい」

「なぜだ?」

「あなたがわたしを殺そうと考えているからです」

心を見透かされた曹操は一瞬、青くなったが、その場を取りつくろい、左慈をなだめるために宴会を開くことにした。宴会の席で、曹操は左慈の魔術について再び質問した。左慈は語った。

「わたしは峨眉山[*一]で三十年間、道術の修行に励みました。あるとき、岩の壁の中からわたしの名前を呼ぶ声が聞こえました。それが何日か続いた後、雷が落ちて岩が裂け、そこに『天遁』『地遁』『人遁』という三巻の『遁甲天書《とんこうてんしょ》』という書物がありました。『天遁』は雲に乗り、風に乗って大空を飛べる術、『地遁』は山や石を通り抜ける術、『人遁』は隠身(身体を透明にする)、変身、また剣を投げて人の首をはねる術です。あなたもわたし

の術を学びたいのでしたら、わたしと峨嵋山へ修行に行きませんか」

曹操が返事をためらっていると、左慈はいった。

「益州の劉玄徳（劉備　蜀漢の創立者　一六一〜二二三）に王位を譲りなさい。さもないと剣を投げて貴公の首をいただきますよ」

曹操は怒り狂って左慈を牢に入れ、徹底的に拷問させた。ところが、どんなに痛めつけても左慈は平然としている。それどころか拷問の最中にもグーグー眠ってしまい、首枷、鎖で縛ってもパラリと解けてしまうのだ。さらに一滴の水も与えないのに左慈の顔色は良くなるばかりである。左慈は語った。

「わたしは十年間、飲まず食わずでもなんでもない。また、一日に千頭の羊を食べても満腹にはならないのだ」

☯宴会で披露した数々の魔術

ある日のこと、曹操が宮殿で宴会中に、牢にいたはずの左慈が現れた。

「山海の珍味をご披露なさっているようだが、もし足りないものがあったら、わたしが用意してあげましょう」

曹操は落ち着きを装って答えた。

「わしは松江のスズキが足りないと思っていたところじゃ」

左慈は水を張った銅盤を用意させると、そこに釣り糸を垂れた。たちまち、大きなスズキが釣れた。曹操は〝だまされまい、なにかトリックがあるに違いない〟と考えて、意地悪な注文をした。

「四川省のショウガが食べたい。そうだ、四川省に行ったら、以前に錦を買いに出した者がいる。彼に会って、もう二十巻多く買ってくるように伝えよ」

左慈はたちどころに懐からショウガを取り出した。もっとも伝言の方は数か月後に証明された。使いの者が二十巻よけいに錦を買って帰ったのである。さて、ショウガに飽き足らない曹操はさらに命令した。

「ところで、わしは龍の肝というものを食べてみたいのだが」

左慈は墨と筆を用意させて、真っ白な壁一面に龍の絵を描いた。そして、さっと絵をなでると龍の腹が自然に裂けた。左慈は手を差し込んで肝臓を取り出した。そのほかにも季節外れの花々や、遠方の珍品を次々と目の前に出してみせたのである。

次に、左慈は盃になみなみと酒を注いで曹操に勧めるが、彼は中身を不安がって盃を受け取らない。左慈はかんざしで盃の中央に線を引くと、盃の中の酒は真っ二つに分かれた。そして左慈は盃の半分を飲むと、残りを曹操に差し出した。曹操はそれでも受け取らない。そこで左慈が盃を空中に放り上げると、盃は白鳩に変わって宮殿を飛びまわった。宴席の人々が驚いて見ている間に、左慈の姿は消えてしまったのである。

左慈は後に天界に昇ったとはいうものの、何の役職に就くわけでもなく、人々を救済したという話もない。彼は信仰対象になったものの、崇拝されるというより反権力のヒーローとして好まれる。こうした仙人の立場、いわば〝半神半人〟的な存在もいることが、道教のひとつの特徴といえるだろう。

＊一　**峨嵋山**《がびさん》　四川省灌県にある山。主峰は標高三〇九九メートル。峰の向かい合うようすが美女の眉のようだと、名づけられた。この山は仏教の三大霊場のひとつとされ、普賢菩薩が霊験を示した地として知られている。山中には古寺・古刹が多く、現在も二十寺ほどが残っている。また、李白をはじめ文人に愛された地でもある。

魏伯陽 ぎはくよう

信仰目的 金丹づくりのエキスパート

weibaiyang

弟子をあざむいて仙人になる

魏伯陽は江蘇省の生まれで、後漢の桓帝の時代（在位一四七～一六七）の人といわれている。名門の家柄の出身だが、当時流行の儒学にはまったく関心を示さず、錬丹術の研究ばかりしていた。やがて三人の弟子とともに山中に入り、修行を積んだ後に金丹（不老長生の霊薬）を完成させた。しかし、弟子たちの修行がまだ充分でないことを知り、彼らを試してみた。

「金丹を完成させることはできたが、まだ心配がある。そこでイヌに与えてみようと思う。もしイヌが空を飛ぶことができれば、人間が服用しても生命に別状はないだろう」

イヌに金丹を与えてみたところ、あっけなく死んでしまった。

「なんということだ。わたしはこの霊薬を作るのに心血を注いできた。ようやく完成させたと思ったが、イヌは死んでしまった。おそらく、まだ金丹には至らなかったのであろう。さて、どうしたものか」

弟子たちが魏伯陽に語った。
「先生は服用なさるおつもりですか」
「わたしは世の中に背き、家を捨てて山にこもった。道が修得できなかったからといって、おめおめと帰るわけにはいかない。そんな恥をかきたくはない。死ぬも天命、生きるも天命。わたしは飲んでみようと思う」
そういって金丹を口に含むと、あっという間に死んでしまった。弟子たちは困惑した。しかし、ひとりの弟子は師の後を追うように金丹を飲み、死んでいった。残された弟子たちはこう考えた。

「金丹を入手しようと思うのも長生を念ずればこそだ。こんなふうに死んでしまっては何の意味もないではないか。わたしたちはこのままあと数十年は生きられるのだから」と、金丹を飲まず、死者の棺桶を用意しに山を降りていった。ところが、弟子たちが去ると同時に、死んだはずの魏伯陽がむっくり起き上がった。そして、さきほど飲んだ金丹を再度、死んだ弟子とイヌに飲ませたところ、彼らも生き返ったのである。師弟が仙人になったのはいうまでもない。ほかの弟子たちがこれを知って後悔したが、もう師の姿はなかった。

このエピソードは師弟間の信頼関係を述べると同時に金丹というものがいかに危険な代物であったかという、当時の人々の認識を物語っている。

魏伯陽は易に使用する爻*一の形を使って金丹を作る原理を述べた『周易参同契《しゅうえきさんどうけい》』という書物を著している。これはたいへん抽象的で難解な内容だが、葛洪の『抱朴子』によって引き継がれ、陶弘景（五ページ参照）の手を経て隋・唐の時代に伝えられた。

☯ 唐代に多発した丹薬禍

魏伯陽に代表される錬丹術がもっとも流行したのは唐代（六一八〜九〇七）である。秦の始皇帝や漢の武帝が丹薬の副作用で死んだことは有名だが、唐代の皇帝たちの多くも、悲惨な中毒死に見舞われている。数例、箇条書きにしてみよう。

●二代皇帝・太宗（在位六二六～六四九）＝名君として知られたが、外国人の作った〝延命薬〟を飲んだ後、突然倒れて死んでしまった。

●十一代皇帝・憲宗（在位八〇五～八二〇）＝柳泌《りゅうひつ》という錬丹術師の作った金丹を服用したところ、口が渇き、精神が不安焦燥状態に陥った後に死亡した。これは水銀化合物による中毒の典型的な症状である。

●十二代皇帝・穆宗（在位八二〇～八二四）＝前皇帝の死の原因となった柳泌を処刑したものの、別種の丹薬を服用して死亡。

●十五代皇帝・武宗（在位八四〇～八四六）＝熱心な道教信者で、当時隆盛の仏教を弾圧したことで知られている。彼もまた丹薬を服用したらしく、水銀中毒特有の症状が現れ、わずか三十三歳で死亡。

●十六代皇帝・宣宗（在位八四六～八五九）＝大勢の錬金術師を招き、その中のひとり李玄伯の調合した〝長年薬〟を服用したが、背中に悪性の腫れ物が出て、やはり水銀中毒の症状を示して死亡した。

　こうした悲劇を背景に宋代（九六〇～一一二七）に入ると錬丹術に対する考え方が大きく変わった。宋代の学者・朱子[*二]は魏伯陽の著『周易参同契』を解釈した自著『参同契考異』で、従来の考え方をくつがえす、新解釈を表した。彼は魏伯陽の書が、外丹（服用薬）について述べたのではなく、「内丹《ないたん》」の書であるとした。内丹とは薬の力を借りずに、みずからの体内の力を強化することで外丹同様の効果が得られるというものだ。いわば対症療法から自然療法、あるいは養生という考え方への移行である。

＊一　**爻《こう》**　易の卦を組み立てる基である。陰爻（⚋）と陽爻（⚊）の組み合わせで八卦ができ、八卦が交わって六十四卦となるのである。

＊二　**朱子《しゅし》**　朱喜《しゅき》（一一三〇～一二〇〇）のこと。朱子は敬称である。儒学者。彼の思想は仏教的な思想を儒教経典の新解釈に応用したもの。生前は不遇であったが死後、急速にその評価が高まった。彼の後継者たちは〝朱子学〟を興し、「朱子家礼」という書物はその後の士大夫階級の日常生活の規範となったほどだ。朱子学の流行は中国に大きな影響を及ぼし、朝鮮、日本にも波及した。日本には鎌倉時代にもたらされ、やがて江戸幕府の成立とともに官学としての地位を固め、林羅山らによって盛んに広められた。その内容は日本的に変貌したものの、明治時代の「教育勅語」にも影響が見られる。

葛洪 かっこう

gehong

別名 抱朴子《ほうぼくし》 **信仰目的** 不老不死の術を集大成した思想家

左慈の錬金術を受け継いだ漂泊の思想家

葛洪（二八四～三六三）は『抱朴子』『神仙伝』の著者として有名な存在である。葛洪の家系はもともと山東省東部の豪族であり、祖父と父は呉に仕えていた。しかし、呉国は葛洪が生まれる二年前に滅び、彼の一族は江蘇省に移り住んだ。いわば難民の子弟だったことが、葛洪を錬金術に打ち込ませた理由のひとつだろうと後世の研究家は推理している。

葛洪は幼い頃から非凡な才能の持ち主だったようだ。早く父親に死なれ、貧しい暮らしの中で、葛洪は薪を売っては紙を買い、遠くまで蔵書家を訪ねて写させてもらったという。彼は儒学はもとより諸子百家[*一]の書物など、当時の主だった思想を勉強した。それらに飽き足りず始めたのが錬金術の研究だった。

もとより葛洪にはそうしたものを好む血統があった。彼の祖父の従兄弟・葛玄（葛玄の項参照）は、魏の曹操の前で大魔術を披露した左慈の弟子だった人物である。葛玄自身もいろいろな術を使える人だった。夏の暑い日や、酒を飲みすぎたときなどは川の底に潜

り、一日中涼んでいたという。左慈は葛玄に『九鼎丹経』[*二]『太清丹経』『金液経』などを伝え、さらに葛玄は鄭隠《ていいん》に伝えている。その鄭隠こそが葛洪の師匠である。鄭隠は葛洪に、彼の知識をあらかた教えた後、山中に入って行った。葛洪が鄭隠の元で修行した成果は『抱朴子』内篇に詳解されている。

次に葛洪は鮑玄《ほうげん》という学者に師事し、彼の娘を妻としている。戦乱が続くなかで、彼の住む地方に流民の反乱軍が攻めてきた。彼は防衛戦で戦功をたてた後、洛陽（当時の文化の中心地）へ行って、錬金術のための書物を入手する計画を立てた。しかし、内乱状態のために目的を達成できず、各地を放浪の末、故郷に帰った。

さて、葛洪が帰りつくと東晋王朝が成立し（三一七）、彼は爵位を受けている。その後、軍参謀まで出世するが、修行の道を捨てきれずにいた。やがて、錬金術の材料である丹砂（硫化水銀）が現在のベトナムで産出することを知った葛洪は、その地の県知事を志願して再び旅に出発した。ところがその途中、広州の長官にその才能を気に入られ、広州に留まることを余儀なくされた。葛洪は仕方なく羅浮山《らふさん》に入り、そこで錬金術の修行にいそしんだ。

ある日のこと、広州長官のもとに山中の葛洪から手紙が届いた。遠方の師匠の元に旅に出るという内容だった。胸騒ぎを感じた長官が山に駆けつけると、すでに葛洪の姿はなかった。その後、葛洪は尸解仙になったと噂された。

☯ 誰でも仙人になれるという『抱朴子』の思想

抱朴子という名前は、自分が素朴な性格なので、それを大切にするためにみずから名乗ったと、葛洪はその著作『抱朴子』の自序で記している。この書物は神仙思想の集大成であり、道教の学問的部分を体系化したものである。内篇と外篇に分かれ、葛洪自身も内篇は「道家」、外篇は「儒家」に属すると述べている。興味深いのはもちろん、その内篇である。主な内容は精神の養生法（無為自然の実践）、肉体の養生法（生命活動を活発にする）、生理的養生法（穀物の摂取を避け、腸内を清潔にする）、そして金丹の製造法である。これは「還丹」「金液」の薬法とされる。還丹とは丹砂に熱を加えて乾溜すると水銀となり、さらに硫黄を加えて再び丹砂となる。金液とは、金が高熱で液化するものの、冷めると再び固形となり、美しい光沢を永遠に失わない。この「還丹」「金液」の特性を持つ物質を人体に作用させることで、肉体の老化、ひいては不老長生の生命を得ることができるという考え方である。

葛洪は「長生の道は祭祀を行い、鬼神に仕えることではない」と断言している。彼自身、祖先の霊を祀る以外、祭祀には関係していない。受け身の態度ではなく、積極的に自分の力で仙人になるという彼の実践的思想である。

葛洪は一貫して仙人というものが実在しているとする。信用できる『史記』（司馬遷著）や『列仙伝』（劉向編）にも仙人実在の証拠が記されているということである。さらに、下等な植物や動物が姿を変える（変態のことか）ことができ、鶴や亀が千年万年の寿命をもつのだから、高等な人間がその知恵を発揮すれば、仙人になれないはずがないという論理である。

こうした姿勢は、古代中国における科学的思考を内包しているような気がしてならない。実際のところ、『抱朴子』は当時の中国人の持つ科学知識の集大成でもあるのだ。

葛洪の著作はいまも愛読者が絶えない。おそらく道教嫌いのインテリたちでも彼の名前は知っていることと思う。それは彼の著書が道教関係の他の書物にくらべて理路整然としていること、また妙な宗教臭さを感じないからである。

ちなみに葛洪を祀った廟としては杭州の葛嶺・抱朴道院と、広州・羅浮山の衡虚古観が有名だ。

＊一　**諸子百家**《しょしひゃっか》　古代中国の諸学派のこと。その著書も総称して「諸子百家」と名づけられている。百家とはいうものの、実際は百八十九の学派があり、大別して儒家・道家・陰陽家・法家・墨家・縦横家・雑家・農家・小説家の九種がある。各学派ともみな周代末期・戦国時代以降のものである。

＊二　**『九鼎丹経』**《きゅうていたんきょう》　各種の護符と仙薬（丹薬）の種類と製造法を記した書物で、左慈→葛玄を経て鄭隠→葛洪へと伝えられたとされる。黄帝がこの書に基づいて作った仙丹で天に昇ることができたとされることから『黄帝九鼎神丹法』とも呼ばれる。水銀、石英、磁石、鉛など数十種類の鉱物の特性とその精錬・還元法などが記されていることから、中国科学史の資料ともなっている。

王重陽 おうじゅうよう wangchongyang

信仰目的　全真教の開祖

仏教・儒教経典を採用した新宗派の祖

王重陽（一一一二～一一七〇）は陝西省の豪農の三男として生まれた。幼少の頃から儒学を学び、科挙の準備にいそしんでいた。ところがふとしたことで師匠の機嫌をそこね、受験できなくなってしまった。仕方なく方針を変更し、軍人になろうと武官の採用試験を受けた。王重陽はこれに合格して将来に大きな希望を持つが、与えられた仕事は寒村の小役人だった。意気消沈した彼は職を辞し、田舎に引っ込み、酒びたりの日々、仏教に帰依したこともあったという。

王重陽に転機が訪れたのは四十八歳の時だった。田舎の居酒屋で偶然隣り合わせた男から「金丹道」の口訣《くけつ》（文書にせず、口頭で伝える秘伝）を受けたのである。その男は呂洞賓（孚佑帝君の項参照）の化身だったといわれている。

その翌年に彼は道教を志し、道号（道士としての名前）を重陽子と名乗った。彼は独特の修行方法を試みた。それは「活死人の墓」と呼ばれ、地面に深さ数十メートルの穴を掘

り、その中で座禅を組み、瞑想にふけるというものだった。二年後、彼はこの穴から抜け出して、布教の日々を送るようになった。

王重陽の教えは陝西省ではあまり広まらなかったものの、山東省の人々の圧倒的な支持を得た。馬丹陽《ばたんよう》、丘長春《きゅうちょうしゅん》をはじめとする優れた弟子たちにも恵まれ、一一六七年に〝全真教〟として新宗派を旗揚げしたのだ。

全真教の特徴は、主要な経典を道教の『道徳経』とともに儒教の『孝経』、仏教の『般若心経』の三書としたことにある。つまり、道教集団でありながら座禅をし、托鉢をするという禅宗に似た性格を持っていたのだ。しかも儒教の倫理観を併せ持つのである。人々はこうした教えにたいへんな新鮮味を感じただろう。戒律も厳しく、道士たちは家族と縁を切って道観で集団生活を送り、修行に励んだ。この宗派の目的が仙人になることではなく、修行を通じて〝悟り〟の境地を見いだすというのだから修行が厳しいのは当たり前である。

実はこの点こそが従来の道教宗派とは一線を画するものなのである。呪術的手段はほとんど用いられなかった。では何が目的だったのだろう。道教を志す目的は〝不死〟への強い願望である。いままでの宗派の教えでは、信仰心を鍛え、その結果として呪術や丹薬が有効になり、昇天できるというものだった。ところがこの宗派は〝不死〟という願望そのものを転換させたのである。現世のみが人生でなく、死は単なる転生（生まれかわり）のための節目に過ぎないとする。そうなると不死＝仙人願望という図式はたいした意味を持たなくなる。死そのものが滅亡を意味しないのである。こうした内部意識の変革を目的とした宗教こそ、原始時代然とした呪術的宗教から近代的宗教団体への脱皮といえるのかも知れない。なぜならば呪術の失敗による破綻がないからである。

チンギス・ハンに公認された全真教

王重陽亡き後に教団の統率者となった丘長春（邱処機）に、遠征中の[*一]チンギス・ハンから招待状が届いた。丘長春[*二]が赴くと、チンギス・ハンは長生の方法について尋ねた。長春は答えた。

「長生きの方法など、この世には存在しません。あるのは養生法だけです」

そして、「愛民止殺（人を愛して殺さない）」ことこそ民衆の支持を受けて、天下を統一する根本要因であると自説を述べた。当時、世の中は金・元の勢力が激しくぶつかり合い、戦禍に巻き込まれる大衆のために、身をもって救済活動をしていた長春ならではの考え方である。

この回答に満足したチンギス・ハンは彼に税金免除を含むさまざまな特典を与え、道教の最高指導者として公認した。

丘長春の後を継いだ尹志平《いんしへい》は、全真教の教えについてこう述べている。

「善を好み、悪を憎む気持ちは誰でも持っている。心の思うままに行動すれば誰でも善人になれる。しかし、実行しないでいると、いつの間にか悪の道に入ってしまうものだ。だから修行は大切なのである。修行の大きな妨げになるのは食と睡眠、情欲の三つだ。食べすぎれば眠くなり、眠りは情欲の根源なのである。欲を抑えるためには昼寝は厳禁である。立派な道士になるには夜でも横になって寝てはいけないといわれ、丘長春は七年間も実行したのである」

全真教は元朝時代（一二七一～一三六八）に、中国でもっとも勢力を持った宗教となったのである。その本拠地である華北地方では多くの人が帰依したといわれている。華北は中国の人口の五分の一が集まる場所である。当時の中国の人口はよくわからないが、おそらく数百万の規模の信者がいたと推定される。全真教の総本山は北京の白雲観である。

＊一　チンギス・ハン　Chinggis Khan　一一六二〜一二二七。成吉思汗、太祖ともいう。本名はテムジン(Temujin)。蒙古帝国初代の皇帝。一二〇四年に蒙古の諸部族を統一、一二〇六年にオノン川源で即位してチンギス・ハンの称号を得た。一二一五年に燕京（北京）を征服し、黄河以北の地を領土とした。さらに一二二三年までに中央アジアを平定、南ロシアまで征服した。

＊二　丘長春のチンギス・ハン訪問の旅は一二二一年に山東省を出発してモンゴル、西トルキスタンを経てヒンズークシュ山脈の南部まで達した。北京に帰るまでに三年間を費やした。この旅行のようすは『長春真人西遊記』として記録された。十三世紀の中央アジアの風俗、国勢などが記述され、マルコ・ポーロの『東方見聞録』に匹敵する貴重な資料とされている。

尹喜　いんき

yinxi

別名　関令尹《かんれいいん》　無上真人　**信仰目的**　老子の『道徳経』を人々に伝える

夜空を観察して老子の行動をチェック

尹喜は甘粛省天水県の生まれとされている。彼の誕生に関してはいくつかのエピソードがある。母親がある日、昼寝をしていると空が下がってきて、身体の周囲を取り巻くという不思議な夢を見た。後に妊娠して、生まれたのが尹喜だった。誕生の当日、家の周囲に自然に蓮が生え、咲き乱れたという。尹喜は成長するに従い、その才能を開花させた。方術や予言の学問、天文学の研究に没頭した。しかし、彼は自分の研究を秘密にしていたので、人々は彼の才能に気がつかなかった。もっとも、背が高く、腕が膝の下にとどくほど長い、その姿は天界の住人のようだったという。

尹喜は周（紀元前十一世紀～紀元前二五五）の康王の時代に役人になった。ある夜のこと、夜空を観測していたら東の空にあった紫気[*1]が西に流れていくのを見た。これは聖人が西に移動する兆候だと悟った尹喜は、さっそく王に函谷関（西域の国境）警備隊へ転属を申し出て、警備隊長に就任した。そして部下に、一般の人間とは風体の異なった人物が現れたら直ちに報告するようにと厳命した。

ある日のこと、太上老君（老子）が青い牛に引かせた白い車に乗って、関所を通りかかった。部下の報告を聞いた尹喜は、儀式用の服装に身を整えて太上老君を出迎えた。〝しばらく滞在して下さい〟と申し出る尹喜を見た老子は、彼の非凡な才能を察知し、素性を明かして彼に道を説くことにした。この地にとどまり五千字あまりの書物を記した老子は、それを尹喜に与えて〝千日後に四川省で会おう〟と約束して金色の光を身体から発して天に昇っていった。

この、老子が残した書物こそが、のちに重要な道教経典となる『道徳経』なのである。この書物には道教の〝道〟について次のように記されている。

「……道は、天地万物の始源たる幽玄不可思議な存在であるところから〝玄〟と呼ばれ、天地に先立って生まれ、あらゆるところに行き渡る広大な存在であるところから〝大〟と呼ばれ、人間の理解を超えているから〝無〟である」

さらには〝無為〟〝自然〟〝虚〟等々と、たいへん抽象的に説明されている。この〝道〟〝玄〟〝無〟などの言葉はまさに道教の真髄を語る言葉として神聖視されるに至ったのである。

☯羊を青龍の化身と見破る

その後、尹喜は職を辞し、世俗との関係を一切断って修行に励んだ。そして老子滞在中

の教えを書物にまとめた。これが今日『西昇経』と呼ばれる道教経典である。さらにみずから得た道の奥義を『関令子』として書き上げた。この書物が完成したとき、気がつくと老子と別れて千日目になっていた。尹喜はすぐさま四川省に旅立った。

さて、太上老君の方は再び天界から地上に降り、四川省の李家の赤ん坊として生まれ変わっていた。老君は彼のシンボルであり、護衛役でもある一匹の青龍を羊の姿に変えて、身近に置いていた。ある日のこと、その羊がいなくなり、李家の使用人が探しに遠出した。使用人はようやく羊を見つけて、連れて帰る途中、老君を捜す尹喜に出会ったのである。尹喜は羊を一目見るなり、老君の使いであることを理解した。そして使用人に、羊の持ち主へ自分と出会ったことを伝えるよう依頼したのである。

使用人は帰宅すると、赤ん坊に尹喜と出会ったことを述べた。それを聞いた赤ん坊は突然、白光を発する巨大な神の姿に変身した。そして尹喜を招き寄せたのである。老君は尹喜の修行の完成をほめて〝無上真人〟の称号を贈り、天界の神々を降臨させた。多くの神々から祝福を受けた尹喜は、連れられて天に昇っていったのである。

尹喜の存在はまさに、道教に魂をいれる役目をもっていたのである。その重要性は、神々のランキング表（真霊位業図、神相図と呼ばれる）を作った陶弘景（五ページ参照）によれば七階級中の三番目に、黄帝と並んで鎮座している。

＊一　**紫気**《しき》　紫色に光る大気のこと。紫色の雲（紫雲）と同じく吉祥とされている。仏教では念仏行者の臨終の際、仏がこの雲に乗って来迎《らいごう》（迎え）するとされている。尹喜が研究していた天文学とは、天体観測で未来を占うという種類の学問だった。

許遜 きょそん

xuxun

別名 許真君《きょしんくん》 感天上帝《かんてんじょうてい》 信仰目的 浄明道の始祖

こうのとりになって空を飛んだ神

許遜（二三九～三〇一）は江西省の南昌生まれの人である。生まれつき利口な子供だったが、あるとき猟に出て子鹿を弓で射殺した。すると母鹿が現れて、子鹿の身体をなめて逃げようとしない。それを見た彼は弓を捨て、学問の道に励んだという。儒教、天文、歴史、地理などあらゆる書物を読んだが、彼がもっとも興味を持ったのは神仙の道だった。後に有名な道士である呉猛《ごもう》の弟子となって、呉猛の秘術のすべてを習得したとされている。

四十二歳のとき東晋王朝の命を受けて湖北省の一地方の県知事になった。貧民を救い、病人を治し、疫病を防いだので、人々は許遜が生きているあいだから各地に廟を建てて祀ったという。

知事の仕事を辞任してから、師の呉猛とともに仙人の真諶母《しんしんぼ》をたずねた。すると、以前に彼女を仙人にしてくれた孝悌王《こうていおう》という神から許遜に伝えるようにと預かった金丹や銅符（銅製の護符）などを渡した。さらに、孝悌王の秘術を伝授されたのだから、これからは許遜が呉猛の師となるようにといった。つまり師弟の立場が逆転したのである。

秘術を授かった許遜の活躍は目覚ましかった。各地で妖怪や大蛇、蛟《みずち》などを退治して人々を救った。また、救飢丸《きゅうきがん》という飢えを癒す薬を作って、飢餓に苦しむ人々を救済したという。

あるとき、宋の将軍の王敦《おうとん》（二六六〜三二四）が謀反を起こした。許遜は呉猛と占術に通じた郭という道士を連れて王敦を訪れた。そして謀反をやめるように申し入れたが、王敦は怒って郭を殺したのである。

危険を感じた許遜と呉猛は白いこうのとりに変身して、あっという間に大空に舞い上がったといわれている。やがて王敦の軍は敗れ、許遜の予言どおりになった。

千年後に新宗派〝浄明道〟の始祖と仰がれる

許遜の思想は時代を隔てた元朝（一二七一〜一三六八）で開花することになる。江西省の玉隆万寿宮という道観を本拠地に活躍する劉玉《りゅうぎょく》（一二一七〜一三〇一）という道士が、許遜の教えを体系化して〝浄明道《じょうみょうどう》〟という宗派を旗揚げしたのである。

この宗派の特徴は、みずから浄明忠孝道と称したように、忠孝[*1]を重視するのだが、〝忠〟とは皇帝・君主に対する道徳ではなく、人間の心の中にある尊い存在＝神に対する忠誠であるとしている。〝孝〟も父母を満足させるものでなければならないという。いわば、内面的な倫理観の確立を目指しているのである。近世の中国において、広い階層から支持を受けた「功過格」(三十八ページ参照)は、この教団の手によってはじめて作られたものである。

この時代に圧倒的な勢力を誇った宗派は丘長春率いる正一教であるが、中国人の道徳観形成の上で、浄明道の功績も忘れられない。

＊一　忠孝《ちゅうこう》　儒教の教義に由来するもので、〝よく臣下たる義務を尽くすこと、よく子たる義務を尽くすこと〟という意味だ。儒教が国家原理として使われるようになると、皇帝に対する絶対的服従としてとらえられていた。

第四章

自然神

多くの神々のなかで、この章に登場する〝自然神〟ほど人々の親近感を得た存在はないだろう。中国に限らず、古代社会において人と自然との関わりはたいへんに大きい。自然は大いなる恵みであると同時に、人々を恐怖のどん底に突き落とす。洪水、干ばつ、地震、雷、火事などに怯える人間は、そうした現象が起こる理由について考える。〝きっと誰かの意思で洪水や雷が起きるに違いない〟こうして自然現象が擬人化されただろうことは十分に納得できる。自然は自分たち人間と同じように色々なことを考え、意思のある存在となるのである。機嫌が良ければ人々に恵みをもたらし、機嫌が悪ければ荒れ狂って人々を傷つけるのである。こうした能力は人々の力をはるかに超えることから〝神〟と呼ばれるに至ったのである。

原始の人々はこうして神、つまりは人格を持った自然と語り合うようになった。自然とともに暮らす生活の中では、これらの神々はなによりも身近な存在であり、毎日のように語りかけたことだろう。

中国人にとってもっとも特徴的な自然神は〝龍〟である。その理由は中国の大地を見れば納得できる。広大な国土の中央部を流れる長大なふたつの川、黄河と長江は日本人の川のイメージをはるかに超えている。例えば長江の場合、チベット高原に源を発して東海に注ぐ。全長は六千三百キロメートル、流域面積は実に百八十万平方キロに及び、国土面積の十九パーセントを占める。河口部分に立つと対岸が見えないほどの雄大な流れなのである。

ここの流域には三億の人々が長江の水の恩恵を受けて暮らしている。この長大な流れはひとたび氾濫すると大地を押し流し、家屋や畑をはじめ周辺の一切をあっという間に葬り去ってしまうのである。こうしたようすを上空から見ることができたら、おそらく一匹の巨大な龍がのたうっている光景と映っただろう。大河は龍そのもののイメージなのである。

素朴な民間信仰から生まれた自然神たちは、道教の成立よりもはるか以前に生まれている。そして、多少の矛盾を含みながら道教に採用され、今も脈々と生き続けているのである。龍王、雷神、河伯、山神……彼らは恐ろしく、かつ優しい。ひどく人間臭く感じられる存在なのである。

龍王 りゅうおう

longwang

信仰目的 水をつかさどる神

中国人のシンボル〝龍〟

あらゆる人間にとって水はもっとも重要な物質である。生命を維持する上でも欠かすことができない。中国人のような農耕民族にとってはなおさらである。水は自然が人にもたらす大きな恩恵であるが、これほど制御しにくいものもない。すこし多めに雨が降れば河川は氾濫して、大地は水没する。また足りなければ干ばつとなり人々を飢えさせる。

龍は降水、水源供給、洪水といった水に関わることのすべてをつかさどる神とされている。したがって龍の住処は海であり、湖であり、河川、池、井戸など、水の存在するあらゆる場所である。

龍は本来はインド神話に登場する大蛇（サンスクリット語でナーガ＝Naga）だったとされる。仏教説話では神秘的な力を持ち、雲、雷、雨を駆使する動物で、釈迦の教えを護るための[*1]八大龍王がいるとされる。中国に伝わると四本の足を持った巨大な蛇の姿で、鹿のような角、らんらんと光る目、触手のような長い口髭の持ち主となった。

中国人にとって、龍は大きく力強いイメージの持ち主である。その大きさは長江や黄河といった河川に例えられ、皇帝や賢人は龍の化身と信じられる。また五行説（百十二ページ参照）では麒麟、鳳凰、玄武（亀）とともに龍は四獣のひとつとされ、東方を護る霊獣とされている。東のシンボルカラーは青なので〝青龍〟と呼ばれることが多い。北宋の徽《き》宗《そう》（一〇八二～一一三五）は一一一〇年に青龍神を広仁王に、赤龍神を嘉沢王、黄龍神を孚応王、白龍神を義済王、黒龍神を霊沢王に封じている。つまりこの時代には五方（東西南北と中央）に龍王がいるとされたのである。もっとも普通は〝四海龍王〟と呼ばれるように、龍王は四匹で東西南北それぞれの海に住むとされている。

龍にまつわる逸話は数多いが、そのなかからいくつかを紹介しよう。

☯孫悟空に打ち負かされた龍王

『西遊記』に登場する龍王は四人兄弟とされている。東海龍王・敖広《ごうこう》、南海龍王・敖欽《ごうきん》、北海龍王・敖順《ごうじゅん》、西海龍王・敖閏《ごうじゅん》である。三蔵法師に出会う前の孫悟空は彼らを暴力的に脅かして、それぞれから宝物を巻き上げている。東海龍王からは、よく知られた如意金箍棒（如意棒）、南海龍王からは鳳の羽飾りのついた紫の金冠、北海龍王からは蓮の糸で織った、雲の上を歩ける靴「歩雲履」、そして西海龍王からは黄金の鎖で編んだ鎧を取り上げて自分の物としている。

孫悟空の前ではあっけないほどに弱い龍だが、人間に向かうときには強大な力を発揮する恐ろしい存在である。ただし、伝承によれば龍には弱点が一か所ある。それは龍の喉元三十センチほどの場所にある逆さに生えた鱗だ。ここに触れると龍は痛がって激怒するという。これが「逆鱗」のルーツである。

☯ 尻尾を切り取られた龍

中国の東北部を流れる黒龍江という大河がある。名前が示す通り、この河には一匹の龍にまつわる伝説がある。以前はたちの悪い白龍が住み、周辺の住民に多大の被害をもたらしたが、玉帝の怒りを買って失脚。次に任命された禿尾巴《とくびば》の老李《ろうり》という黒龍が住んでからは、水が黒くなり、黒龍江と呼ばれるようになったという。この龍は山東省の生まれである。母親は人間で、暴風雨の日に龍の子供を産み落とした。母親は驚きのあまりショック死し、父親は龍を見て鍬で切りつけた。龍は屋根を破って飛び出し、雷鳴とともに黒龍江に入ったという。禿尾巴というのは尻尾がないという意味で、母親の姓が李氏なので老李（老は年長者に対する愛称）と呼ばれた。

この龍は山東省出身なので、同郷の人間が船で黒龍江を通っても、決して沈没させるようなことはないという。また、毎年（旧）五月十三日には山東省に帰り、母親の墓参りをするので、この日の山東省は必ず雨が降るといわれている。

河の水を汲む龍

『聊斎志異』にも龍にまつわる話が書かれている。

「龍は雨を降らせる神だというが、いったい雨のもとになる水はどこから持ってくるのだろう」という素朴な質問への回答である。

ある男が揚子江（長江の別名）の岸辺にいると、雲の中から一匹の龍が尻尾を垂らしているのが見えた。龍の尻尾が河の水面に達すると、波が沸き立った。そして水が龍の身体を伝わって雲の中に昇っていったのである。そのうちに龍が尻尾を引っ込めると波も治まった。その直後、大雨が降って大地が水浸しになったというのである。

龍発木《りゅうはつぼく》

水のある場所には必ず龍が住んでいるのだから、龍の廟もいたるところにある。湖や河のほとり、激流を見下ろす断崖の洞穴、そして路地裏の小さな井戸端にも龍神の祠がある。廟や祠の扉にはたいてい派手な対聯[*二]が貼られ、「九江八河主」「五湖四海神」という対句が記されている。これは「九つの川、八つの河の主」「五つの湖、四つの海の神」という意味だ（数字に具体的な対象はない）。

中国人は龍の仕事を次のように考える。まず、（旧）二月二日に龍は眠りから覚める。「龍抬頭」（龍が頭をもたげる）といい、この日に食べる細い麺は〝龍の鬚〟、平らな餅は

〝龍の鱗〟と称した。龍が本格的に仕事を始めるのは五月二十三日とされる。夏の雨期に入る前のこの日、龍は部下である亀、蝦、魚、蟹などを招集して作戦会議を開くのである。

ところで龍の中の王たる龍王の住処は四つの海の海底にあり、龍宮と呼ばれるほど豪華な宮殿である。日本の〝浦島太郎〟の龍宮城もその一例だ。それほど素晴らしい建物ならば、改修や新築も大変だろうと思える。そこで次の伝説が生まれた。宮殿の新改築の際、龍王は地上に使者を派遣する。使者は木材業者に代金を即金で支払い、送り先や受渡しなどはあいまいなままで立ち去る。数日後、突然に大雨が来襲し、購入済みの木材をすべて洪水とともに海まで流し去ってしまうという。年配の人々は今もこの伝説を信じている。洪水のときに観察すると、木材が水面から垂直に立ち、きちんと並んだまま流されているのを目撃できるという。これが龍王が徴発したと

▲龍は皇帝のシンボルであるとともに、すべての漢民族にとって理想とされた生物である

される「龍発木」である。

夜になるとこれらの流木の頂部に赤い灯がともり、肉眼でもはっきり見えるという。

＊一　**八大龍王**《はちだいりゅうおう》　仏教では『法華経』の会座に参列した護法の龍王の総称。難陀《ナンダ》（Nanda）、跋難陀《ウパナンダ》（Upananda）、娑伽羅《サーガラ》（Sagara）、和脩吉《ヴァースキ》（Vasuki）、徳叉伽《タクシャカ》（Taksaka）、阿那婆達多《アナバダッタ》（Anavatapta）、摩那斯《マナシ》（Manasi）、優鉢羅《ウトパラ》（Utpala）。

＊二　**対聯**《ついれん》　対になった詩句を門扉などの両側に貼りつけたもの。たいていは赤い紙や金紙に黒い墨で書かれることが多い。

雷帝／雷神 らいてい／らいじん leidi/leishen

信仰目的 雷をつかさどる神

悪行を犯した人間を断罪する神

雷は恐ろしい存在である。突然、何の前触れもなく人々を襲うからである。なんとも理不尽な話だ。いったい、何の理由があって人を殺すのだろうか。古代の中国人はこれに明快な理由を与えた。つまり、雷に襲われた人間は、きっと天の意思を曲げるような犯罪行為を犯したに違いない。あるいは知らずに過ちを犯していたのだと。だから、雷は天の命令を受けて人を断罪したのである。雨が降るときに援助をするとともに、悪行を取り締まるのが雷の職務だと考えられた。したがって雷に撃たれて死ぬことは、中国人にとって最大の屈辱とされるようになった。

雷神（雷公）はいわば執行官、首切り役人としての職分を持ち、その上司として人間の行動の善悪を判断するのが雷関係の最高神・雷帝である。道教では雷帝の名前を九天応元《きゅうてんおうげん》雷声普化天尊《らいせいふかてんそん》という。この神は天界でも最上級の三清境といわれる場所のひとつである玉境に、雷城を構えて住んでいるとされる。彼はすべての生あるものの父であり、災難や幸福、人間の生命を握る存在とされている。また、人間の苦悩を救ってくれるとされ、地獄に落ちた人々を天界に救い上げてくれる役目を持っている。彼は三清（元始天尊、霊宝天尊、道徳天尊）と並ぶ権力者なので、三清以外の神々はすべて彼の指導の元にあると考えられた。人々は頭痛をはじめとする身体の変調で、自分の祖先や縁者が地獄に落ちたことを知ると『九天応元雷声普化天尊玉枢宝経』というお経をあげ、五体投地[*1]をすることで地獄の死者を救ってくれるとされた。

☯三つ目、真っ赤な顔の雷帝の司令官

さて、雷帝は直属部隊である雷部二十四神（五雷、十雷、三十六雷ともいわれる）の司令官に命令を与える。司令官は王霊官《おうれいかん》と称される。明の時代には永楽帝（在位一四〇二～一四二四）から〝玉枢火府天将〟という称号が与えられ、天将廟が造られた。その後、毎年朝廷から祭司が派遣され、盛大な祭祀が行われるようになった。王霊官は後世になると道観の守護神のような役割を持つようになった。その姿は真っ赤な恐ろしい形相で、頭上に剣を振り上げ、三つの目で人々を睨んでいる。

執行官である雷神になると、随分と間抜けなキャラクターを持っている。晋の時代（二六五～四二〇）に、陝西省に住む楊道和《ようどうわ》という農夫の畑に雷神が落ちてきたという話が『捜神記』に記載されている。

ある夏の日のこと、道和が畑仕事をしていると突然に雨が降ってきた。やがて暴風雨になり、雷鳴も聞こえてきたので、雨宿りのために桑の木の下に入った。するとそこに雷神が空から落っこちてきたのだ。木に引っかかった雷神の姿は、猿に似た顔で唇は真っ赤、両目は鏡のように光っている。頭に十センチほどの角が生え、身体は牛に似ていたという。道和は勇気があったので雷神と格闘になり、持っていた鍬で雷神の股をばっさり切ってしまった。雷神は地面に転げ落ちたまま、逃げられなくなってしまったという。

雷神も馬鹿にされたものである。こんなことをしたら祟りがありはしないかと思うのだが、残念ながら後日談は書かれていない。

☯ 玄宗皇帝の勝利は雷神の力？

もちろん、なかには優れた雷神もいた。唐の玄宗（六八五〜七六二）が冬のある日のこと、包超《ほうちょう》という仙人を招いて、雷鳴を起こす術を試させた。包超は祈禱の成果は翌日の正午に現れますと答えたので、側近の将軍・高力士[*二]に監督をさせた。さっそく祭壇が作られて祈禱が始まった。夜が明け、午前十時になったが空は晴れわたり、雲ひとつない。高力士は、こんな季節に雷を鳴らせようなどとしたのは失敗だったのではないかと思った。包超が高力士に語りかりた。

「将軍、南の山をご覧なさい。皿のような黒雲が出現しました」

指さす方向を見ると、たしかに黒雲があった。やがて風が吹きはじめ、黒雲が頭上に広がってきた。そして、激しい雷鳴が続けざまに起こったのである。

その後、玄宗皇帝は哥《か》という将軍の西方遠征にその雷神を随行させ、戦闘のたびに雷神は勝利の風を吹いたという。(『酉陽雑俎』[*三]より)

さて、『西遊記』には雷神を呼び出す方法が記されている。それによると、道士は祭壇上に五メートルほどの高さの台を設置し、そこに机を置いて香炉と燭台、雷神の名前を記した金牌(おふだ)を立てかける。台の下には五つの大瓶が用意されて水が入れられ、楊柳の枝を浮かべる。（中略）……道士は台上で仁王立ちになって呪文を唱え、宝剣を使って黄色い護符を蝋燭で焼く。台の下で控える道士たちは護符を持った人形と文書に火をつける。すると、台上に設けられた金牌（おふだ）が鳴りだし、風が吹きはじめるという。

この術は五雷法と呼ばれ、風の司（＝風婆婆、巽二郎）、雲の司（推雲童子、霧郎君）、雷電（雷公、雷母）、雨神（四海の龍王）を呼び出すことができるとされている。

北京の雷公と雷母

北京市にある九天宮は九天玄女を祀った廟だが、ここに〝雷公〟〝雷母〟という像がある。雷公は真っ黒な顔を持ち、鳥の嘴のような口、かっと見開いた眼を持っている。しかも背中にはコウモリのような羽が生えているのである。この雷公の武器は左手に持った鏨《たがね》と右手のハンマーで、そして石工のように鏨にハンマーを打ち下ろすときに、激しい雷が発生するといわれている。

一方の雷母は若く、美しい女性の姿をしている。彼女は両手に一枚ずつ鏡を持つ。出土品などにある古い銅鏡の形をしている。雷母の仕事は雷公に協力して、二枚の鏡の焦点を調節することで稲妻を発生させることだという。雷の仕事が地上の罪人を処罰することであるが、稲妻は二種類の光を発して仕事をする。白い光は罪人が逃げ込む暗闇に光を当てて、その住処をあばき、赤い光は人間に化けた獣の正体をあばくものであるという。稲妻に白と赤の種類があることは知らなかったが、なかなか合理的な考え方だ。ちなみに雷母は〝閃光《せんこう》娘々《ニャンニャン》〟という名前を持っている。

こうした雷や稲妻の攻撃を受けないためには、なによりも日頃の生活態度が重要である。道教の教えをよく守り、決してよこしまな行いをせず、善行を心がければいいのである。天界の神さまは人の心まで見抜くので、悪いことを考えただけで罰を受けるとされている。

雷エネルギーによる悪霊撃退法

この術はかなり高度なテクニックを必要とし、道士が行うものである。雷のエネルギーを術者の体内に採り入れて、それを悪霊撃退のパワーとするものである。

そのための儀式は、その年に初めて雷が鳴った日に行わなければならない。雷の轟きが聞こえてきたら図に示されたように、左手の関節に置かれたポジションを午↓未↓午↓玉↓丑↓子↓戌の順に左親指で押さえながら「雷威震動便驚人」と唱える。

または年初の雷鳴を聞いた後、次の呪文を唱える。

「われ雷公の炁《き》、雷母の威声を受け、以て身中の万病を除く、百姓同じく以て形をなするを得んことを。われをして五行の将、六甲の兵を使い、百邪を斬断し、万精を駆滅せしむるを得んことを。急急如律令」

この後、鼻で雷炁（雷の気）を九回吸い、唾液を九回飲み込む。この一連の動作によって道士は身体の中に、雷神に所属する天の武将たちを味方につけることになる。別のいい方をすれば雷のエネルギーを採り入れたことになる。この状態になれば、あらゆる悪霊を退散させることができるのである。

ちなみに「急急如律令《きゅうきゅうにょりつりょう》」という言葉は、しばしば呪文の最後に唱えられるもので、もとは公文書などで用いられた「律令に記されたように急いで行いなさい」という意味である。

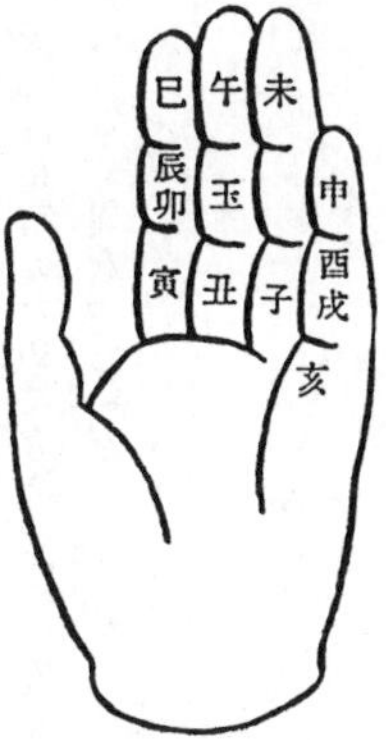

＊一　**五体投地《ごたいとうち》**　本来は仏教儀式で行われる最上級の礼法。まず、直立して両手を胸の前で合わせる。それから膝、肘、頭の順に地面につけ、最後に両腕を前方に伸ばして礼拝する。チベットのラマ教徒の間では、今でも盛んに行われている。

＊二　**高力士《こうりきし》**　六八四～七六二　唐代の宦官。玄宗皇帝に仕えて数々の内乱を平定、内侍省の長官となった。玄宗の寵愛をうけて、臣下の上奏（皇帝へ意見を述べること）はすべて彼の手を経た。安禄山の乱で玄宗に従って成都へ逃れたが、のちに許されて帰京の途中に死亡した。

＊三　**『酉陽雑俎《ゆうようざっそ》』**　唐の段成式《だんせいしき》による随筆集。道教、仏教、博物学、衣食習慣など百科事典的な内容を持つ書物。唐代の思想、社会を知る貴重な資料とされている。

雹神 はくしん baoshen

信仰目的 雹をつかさどる神

雹の司に出会った地方長官

『聊斎志異』に雹を降らせる神についての記載がある。明の時代の地方長官である王という人が湖北省へ赴任する途中、江西省の龍虎山に寄って張天師*一に面会したいと思った。途中の湖で舟に乗ったところ、堂々とした風采をした天師の使者が現れて、道案内をしてくれた。長官は、こちらの気持ちを予知して使者を送ってくれるとは、さすがに霊力のある方だと感激した。さて、張天師に面会がかなうと、天師は長官のために宴会を開いてくれた。周囲の人々は服装や帽子、髭までも一般の人とは大きく異なっていた。

張天師は長官に、さきほどの使者を紹介した。

「この者はあなたと同郷だが、ご存じかな」

長官には思い当たるふしがない。張天師が教えてくれた。

「彼は世間でも知られている雹の神の李左車《りさしゃ》じゃ」

李左車というのは、漢の高祖の時代の武将である韓信《かんしん》（?～紀元前一九六）に敗れた趙の武将である。戦争後、韓信は彼の才能を惜しんで軍師に迎えている。有名な武将だと知ると、長官はあわてて正座しなおした。

「彼は天界の命令で、いまから雹を降らせにいくという。それで、中座する旨を詫びにきたのじゃ」

張天師の答えに長官がたずねた。

「どちらに雹を降らせるのですか」

「山東省の章丘じゃ」

その場所は長官の郷里とは隣りあわせなので、びっくりして中止してもらうよう、張天師に頼んだ。雹が降れば作物は全滅してしまうのだ。張天師は、

「これは上帝の命令なのじゃ。降らす雹の数まで決められているというのに、中止することなどかなわぬこと」

長官は重ねて哀願した。張天師はしばらく考えた後、李左車にいった。

「それでは、山や谷にたくさん雹を降らせて、作物を傷めぬようにしなさい。それから、客人がいるので暴れず、行儀よく出かけなさい」

雹の神はお辞儀をして庭に出た。すると足元から煙が立ち昇ってきた。雹の神は跳躍して庭の木々の高さに浮かび、さらに跳ねて御殿の屋根ぐらいの高さに浮かび上がった。そして鋭い声を発して北へ向かって飛んで行ってしまった。御殿全体が震動し、宴会のテー

ブルがぐらぐらと激しく揺れた。長官は張天師に質問をした。

「雹の司が出かけるときは、いつもこうなんですか」

「今回は注意したので穏やかに出て行ったが、いつもは地上から一声発して、そのまま行ってしまうので、知らない人は腰を抜かすのだよ」

王長官が張天師のもとを辞してから、章丘に使いを出した。すると長官が宴会に出席したその日に、章丘ではたくさんの雹が降ったという。ただし、不思議なことに田畑には少ししか降らず、溝や堀などには溢れるばかりに降ったのだった。

雹は農民にとってはたいへんに恐ろしいものだ。作物のすべてがあっという間に全滅してしまうのである。雹が雨と同類のものだというのは、現代の常識である。雨を降らせる神＝龍王とは違う職分を持った神を想定したのも無理からぬことだ。

桃の持つ魔除けの霊力

中国では古代から桃が魔除けの力を持つ植物とされている。魯の襄公（紀元前五七三～紀元前五四二）は死者に衣を送った際、巫に命じて桃の木で棺の悪気を祓わせ、前漢・平帝の時、政治権力を握った王莽《おうもう》（紀元前四五～西暦二三）は鬼祓いの際に桃の木を煮た湯を使うなど、多くの史料に桃の神秘的な力が記録されている。桃の弓と棘《いばら》の矢が不吉を祓うものとされたり、桃の枝を戸口に挿して鬼の侵入を防いだり、大晦日に桃符（桃の板で作った護符）を飾ったり、罪人を煮殺す際、死者が悪霊とならないように桃の灰を入れて煮た。桃に霊力があるとされた理由は、桃の木は味が苦く、香りが悪いことから邪気を追い払う効果があるとされ、また、門神の項でみられるように、神さまたちが住む世界の悪鬼避けとして使われたという故事に由来することもある。鬼退治の〝桃〟太郎も同様のルーツを持つと思われる。

＊一　**張天師《ちょうてんし》**　張道陵（同項目参照）の興した五斗米道の最高位の名称。初代の張天師は張道陵である。三世紀初頭、江西省・龍虎山に本拠地を移して「正一教」として、明代には全真教と並ぶ二大勢力となっていた。六十四代目の張天師・張源先は二〇〇八年に逝去。

河伯《かはく》

hebai

信仰目的　黄河の神

黄河の神は龍の化身

中国大陸には大きな河川がふたつある。ひとつは長江（揚子江）、もうひとつは黄河である。一般に長江のことを江と呼び、黄河は河と呼ばれている。したがって河伯とは、黄河に住み、黄河をつかさどる神さまのことである。

黄河は中国大陸の北部を流れる大河。青海省の西から甘粛省を経て、山西省と陝西省の境界を南下して華北平原に出て、渤海湾に注ぐ延々五四六四キロにも及ぶ奔流である。黄土地帯を通過するために水の色は黄褐色となり、膨大な水量は河口部では数キロの川幅となる。黄河流域は中国古代文明の発祥地であり、今も一億一千万の人間がその流域に住んでいる。人々は黄河の水で農地を潤し、水路を利用して交通手段とするなど、はかり知れない恩恵を受けている。

さて、龍王の項で述べた通り、河には龍が住んでいる。ところが、これと矛盾するような話だが、中国にはもうひとつの伝承がある。河や湖で死んだ人間はその守り神になると

いうのである。もちろん、単に死んだのではなく、世の中に恨みを持って自殺した人とか、正義のために殺された人、それも有名人が守り神になるというのだ。ひとつの河に神がふたりもいたのでは都合が悪い。

そこで人々は河の神は変身する能力があり、あるときは人の姿、またあるときは龍に姿を変えると考えたのだ。長江に投げ込まれた伍子胥[*一]、汨羅《べきら》(洞庭湖の南)に身を投げた屈原[*二]、采石江《さいせきこう》に落ちた李白[*三]などは皆、神になったとされている。伯というのは親しみのこもった敬称である。

☯ 河伯は人間の嫁を要求する

『抱朴子』では、河伯はその名前を馮《ふう》

夷《い》または氷夷《ひょうい》という。河伯は時折、人間の娘を妻として要求するという。これは「河伯娶《かはくしゅ》婦《ふ》（河の神が嫁をとる）」という言葉で伝説化され、同名の歌劇にもなっている。

魏の文侯（?～紀元前三八六）の時代、西門豹《さいもんひょう》は河南省の県知事に任命された。文侯は彼に黄河の治水事業を興すように依頼した。西門豹は赴任するとすぐに地元の長老を招集して、彼らの悩みを聞いた。長老は、

「河伯が嫁を要求するために、わたしたちは常に貧乏しています」

という。その理由は、毎年河伯にさしあげる嫁の支度金として多額の税金を納め、残った金は村役人や巫女が山分けして持ち帰るという。しかも、その季節になると巫女たちが家々を回り、美しい娘を見つけては〝この娘が河伯の嫁になる〟といって連れて行ってしまう。そのために娘のいる家族は恐れて遠隔地へ逃げてしまったのだという。長老たちは語る。

「もし、河伯に嫁をやることを拒んだら、河伯が怒って大水をだし、家や畑を沈めて人々を溺れ死にさせるというのです」

西門豹はいった。

「次に河伯に嫁をとらせる時期がきたら、村役人と巫女たち、それに親たちに嫁御を河のほとりまで送らせなさい。わたしも見送りに行こう」

やがて河伯の嫁とりの季節がきて、人々が娘を連れて河のほとりに集まった。西門豹は

娘の顔を見てこういった。

「この娘は美人じゃないな。巫女の婆さん、ちょっと河に入って河伯に申し上げてくれ。後日、もっと美しい娘を差し上げますと」

部下に命令して巫女を河の中に投げ込ませた。しばらくして、

「おや、巫女の婆さんは遅いな。お弟子さんがた、行ってくれ」

次に巫女の弟子たちを河に投げ込んだ。またしばらくして、

「ふむ、巫女さんたちは女だからうまく事情が説明できないのだろう。では村役人に行ってもらおうか」

続いて村役人が河に投げ込まれた。誰ひとり戻ってくる者はない。ほかの役人たちは恐怖のあまり叩頭《こうとう》（頭を地面につけるお辞儀）して西門豹に許しを乞うた。彼は村役人と巫女が結託してうまい汁を吸っていたのを知っていたのだ。そんな事件があって以来、重い税金を課して河伯に嫁をとらせるような風習はめっきり少なくなったという。

西門豹はその後、十二本もの運河を作って治水にあたり、周辺地域を豊かな農業地帯にすることに成功した。（『史記』滑稽列伝より）

＊一　伍子胥《ごししょ》　?～紀元前四八五　春秋時代末の政治家。楚を討つことを呉王・闔廬《こうりょ》に進言し、呉は楚の都を落とした。南の越との戦争で闔廬が死ぬと、後を継いだ夫差《ふさ》を助けて越を降伏させた。その後、夫

差と政策上の違いから反目し、馬の皮に包まれて長江に投げ込まれたという。

＊二　屈原《くつげん》　紀元前三四〇～紀元前二七八　戦国時代の楚の王族として生まれ、懐王の信任を受けるが、上官の讒言によって退けられた。懐王の死後、再び放逐されて、洞庭湖の南にある汨羅に身を投じた。屈原は忠臣として知られるとともに、詩人としても有名で、離騒、九歌、天問、漁父などの詩を残している。彼の死後、人々は供養のために餅を笹などの葉で包んで洞庭湖に流したという。これがちまきの始まりである。ちなみに屈原の命日は五月五日である。

＊三　李白《りはく》　七〇一～七六二　杜甫と並ぶ唐代最高峰の詩人。都・長安で認められ、翰林院（官庁の最高機関）に入る。しかし生来の酒好きが災いして失脚。その後、酔って水中の月を取ろうとして溺死したと伝えられる。

洞庭君　どうていくん

dongtingjun

信仰目的　洞庭湖の守護神

洞庭湖の神の領域に侵入した男

湖南省北部にある洞庭湖は、中国で四番目に大きな湖として知られている。湘江をはじめとする湖南省の水系の大部分はこの湖に集まっている。湖岸には岳陽、長沙、湘潭、常徳などの都市があり、湖の豊かな水を利用した周辺地域の農作物の集散地として賑わっている。また湖の漁業も古くから有名である。人々は洞庭湖の恩恵をたっぷり受けて、暮らし振りもいい。

明の時代、賈綰《かわん》という副将軍の部下に陳明允《ちんめいいん》という男がいた。彼は文学者だったが、生活のためにやむなく書記官をしていた。

あるとき、陳は副将軍のお供をして洞庭湖を舟で通りかかった。たまたま猪婆龍《ちょばりゅう》（中国産の鰐の一種＝シナ・アリゲーター）を見つけて、副将軍が矢を射った。猪婆龍に当たったものの、その尾をくわえて離さない魚がいたので、一緒に帆柱につないでおいた。猪婆龍が苦しげに息をしているのを見た陳は哀れに思い、副将軍の許しを得て傷薬を塗って、

湖に帰してやった。

それから一年後、陳が故郷に帰る途中、洞庭湖で嵐に出会って舟が沈没してしまった。一晩中漂流した陳はどうにか岸辺にたどり着いたものの、生き残ったのは彼と童僕だけだった。林の中に豪壮な建物が見えた。中に入ると、そこはまるで皇帝の別荘のように素晴らしい庭や、いくつもの御殿があった。場違いな所に来てしまったらしい。逃げようと思ったときに数人の足音が聞こえたので、陳と童僕は花畑に身を隠した。数人の男女に囲まれて、美しいひとりの娘が現れた。十四歳くらいに見える娘は紅色の服を着ていた。霧に濡れたようなみずみずしい黒髪、身体つきはまるで水仙の花のようだ。女たちはあずまやで彼女にお茶を入れたり、香をたいて話している。

「姫さまは馬に乗ってお疲れでしょうに、ブランコにお乗りになるんですか」

姫はにっこりうなずいて、あずまやの前のブランコに乗った。まるで燕のように軽やかなようすである。しばらくして人々が立ち去った後、陳はぼうぜんとして、姫のいたあたりにたたずんだ。足元に赤いハンカチが落ちていた。あずまや[*一]に墨と筆があったので、さきほどの夢のような印象を詩に記した。

湖の姫君と結婚する

さて、陳は出口を探すのだが、広い敷地のことでなかなか見つからない。そのうち使用人に見つかってしまい、王妃の前に連れだされた。殺されることを覚悟していたら、侍女のひとりが陳を知っているらしく王妃に耳打ちした。すると突然に周囲の雰囲気が変わり、陳は豪華な衣装に着替えさせられて宴会の主賓に招かれた。王妃が陳に語りかけた。

「生命を助けていただきながら、なんのお返しもできずにおりました。姫のハンカチに書いたあなたの気持ちを見て、姫をあなたに嫁がせることにいたしました。これもなにかの縁でしょう」

なんのことかわからずにいる陳に、姫が耳打ちした。

「わたしの母は湖君（洞庭湖の龍王）の妃なのです。昨年、湖で遊んでいたときに矢を射られたところを、あなたに助けていただいたのです。わたしが人間でないからと怪しまないでください。父の龍王に教えられて長生の方法を知っていますから、あなたと一緒にいつまでも生きていくつもりです」

陳はようやく一年前の出来事を思い出した。そして、彼らが神であることを悟った。陳は姫に質問した。

「あの侍女は、なぜわたしのことを知っていたのですか」

「尾をくわえて離さない魚がいたでしょう。あれがさっきの侍女よ」

☯故郷への帰還

結婚して数日、陳は自宅のことが心配になって童僕を故郷に帰した。陳の家では、彼が洞庭湖で水死したものと思い、妻子が喪に服していた。そこへ童僕が帰ってきたので、たいへんな驚きようだった。半年ほど後に陳は帰宅した。宝物をいっぱい持ち、豪華な服装を身にまとった陳のようすはまるで王侯貴族のようだった。その後、陳の家は隆盛を極めた。

ところで、陳には幼なじみの梁《りょう》という親友がいた。彼は政府の官僚として南方に勤務していたが、帰郷の途中で洞庭湖を通った。湖に浮かぶ豪華な屋形舟を見ていたら、そのなかに陳明允を見つけて、びっくりして声をかけた。陳は梁を舟に招き入れた。梁は豪華な料理の数々に美しい侍女たちを見て、短い期間に陳が大金持ちになったことに驚いた。

翌日、梁は洞庭湖をあとに故郷に向かった。故郷に帰り着くと陳のことが気がかりになって、彼の家を訪問した。ところが家の中では陳が客と話をしているではないか。梁は驚いて叫んだ。

「陳、きみは洞庭湖からもう帰ってきたのかい」

「いや、ぼくはどこにも行きやしない」

梁は洞庭湖で陳と会ったことを話すと、陳は笑って答えた。

「きみの間違いだよ。ぼくは分身の術なんて知らないしね」

その後、陳は八十五歳で亡くなった。埋葬のために棺桶を持つといやに軽く感じた。そこで棺桶を開けてみると、あるはずの遺体は消えてしまっていた。(『聊斎志異』より)

どこの国にも長者伝説というものがある。永い間郷里を留守にしていた男が大金持ちになって帰ってくる。または一夜にして長者になった等々……。人々はこうした長者には、なにか人知れぬ秘密があると思うものだ。偶然のきっかけで幸運が舞い込んだなどとは考えたくない。偶然だったら不公平である。なにか素晴らしい善行をした結果として、神さまが富を授けてくれたと思いたいのである。神さまは人間の行動をすべて見ているのだから、日頃の生活態度を大事にしなければならないという、道徳訓に結びつける。この話もそうしたエピソードである。

面白いのは河伯が人間と同じように女房、子供までいること。また、ときどき生き物に姿を変えて遊びにいくこと。それに、この話には登場しないものの、河伯が長生の方法を知っていることだ。つまり、河伯の素性が仙人であることをほのめかしているのだ。洞庭湖という広大な湖の神が元は人間であり、幸せそうな家庭まであるのだからこそ、人々に大いなる恩恵を与えたまうのだ。

洞庭湖の周辺には河伯を祀った祠がたくさんある。それらを敬い、日頃の信心を怠らなければ、おまえも陳明允のように美人の妻と財産に恵まれるというわけである。ちなみに中国では基本的には一夫一婦制であるが、財力に応じて妾を持つことは男性として名誉なことだった。戦前の日本も同様である。

水上を歩き、水中にとどまる方法

『抱朴子』によればネギの汁と肉桂を混ぜて木の実大に丸める。これを一回七粒、一日三回服用する。三年間休まずに服用を続けると、水上を歩くことができるようになるという。また、通天犀《つうてんさい》という動物の角を切り、十センチほどの魚の形に彫刻したものを口にくわえて水中に入る。すると身体の周囲一メートル四方にわたって空間ができ、水が入らなくなる。通天犀は山深い場所に住み、夜中でも目がランプのようによく光る。そして、いつも毒草を食べているので、その角は毒物検査にも効力を発揮する。

＊一　この時代の上流階級における男女交際はたいへんに厳しく、初対面で直接会話を交わすなどということは許されなかった。したがって詩に託して思いを述べるというのが一般的だった。詩を読むことによって書き手の地位や教養が推測できるのである。これはどこの言語でも同様のことがいえるが、中国語の場合は故事や成語をふんだんに使うので、とりわけ明瞭になる。ただしほとんどの場合、身分のある人の結婚相手は幼児の時から決められていた。

東岳大帝 とうがくたいてい

dongyuedadi

別名 泰山府君《たいざんふくん》　東岳神《とうがくしん》

信仰目的 霊峰・泰山の神

山岳は神の宿る場所

古代人にとって山岳は異域、つまりは特殊な地域とされた。山には平地にない力量感があり、威厳に満ちた姿が人々を圧倒する。山地に一歩踏み入れれば、風土、植物も平地とはまったく異なり、未知の猛獣や恐ろしい毒虫が跋扈する。そして、なによりも天と地の中間に位置すると思えることが、神々の住処と考えられたのである。古代ギリシャでは、神々はオリンポスの山に住むとされ、仏教では須弥山を中心とした世界観があり、ゾロアスター教では宇宙の中心に巨大な山があるとされる。日本の山岳信仰もしかりである。

中国人にとっても、山は神聖な場所とされてきた。人間が立ち入ることのできない場所には、なにか強大な霊力が潜んでいるのである。不老長生を求める仙人が山中で修行を行うのも、こうした霊力の助けを借りて、目的をまっとうしたいという願いがある。仙人という言葉を見ても「仙」は「人」と「山」を合成した文字であることがわかる。『抱朴子』登渉編には、山中には虎や狼、蝮、蛇などのほか、山の精、山鬼、化け物が人間を脅かす

という。山はまさに〝人外境〞なのである。

中国では、漢の時代から「五岳」が聖なる山として人々の崇拝を受けていた。五岳とは中原《ちゅうげん》（古代から歴史の舞台となった河南、山東、山西省を中心とした地域）にある五つの山の総称である。東岳・泰山、西岳・華山《かざん》、南岳・衡山《こうざん》、北岳・恒山《こうざん》、中岳・嵩山《すうざん》である。

そのなかでも、もっとも神聖な山として知られているのが、山東省にある標高一五二四メートルの泰山である。歴代皇帝が封禅[*1]という、即位の儀式を行った霊場であり、死者の魂が集まる場所とされ、五岳信仰の中心地とされている。一般の人間は近づけないものの、神の代弁者である皇帝や、死者は入山を許されると考えられたのである。泰山はその存在自体がひとつの神格として考えられた。この山の神、東岳大帝は玉皇上帝の孫とされ、人間の賞罰や生命をつかさどる神として人々に恐れられる存在だった。唐の玄宗がこの神を「天斉王」に、北宋の真宗（九六八〜一〇二二）が「東岳天斉仁聖帝」という称号を贈ったことで、東岳大帝の名前は全国的な知名度を獲得したのである。

☯死者の世界で父親を発見

山東省に住む胡母班《こぼはん》という男が泰山のふもとを歩いていると、木の間から突然、赤い服装の下僕が現れた。

「泰山府君がお呼びでございます」

班はびっくりしたものの、逃げ出す勇気もなく下僕についていった。しばらく歩くと宮殿に着き、泰山府君に召された。天子とみまがうばかりの衣装に身を包んだ姿は周囲を圧倒し、気品に満ちた顔だちが班に語りかけた。

「貴殿を呼んだのは、娘婿に手紙をことづかってほしいのだ」

班がおそるおそる尋ねた。

「お嬢さまはどちらにいらっしゃるのですか」

「娘は河伯（黄河の神）の嫁になっている。届ける方法は、黄河の中ほどまで舟で出て、舟端をたたいて〝女中〟と呼べば手紙を受け取る者が現れる」

班は引き受けて退出すると、黄河に出た。泰山府君からいわれた通りにすると、ひとりの女中が河の中から現れて、手紙を受け取るとまた沈んでいった。

しばらくすると女中がまた姿を現した。

「河伯さまがお目にかかりたいと申しております」

いわれるままに目をつぶり、再び目を開けると河伯の宮殿に着いていた。河伯は歓迎の宴会を開いてくれた。約束を果たした班は長安（現在の西安）に行き、数年後に故郷へ帰る途中、泰山のふもとを通りかかった。素通りするのも気がひけて、例の木を叩いて自分の姓名を名乗った。まもなく以前の下僕が現れて、泰山府君のもとに連れていってくれた。班は河伯に手紙を届けた旨を伝え、トイレを借りに中座した。そのとき、首枷をはめられた数百人の罪人が働かされているのを見た。なんと、そのなかに自分の父親がいる。班は歩み寄って父親に挨拶して、事情を聞いた。

「わしは死後、三年間の刑に処せられているのだ。もう二年になるがつらくてやり切れない。おまえが府君と知り合いならば、この労役を免除して土地神になれるよう頼んでくれ」

班は父の言葉どおりに府君に願い出た。府君は、

「生者と死者の世界は違うので、近づいてはならん。貴殿の命が大切だ」

といったが、班が重ねて頼むので、仕方なしに承知してくれた。班は自宅に帰ったのだ

が、それから一年あまりの間に子供たちが次々と死んでしまう。恐ろしくなった班は、再び泰山府君に面会を願い出て、事情を話した。

「だからいったではないか。生者と死者は世界が違うのじゃ。近づけば必ず厄介なことになる」

府君は班の父を召喚して説明を受けた。班の父はかしこまって説明した。

「お陰をもちまして土地神になりましたが、うれしさのあまり、孫たちを呼び寄せたのでございます」

府君は即座に土地神の交代を命令して、班の父は泣く泣く退出した。班は自宅に帰ったが、それ以降に生まれた子供はみな無事に育った。(『捜神記』より)

泰山府君は、班の願いを聞き届けたものの〝生者と死者の世界は違う〟と忠告した。このふたつの世界の行き来が多くなってしまえば、混乱が起きることを心配したのである。その心配が的中して、班は何人かの子供を失う結果となった。

泰山は現実の世界にある山だが、神の領域に一般の人間が簡単に入り込めるわけはない。前文では、神の方から班にお声がかかるという幸運があった。そして一本の木が現世と冥界との接点であることを知ったので、班はひとりでも冥界へ行けたという設定である。

さて、泰山府君の信仰の中心は当然のことながら東岳・泰山にある。現在でも泰山の頂から山腹にかけて三百を超える廟や名所・旧跡が点在し、信仰のメッカとなっている。もっとも、こうした霊山に登る機会は一生に一度あるかないかで、たいていは身近な廟で間に合わせたようだ。清代の北京の人々の場合は広安門にある東岳廟に参拝することが多かった。この廟がもっとも賑わうのは（旧）正月二日である。当日は各地の信者が暗いうちから集まってくる。誰よりも早く、一番に線香をあげればご利益があるとされていたからだ。

＊一　**封禅**《ほうぜん》　古代の皇帝、堯舜、黄帝などが神を祀ったとされる儀式。「封」は土を盛って祭壇を作り、天を祀る。「禅」は地面を平らにならして地を祀るという意味がある。『史記』封禅書には秦の始皇帝が太古の儀式にならって、泰山の麓で封禅の儀式を復活させたくだりが紹介されている。天の神に対して、皇帝として即位したことを報告するという目的を持っていた。

二郎真君 じろうしんくん

erlangzhenjun

別名 灌口二郎神《かんこうじろうしん》　灌口神《かんこうしん》

信仰目的 治水の神

二郎真君のふたつのルーツ

二郎真君にはふたつの由来がある。ひとつは秦の昭襄王（紀元前三〇七～紀元前二五一）の時代に四川地方の長官だった李冰《りひょう》の次男とされている。彼は父とともに、灌県の治水工事を行っている。灌県の中心地・成都[*1]の町の西北に岷江《みんこう》という川が流れている。この川は長江の源流のひとつであるが、水量が多く、成都の町を濁流となって襲うことがしばしばあったのだ。彼らはこの川の水流を二分するという、いわばバイパス計画を立てた。川の中央に嘴のような形の堰堤を作り、一方は外江として成都を迂回させ、一方を内江として成都の町の用水としたのである。この堰堤は都江堰《とこうえん》といわれている。工事は難渋を極めた。竹の篭に玉石を詰めて川の中央に積み重ね、その一方で成都西側の山（離堆山）を削ったのである。工事が完成すると、成都の町は洪水に悩まされることがなくなり、外江に流した水は灌漑用水としてこの地方一帯、二千平方キロの農地を潤したのである。李冰父子の業績は人々に感謝され、その死後、灌口鎮という場所に廟を建てられたのが信仰のはじまりとさ

れている。このとき以来、成都平原は〝天府の国〟といわれ、豊かな農業地帯となった。ちなみに二郎とは次男という意味である。

もうひとつの説によれば、二郎真君とは隋の煬帝《ようだい》（在位六〇四〜六一八）に嘉州の長官に任命された趙昱《ちょういく》であるという。彼の赴任地では、河に蛟《こう》（みずち）がいて、人々を苦しませていた。蛟というのは、蛇に似ているが角と四本の足を持ち、毒気を吐いて人間を殺す恐ろしい動物である。彼は人々の苦難を救うために単身、剣を持って河に入り、格闘の末に蛟を殺したという。その後、官職を辞して山中で修行に励み、仙人になったという。後世の人々が彼のために灌口に廟を建てたので、灌口二郎神と呼ばれるようになったという。

唐の玄宗は彼に「赤城王」、北宋の真宗は「清源妙道真君」の称号を贈っている。彼はその後も嘉州の人々を救っている。河が洪水になりかけたときに、白馬に乗った彼が、河を渡って治めたこともあったという。

青黒い顔に剥き出しの牙を持った巨人

『西遊記』では、二郎真君はさらに別の顔を見せている。このなかでは玉帝の妹が下界に降りて楊氏に嫁ぎ、そこで生まれた子供ということになっている。つまりは玉帝の甥というわけだ。二郎真君が玉帝の命を受けて孫悟空を捕まえに行く場面がある。彼は直属の配下を全員集合させ、鷹や犬を従えて弓矢などの武器を用意した。それから狂風を起こして東海を渡り、花果山（孫悟空の本拠地）に赴いた。孫悟空に会うと悪口をいわれ、かっとなって一騎討ちとなった。三百回も打ち合うのだが、なかなか勝敗が決まらない。業を煮やした二郎真君は身体をひとゆすりして大変身する。突如、数万メートルという巨大な身長になり、青黒い顔に剥き出しの牙、髪は朱色というおそろしい姿だ。そして、両手に「三尖両刃の神鋒」を振りかざして孫悟空に襲いかかったのだ。ところが孫悟空もさるもので、二郎真君そっくりの姿になって応戦したのだ。これもなかなか勝敗がつかない。ところが二郎真君の軍勢の方は孫悟空の軍を圧倒し、猿たちは散り散りに逃げだし始めた。

自軍の不利を見た孫悟空は、これはまずいとばかり、勝負を捨てて逃げ出したのである。

☯二郎神の愛犬は〝天狗〟

さて、清末の北京市内には二つの二郎廟があった。面白いことに、ここでの二郎神は治水の神ではなく、子供を守る神さまとされている。北京のような水害の危険のない都市では、都合よく神さまの役目も変わるものらしい。中国人らしい合理性といえる。

廟内には当然のことながら二郎神の雄々しい像が立てられているが、傍らには一匹の犬がうずくまっている。この犬は彼が猟に使った愛犬だが、なかなか勇猛で、孫悟空の足にがぶりと噛みつくほど忠実だ。人々はこの犬を〝天狗〟という。もちろん日本にいる鼻の長いやつではなく、文字通り天に住み、天を駆け回る〝狗《いぬ》〟である。この天狗は二郎神のシンボルともいえる存在で、廟内には犬の玩具が無数に供えられている。これは、子供の病気快癒を祈って、願い通りになったときに供える〝還願《かんがん》〟の品である。

＊一　**成都**《せいと》　四川盆地の北西部にある成都平原の中心地。現在は四川省の省都である。ここの略称は〝蓉《よう》〟と呼ばれるが、これは五代十国の時代（九〇七～九六〇）に後蜀の君主が町中に芙蓉の花を植えたことからつけられた。漢代には錦の織物の産地として知られていた。三国時代の蜀漢（二二一～二六三）はこの地を首都としている。

第五章

医神

道教の神々のなかで特徴的なことは、医学に関連した神が高い地位を占めていることである。不老長生を目的として道教が成立した背景を考えれば、その具体的対応法である医学が重視されるのは当然かも知れない。

中国医学が古代からたいへんに進んでいて、しかも独特な発達を遂げたことはよく知られている。漢方薬、体内を気が循環するという考え方、養生という概念などが生まれた。

こうした医学の基本概念は三世紀頃には確立されていた。『史記』扁鵲伝は、紀元前五世紀頃に活躍したとされる伝説的名医・扁鵲《へんじゃく》についての記録だが、ここには既に中国医学の原型がある。扁鵲は長桑君《ちょうそうくん》という仙人から不思議な薬をもらい、それを飲むと人間の身体が透き通って見えたという。身体の中身が透けて見えるのだから名医の資格は充分だ。彼は各地を歴訪して手腕を発揮している。彼の医術で特徴的なのは、まず診察方法にある。病状を調べるのに〝脈〟つまりは血液の循環からの信号を読み取るのである。この方法は現在でも使用されている。さらに、体内には血液と並んで〝気〟が循環していると考えられた。「経絡《けいらく》」である。この結節点としてツボという概念が生まれ、鍼灸《しんきゅう》という方法が考えられた。こうした思想は一時は西洋医学から否定されていたが、今日再び見直されていることはご存じの通りだ。

扁鵲は五臓六腑という解剖学的知識も持っていた。五臓＝肝臓・心臓・脾臓・肺臓・腎臓で、六腑＝胆嚢・小腸・大腸・膀胱・三焦という。精神作用の中枢が心臓にあるとされ、三焦という概念が否定されたものの、紀元前の医学としては世界でもトップレベルにあっただろうと思われる。

古代社会の医療行為に、呪術的要素が多かったことはいうまでもない。「医」の古字が「巫」を含んだ「毉」と表されたことでもわかる。その後、薬物による治療法が発達し、薬物の代表として酒が考えられ「醫」の文字に代わったとされている。

〝医食同源〟という言葉に代表される中国医学は、現在もっとも注目されている学問である。西洋医学中心に展開した医学の見直しが叫ばれている今、中国医学のルーツたる「医の神々」の素性もまた興味深い。

神農 しんのう

shennong

別名　炎帝　五穀爺　信仰目的　農業と医薬の神

人身牛頭の伝説的皇帝

神農氏は神話時代の皇帝である。したがって時代は特定できない。『史記』三皇本紀によれば、蛇身人首の皇帝である女媧《じょか》の没後、炎帝・神農氏が皇帝になったとされている。彼の母は龍の霊気を感じて妊娠し、神農を生んだという。神農氏は首から上の部分が牛で、身体が人間という姿だった。生まれて三日目に言葉を覚え、五日目に歩き、七日目に歯がはえた。成長した彼は身長三メートル近い大男になったという。陝西省の姜水《きょうすい》のほとりで生まれ育ったことから、彼は姓を姜《きょう》とした。

彼が神農という号を使ったのは、木を削って鋤を作り、木の枝を曲げて柄をつけるという農具の発明者であり、それを使って人々に農耕を教えたことにちなんだものである。さらにこの時代にはじめて農作物を祭る儀式を始めるなど、市場と商業の発展するきっかけを作った人物とされている。

神農氏は太一皇人《たいいつこうじん》という人物が医学に通じていることを聞き、教えを乞いに訪れた。たまた本人は留守で、皇人の弟子に質問した。

「昔の人間は皆、百歳を超えるほどの長寿なのに、後世の人間はなぜ早死にしてしまうのでしょうか」

「いまの人間が早死にしてしまうのは、すべて自分自身で招いた結果だ。病気になる前に保養せず、重体になっても適切な治療法を知らないのだから。軽くて済む病気もこじらせてしまい、生命を縮めてしまう結果になるのだ」

弟子はこうした意味の詩を教え、参考にするようにと『天元玉冊』という書物を与えた。その書物によれば、人間が病気になるのは内的要因と外的要因の二種あること、食物を食べてその養分を身体の隅々まで行きわたらせることで、必ず病気が治るという。これは、いわば〝医食同源〟の原点である。

神農は各地に人を派遣して、あらゆる草木を採取させた。そしてみずから一種ずつなめて効果を確かめるという人体実験を行い、一日に七十種以上の毒草をなめたこともあったという。やがて彼は各種の毒草を組み合わせて三百六十五種類の薬を発明したのである。それは現存してはいないが『神農本草』という書物にまとめられた。それには薬物の名称、形、産地、採取時期、薬効などが詳細に記述されていたという。

☯二千種の薬物、六万通りの処方箋を集大成

神農が発明した薬によって、四百種類以上の病気の治療が可能になったという。これが中国医学の起源とされているのである。『神農本草』はその後、道教史上もっとも重要な人物である科学者・陶弘景《とうこうけい》（四五六～五三六）に引き継がれて『神農本草経』という書物にまとめられた。これには中国人の薬に対する基本的な思想が記されている。それによると薬には三種類あるという。それは次の通り。

〈上薬〉薬の君主

天の法則にのっとった薬で、副作用はなく長期に服用しても心配がない。生命力を養い身を軽くして、不老延年の効用がある。丹砂、雲丹、玉泉等百二十種。

〈中薬〉薬の大臣格

養生、人に応じて毒になることも無毒なこともある。いわば保健薬である。雄黄等百二十種。

〈下薬〉病気を治すための薬

多くは毒があり、人に害を及ぼすことがあるので長期間の服用はできない。今日の治療薬である。鉄、戎塩等百二十種。

こうした医薬品に対する考え方は、今日でも守られている。中国医学はその後も発展を続け、明代の書『本草綱目《ほんぞうこうもく》』には一八九二種[*一]の薬物が分類され、処方箋は六万一七三九通

りと、膨大なものとなっている。中国文化のひとつの結晶ともいえる〝漢方薬〟の基礎を作った最大の貢献者が神農氏なのである。

薬の神さまとしての神農の人気は広範にわたり、かつては中国の漢方薬店では必ずといっていいほど神農の画像が掲げられていた。こうした人気は日本にも及び、大阪・道修町の薬問屋街では現在も「神農さん」といって祀られているほどだ。

また、神農氏は夜が暗くて不便なことから、油性の木を捜し出して火をつけた。つまりたいまつを発明したといわれている。彼は火をつかさどる五つの官職を設けた。炎帝というのは、これらのことにちなんだのである。

神農氏は曲阜《きょくふ》（山東省）に移り、長沙（湖南省）で埋葬されたといわれている。

＊一　もっとも、現実に中国で使用される漢方は薬物数四百種、処方数三百程度となっている。二千種近くも薬物があっても特殊な用途のものが多いという以外に営業的な事情もある。ちなみに日本では薬物数百三十種、処方数百五十程度である。

黄帝 こうてい

huangdi

信仰目的 中国医学の創始者

地上の鬼神を使役した漢民族の始祖

黄帝もまた神話上の人物である。黄帝という名前は、五行思想で土と関連づけて考えられたことから土→黄→黄帝と称された。

黄帝の姓は公孫《こうそん》、軒轅《けんえん》と号した。彼は若い頃から聡明で未来を予知し、物事の法則に通じていたとされる。医薬、服装、貨幣、度量衡、音律、文字について規定を定め、中国医学の基礎を作り上げた人物とされている。もちろんこれは彼ひとりの力によるものではなく、多くの鬼神を従わせ、使役したことにより習得したものであるという。

『史記』五帝本紀によれば、黄帝が成人になった頃、神農氏の統治力が衰えて各地の豪族が戦い合っていた。そこで黄帝は干戈《かんか》（楯と鉾）という武器の使い方を習得。さらに熊、羆《ひぐま》、貔《ひ》（豹の仲間）、貅《きゅう》（同前）、虎などを仕込んで諸侯と戦い、彼らを帰順させたという。

ところが蚩尤《しゆう》という豪族がどうしても黄帝に従わない。彼ら兄弟八十人は、動物の身体をしていながら人間の言葉を話すという怪物だった。しかも頭が銅、額は鉄、砂や石を主食にしている凶暴な連中である。黄帝は蚩尤の討伐に赴いた。涿鹿《たくろく》の野《の》（現在の河北省涿鹿県あたり）で両軍は戦闘を開始した。蚩尤は魑魅魍魎[*一]を総動員し、しかも魔術を駆使して数メートル先も見えないような濃霧を発生させた。

戦術に悩んだ彼は、ある夜、西王母が助力してくれるという夢を見た。そして風后とともに祭壇を設置し、三日三晩祈った。すると九天玄女が現れて、護符や兵法などを授けてくれた。それらを駆使することによって蚩尤を全滅させ、全国を平定することに成功したのである。

黄帝の領土は東は海岸線、山東省、泰山に及び、西は甘粛省、南は湖南省、北の黒龍江省、匈奴[*二]の地まで及んだという。

黄帝は中国の伝説上の皇帝とされる「三皇五帝《さんこうごてい》」の中の、五帝の第一番目であるが、三皇に比べて話が整理されているために、事実上中国最初の皇帝とされている。黄帝以来のすべての帝王、漢民族は黄帝の子孫であると考えられた。

龍の背に乗って天に昇る

黄帝は帝王になるという天命を受けたとき、雲が瑞兆《ずいちょう》（幸運のきざし）を示したという。そして自分から雲によって物事の秩序をたてる雲師となって、軍団や官僚に雲の名前

をつけた。また、琴や鐘などの楽器を作り、道徳を定めたという。崑崙山《こんろんさん》に登って、天に対して皇帝となったことを報告する儀式「封禅」を行った。後世になってさまざまな皇帝が、この故事にならって封禅を行っている。

その後、黄帝は首山《しゅざん》（山西省）で銅を発見したので、それを荊山《けいざん》（河南省）まで運んで鼎《かなえ》（金属製の脚付き容器）を作ったという。鼎が完成すると、それを用いて神丹を完成させた。すると天から龍が降りてきて、黄帝を迎えにきたのである。黄帝が龍の背に乗ると、側近たち七十人あまりも龍に乗った。身分の低い部下たちは、長い龍の髭にしがみついたという。しかし、龍が天に昇りはじめると、途中で龍の髭が抜けてしまい、何人もの人が地上に落ちてしまったという。このときの神丹の製造法は『黄帝九鼎神丹経』に記されたという。

＊一　**魑魅魍魎**《ちみもうりょう》　山や川の悪霊の総称。魑《ち》は虎の姿をした山の精霊で、魅《み》は猪頭人体の沢の精霊。魍魎《もうりょう》は水や樹木、石の精霊とされている。

＊二　**匈奴**《きょうど》　モンゴル周辺にいた遊牧騎馬民族。戦国時代頃から漢民族との攻防が続き、漢民族に帰順、同化した者も少なくない。二世紀の中頃、カザフスタン（現在のカザフスタン共和国）に移住し、消息を絶った。四世紀にヨーロッパを荒らし回ったフン族が北方匈奴の子孫とされている。

八卦

「陰陽」の世界観を基本として、その具体的な森羅万象を現したものが「八卦《はっけ》」である。陰と陽は物の究極の本質であり、その対立する場所を「太極《たいきょく》」という。『易経』繋辞伝には、この太極から生まれる世界観が次のように説明される。

「易に太極あり、これ両儀を生じ、両儀、四象を生じ、四象、八卦を生ず」

左下の図を見ればわかるように、太極から陰と陽の儀が生じ、このふたつの儀を二分してできたものを四象といい、さらにこれを再び二分して八卦とするのである。つまり二×二×二＝八だ。陰と陽は一対であり、これらの組み合わせによって自然界を見極めるというのが八卦の根本思想である。実際には爻《こう》と呼ばれる算木《さんぎ》（古代中国の計算用具）を使って示される。

もっとも、後世になると八卦は思想から占術の手段に活用されるようになる。「易」と称されるのはこの八卦を上卦、下卦としてさらに組み合わせた六十四卦が使用される。漢代の易学者たちは「象数学《しょうすうがく》」として易経の解釈を進めるなかで天文学、暦法、音律学などを駆使し、具体的な事象を

卦で読み取ることに専念した。これには自然界、人事界百般の吉凶が象徴されている。

「当たるも八卦、当たらぬも八卦」などと街頭易者の述べる口上は、遠く中国古代の皇帝である伏羲《ふっぎ》の発案とされる思想に起因するのだ。

この占術の方法は、まず筮竹《ぜいちく》(竹で作った細い棒、五十本で一組)を任意に分けて陰と陽の爻に置き換える作業を六回行うことによって卦とする。こうして得られた卦は十二か月や人体の各部の状態、過去と現在、そして未来に起こりうることなどを啓示するとされる。八卦図が円形で示されるのは、すべての物事が循環していることを意味している。

太極	両儀	四象	八卦	自然	性情	家族
太極	陽	老陽	☰ 乾《けん》	天	健	父
			☱ 兌《だ》	沢	悦《えつ(よろこぶ)》	少女
		少陽	☲ 離《り》	火	麗《り(くっつく)》	中女
			☳ 震《しん》	雷	動	長男
	陰	少陰	☴ 巽《そん》	風	入	長女
			☵ 坎《かん》	水	陥	中男
		老陰	☶ 艮《ごん》	山	止	少男
			☷ 坤《こん》	地	順	母

華陀 かだ

huatuo

信仰目的 外科医、養生術の始祖

気功のルーツ「五禽戯」の創始者

華陀は二世紀後半から三世紀にかけて、名医として腕をふるった人物である。安徽省の出身で、医学以外の学問にも通じていた。彼は外科手術の名医として知られていた。華陀は中国史上はじめて「麻沸散《まふっさん》」というインド大麻を原料とした麻酔薬を使用したのである。患者にこの薬を飲ませてから手早く手術したので、患者は目が覚めるとすべて終わっていて、痛みをまったく感じないですんだのである。これは当時としては奇跡的なことだったのである。この時代に〝外科医〟という専門分野があったことは驚くにあたらない。すでに『周礼』天官の条に食医（食事療法を行う医師）、疾医、瘍医、獣医などの区別があったと記述されている。周といえば紀元前十一世紀に成立した国家である。巫医（ウィッチ・ドクター）が繁盛する一方で、こうした科学的指向があったことも中国ならではの面白さである。

外科医として名声を博した上に、華陀は錬金術と並んで道教医学の基本である養生術の考

案者として不朽の名声を得たのである。

華陀が考案した養生術はたいへんにわかりやすいものだったので、世の中に広く受け入れられた。しかも、怪我や病気を事前に予防するという考え方は現代医学にも通じる進歩的なものである。華陀自身、彼の養生術である五禽戯を行うことによって、百歳を過ぎても二十歳くらいにしか見えなかったという。

五禽戯とは「導引《どういん》」ともいわれ、現在の言葉でいえば一種の健康体操である。華陀自身はこう説明している。

「人体は運動させるのが好ましい。身体を動揺させると体内から穀物の気が消えて、血脈の流通が良くなり、病気にならない。昔の仙人は導引ということをした。身体を引っ張り、関節を動かして老化を防いだのだ。わたしの心得ている術は五禽戯と名づけている。第一は虎、第二は鹿、第三は熊、第四は猿、第五は鳥という。身体の具合の悪いときに五禽の戯のひとつを実行すれば、気が晴れて汗が流れる」（『後漢書』[*1]方術伝・華陀伝より）。この術を行うと、目や耳まではっきりしてくるという。

〈実行方法〉

虎戯＝四つんばいになり、前に三回跳ね、後ろに一回跳ねて腰を伸ばす。それから仰向けになって同じように跳ねる。これを七回繰り返す。

鹿戯＝四つんばいになって首を伸ばし、左に三回振り返り、右に二回振り返る。そして左右の脚を三回ずつ伸縮させる。

熊戯＝仰向けになって、両手で膝の下を抱える。頭をあげてから地に触れるくらいに左右に七回ずつ回し、起き上がってからうずくまる。そして左右の手を交替で地に伸ばして体重を支える。

猿戯＝何かによじ昇ってからぶら下がり、懸垂を十七回。次に脚でぶら下がって、左右の脚を七回ずつ替える。また両手でぶら下がって頭を七回上下させる。

鳥戯＝両手を下に真っすぐに伸ばし、片足を鳥の尾のように後ろに上げてから両手を目の前に力いっぱい伸ばす。これを七回繰り返す。座ってから足を伸ばし、手でかかとを七回引っ張る。両ひじの伸縮を七回行う。

一九七三年末、長沙の馬王堆《まおうたい》という漢代の墓から「導引図」が発見された。中国では気功がブームになっているが、紀元前二世紀頃からこうした健康法が実行されていたということは驚異的である。

関羽、曹操と華陀

華陀の活躍ぶりは多くの書物に記されているが、なかでも『三国志』に興味深い記述が見られる。関羽が軍を率いて樊城《はんじょう》（湖北省）を攻撃したとき、腕に毒矢が当たって落馬してしまった。部下に助けられて陣地に戻ると、傷口は青く腫れあがっている。そこへひとりの医師が訪れて、華陀であると自己紹介した。関羽公が毒矢を受けたという話を聞き、治療にやってきたという。

華陀といえば天下に聞こえた名医である。そんな男が自分のためにやってきたと聞いて、関羽は大いに喜んだ。さっそく外科手術が始まったが、周囲の人間が蒼白になるような荒療治であった。もっとも関羽は顔色ひとつ変えずに平然としていたという。傷が治ると関羽は華陀のために宴会を開き、黄金を謝礼として贈ったが、華陀は固辞して受け取らず、傷薬を残して立ち去った。

その後の話であるが、関羽のライバルである魏の曹操が洛陽に新宮殿建設を計画した。宮殿の梁に使うため、巨大な梨の木を切り倒そうとすると、斧が跳ね返されて受けつけない。恐ろしくなった兵士は曹操に報告した。曹操は巨木のもとに駆けつけて、土地の古老を呼び出した。古老によれば、その木は神の宿る神木だという。曹操はその話を信じずに、剣で巨木に切りつけると、澄んだ音がして、巨木から血が流れだした。恐怖心に駆られた曹操は宮殿に逃げ帰ったが、夢の中に梨の木の神が現れて曹操に切りかかる。曹操が目を覚ますと、頭が割れるように痛む。全国から名医を呼びよせて治療させるが、頭痛はいっこうに治らない。そこに、家臣の紹介で華陀が訪れた。華陀は曹操を診察するとこういった。

「この病気は外科手術をしなければ治りません」

曹操は、華陀が関羽を尊敬し、治療したことがあることを知っていた。だから華陀が手術にかこつけて、自分を殺すのではないかと疑って、牢に入れてしまった。

生きて牢から出られないと悟った華陀は、牢番に自分の医学理論をまとめた書物を贈ったという。華陀の死後、牢番は自分に罪がおよぶのを恐れて、その書物を焼き捨ててしまったという。

現在、華陀は医者の守り神であるとされ、医師や医学生はもとより、無病息災を願う人々の信仰を集めている。

＊一 『後漢書《ごかんじょ》』 百二十巻からなる後漢の正史を記した書。南朝宋の范曄《はんよう》（三九八～四四五）が主に選したとされている。中国では明代に〝二十四史〟といって、権威をみとめられた歴史書を二十四種、選んでいる。後漢書はそのなかのひとつである。

保生大帝　ほせいたいてい

baoshengdadi

別名　大道公《だいどうこう》　呉真人《ごしんじん》　**信仰目的**　医療神

白骨を魔術で再生させたウィッチ・ドクター

保生大帝はとりわけ台湾で人気のある医神である。彼の本名は呉本《ごほん》といい、九七九年に生まれた。学問をかさねた後に崑崙山に昇り、西王母のもとで七日間とどまったという。その間に「駆魔逐邪《くまちくじゃ》」の魔術を伝授された。駆魔逐邪とは、邪悪なものや魔物を追い払うという意味である。

あるとき、彼は桑林のなかで白骨を見つけた。よく見るとその白骨は左下肢が欠けている。そこで柳の枝をその部分にあてて護符を貼り、呪水（呪文をかけた水）をたらすという魔術を行った。すると、たちまちのうちに骨ができ、肉がついてひとりの子供に再生した。呉本はその子供をともなって各地を回っていたが、ある地方でその子供を知る人に会った。

「彼は昔、わが家にいた下僕で、虎に食われて死んでしまった者です。あなたは本当に人を生かすことができるのですか」

呉本は再び魔術を行った。すると、子供は元の白骨に戻ったという。

皇后の病気を衝立ごしに診断

あるとき、宋の仁宗（一〇一〇〜一〇六三）の皇后の乳房に腫れ物ができた。側近が名医と評判の高い呉本を宮殿に招いたのだが、皇帝は彼の能力を信用しない。貴人の肌に直接触れることなど恐れ多くてできない時代である。医師は人形を使って身体の部分を示したり、衝立*を隔てて患者の手首に紐を結び、その紐の端を持って脈をとり、診察したのである。皇帝は彼を試そうと紐の先端に皇后の手首ではなく、品物を結びつけた。

「さあ、皇后の腕につないだ。これで診察してくれ」

呉本は紐の端をちょっと持っただけで、答えた。

「この紐は皇后ではなく、なにかの品物に結んであります」

と答えた。皇帝は呉本の医術が本物であることを悟り、改まって診察を依頼した。呉本は皇后の病気を正確にいいあて、すぐに薬を調合した。皇后はその薬を飲んで全快したので、感心した皇帝は彼に保生大帝という称号を贈ったといわれている。

☯白鹿に乗って天に昇る

呉本の医術があまりにも優れているために、それを信じない人もいた。ある丈夫な男が病気といって彼のもとを訪れたこともあった。呉本は彼を見るなり怒りだし、病気でもないのに医者を試すとは何事かと叱ったという。

呉本がもっとも華やかな活動をしたのは一〇三二年のことである。この年、疫病が蔓延して国土が混乱状態に陥った。魔王が鬼神を引き連れて暴れ回ったのである。呉本はそのとき、各地から道士を呼び集め、神兵を率いて魔王に決戦を挑んだ。魔王は雷に撃たれて死んでしまい、人々は彼の呪水によって健康を取り戻したという。

彼は川を渡るときに舟に乗らずに、白扇で水上になにかの字を書いてから、水の上を歩いて渡ったという。そして周囲の人々が見守る中で、一族や犬、鶏まで連れて、白鹿（神の乗り物とされている）に乗って天に昇ったという。人々は彼のために香をたき、祭りを行って見送った。

保生大帝を祀るのは福建省龍海県白礁の慈済宮、台湾の台北市の保安宮、台南の南学甲の慈済宮が中心廟となっている。

死者再生の護符

三～五世紀頃には死者を再生させる護符というのが広められた。これは『五錬経』という書物に記されている。庶民の場合、鉄と五色の石のそれぞれ五つに「玉」という文字を記す。そして長さ一・五メートルの絹布を用意して、真夜中に地中一メートルの深さに埋めるのである。そして死者の位牌前の台に三十二年間食物を供え続けると、死者は蘇るという。この場合五色とは黄、赤、青、白、黒である。

「北斗」「日月」と書いた護符を持っていると、剣で切りつけられても決して傷を負わないという。剣、弓矢などの武器はすべて、星の精霊によってコントロールされているからだという。それらの星に祈ったり、護符を身につけることで怪我を負う危険はなくなるのである。

＊一　中国医学では患者の病状を調べるのに脈をみることが一般的だ。患者の手首に、医師は二本の指をあ

て、慎重にその変化を読み取るのである。既往症など、たいていのことはこれでわかってしまうという。筆者も体験したが、幼児期の怪我まで正確に指摘された。これは〝脈診〟といわれ、伝説の名医・扁鵲（紀元前五世紀頃?-）がすでに採用していたという。脈診の要点は浮、沈、遅、数、滑、濇、緩、緊、の八要といわれている。これは医師の指が感じる微妙な信号を分類、表現したものだ。

臨水夫人 りんすいふじん linshuifuren

別名 陳靖姑《ちんせいこ》　順天聖母《じゅんてんせいぼ》　**信仰目的** 難産を助ける女神

白蛇を退治した女神

臨水夫人は福建省の陳昌《ちんしょう》という人の娘として七六七年に生まれた。子供の頃から霊感の発達した少女だったが、年頃になって結婚。二十四歳のときに妊娠し、あと数か月で子供が生まれるという頃、福州一帯が深刻なひでりとなった。作物は次々と枯れ、人々は食べ物もなく困り果てていた。人々の窮状を見かねた彼女は、みずからの胎児を堕ろして雨乞いの祈りをした。やがて彼女の努力が実り、雨が降った。人々はたいへん喜んだが、彼女は過労のあまり死んでしまった。臨終の際、彼女は次のように遺言した。

「わたしは、死後は神になって人々の難産を救おうと思います」

しばらくの後、ある女が妊娠した。ところが十七か月になってもいっこうに子供が生まれる気配がない。女は神に祈った。すると臨水夫人が現れて女の手当てをしたところ、身体の中から蛇が数百匹生まれ出たという。女は生命に別条なかったのだ。

福建省古田県の臨水郷という場所に白蛇洞というほこらがあった。そこにすむ大蛇は周

囲の人々に毒気を当てるので、人々は病気になるなど苦しめられた。ある日のこと、赤い服を着た女性が剣を持って白蛇洞に現れた。そして、大蛇を探し出すと切り殺した。村人が女性の名前をたずねると、自分は福州の陳昌の娘だといい残して姿を消してしまった。それ以来、村人たちは白蛇洞の上に廟を建てて彼女を祀ったのである。彼女が臨水夫人と呼ばれるのは、臨水郷（現在の臨水県）にちなんだものだ。

そのほかの出産・病気の女神たち

人々は常に病気の恐怖と戦ってきた。衛生観念や治療方法のない時代では、軽い病気で死に至ることも少なくない。人々がさまざまな病気に苦しんだことを証明するように、病気治療の神の数も実に多い。そのいくつかを紹介しよう。

●眼光娘々《がんこうニャンニャン》

別名＝眼光聖母明目元君

信仰目的＝眼病を治療する女神

医学知識の乏しい時代には、眼病も恐ろしい病気だった。鳥眼、トラホームなど、あらゆる目の病気に霊験ありとされたのがこの女神である。眼病が治ったときは、紙や布でアイマスクの形に切ったものを供えた。

●子孫娘々《しそんニャンニャン》

別名＝九天衛房聖母元君

信仰目的＝跡継ぎの男児を授ける女神

北京の蟠桃宮にあるこの女神像の卓上には、粘土で作った赤ん坊の人形がたくさん並んでいる。信者はそれを道士に赤い紐で結んでもらい、持ち帰る。自宅で朝晩拝むことによって子宝に恵まれるという。

●乳母娘々《うばニャンニャン》

信仰目的＝乳の出をよくする女神

昔は食糧の栄養価も低く、粉ミルクなどなかったので、乳児を持つ母親にとっては乳の出が最大の悩みだった。この女神に祈って乳がよく出るようになると、お礼に乳房の形をしたまんじゅうを供える習慣がある。

第六章

生活神

ここで紹介するのは、庶民の暮らしにもっとも密着した神々である。その素性は種々雑多で、道教教義の上でも高位を占める神を筆頭に、かまどに住む神、トイレの神、墓場の神などのほか、泥棒の神、イナゴを追い払う神、樹木に宿る神や動物の神、蛙の神だったりする。

これほどさまざまな神が居並ぶのは、これらの神がみな民俗信仰に基づいて生まれ、育まれてきたという素性の持ち主だからだ。いわば道教信仰によって作られた神々のように難しいルーツはなく、庶民の自由奔放な発想に裏打ちされているのである。したがって、きちんとその由来を語る資料の少ないものもあるし、間違って神にされてしまったものもある。全国的に有名な存在となった神もいれば、ごくマイナーな神もいる。しかも、神といえば全能であることが前提となるのだが、ここに登場する神々は、そんなことにはまったくお構いなしである。乱暴者もいればわがままな神もいるし、怠け者の神もいればそれを諫める神もいるのである。

まるで人間社会の縮図のようだが、天上界に君臨する神々と比べるとひどく人間臭い。そこには、人々の持つ悩みや苦労、希望や夢がたっぷり盛り込まれているのである。こんな神々が魅力的でないはずがない。格式ばった宗教では、決してこうした神々の存在は許されないだろう。しかし、道教にはそうしたものをすべて飲み込んでしまう貪欲な側面がある。逆にいえば、こうした民間信仰の神々の居場所を与えることで、中国人の宗教となりえたのである。

中国人の真骨頂を見せつけるような生活神の数々、ご賞味いただきたい。

呂尚 りょしょう lushang

別名 太公望《たいこうぼう》　斉太公《さいたいこう》　信仰目的 兵法の神

魚釣りで兵法書を手に入れる

呂尚は河南省の北部の出身とされている。本名は姜牙《きょうが》という。幼い頃から頭の良さが評判で、しかも天下の情勢を分析し、予知する能力に優れていた。彼は殷の紂王（?～紀元前一〇二七頃）の政治が乱れていることに嫌気がさし、遼東地方に四十年間も隠居していた。その後、西方の周に移って終南山に住んだ。毎日を渭水《いすい》のほとりで魚釣りをして過ごしていた。ところが三年の間に一匹も魚が釣れないのである。近所の人々が彼に忠告した。

「なにも釣れないのだから、もう釣りはおやめなさい」

ところが呂尚はいっこうに耳を貸そうともせず、相変わらず釣りをやめない。そしてとうとう大きな鯉を釣り上げた。魚の腹を切り開くと中から兵法書が出てきたという。

さて、周の文王（紀元前十一世紀頃）がある日、猟に出ようとして占いをさせると次のようなお告げがあった。

「獲物は龍でもなく蛟でもなく、熊でもない。覇王の援助者である」

そして渭水のほとりで呂尚と出会ったのである。会話を交わすうちに呂尚がひとかたならぬ人物と察して、文王はこう述べた。
「わが太公（父）の頃より、聖人があって周に来る。周はその人物を得て興隆するだろうといわれているが、あなたはまさしく、その人物である。太公はあなたを久しく待ち望んでいた」
こうしたことから、後世の人々は呂尚を「太公望」と呼ぶようになったのだ。

スパイ術の元祖

文王の子、武王の代になって周は殷の討伐に成功した。呂尚が参謀として大活躍したのはいうまでもない。殷といよいよ雌雄を決する戦争の直前、呂尚は協力する周辺の豪族の忠誠心を確かめた。軍団が続々と集結すると、呂尚は左手で黄鉞《こうえつ》（黄金で飾ったまさかり）を杖つき、右手に白旄《はくぼう》（牛の白い尾を竿の先端につけた指揮旗）を握って、軍団を鼓舞したという。兵士たちが奮い立ったのはいうまでもない。

呂尚は戦争に勝った後、百篇にもおよぶ謀略の書を記した。この内容は明らかではないが、兵士の布陣、戦略のほかに各種の人心掌握作戦があったに違いない。事実、殷を攻撃した際、殷の兵士たちは既に戦う気をなくしており、武器を逆さまに持って応戦したという。その後、呂尚は斉に封じられ、その地を統治したのであるが、その方法は土地の習慣を重んじ、儀式を簡略にするなどである。そのため、住民の大きな支持を受けている。当時は制圧者の側の風俗習慣を一方的に押しつけて、反感を買うことが多かっただけに、こうした慰撫工作は特異な方法だったのである。こうして豊かな国となった斉は、春秋時代(紀元前七七〇～紀元前四七六)になると大国のひとつとして数えられるような国力を蓄えた。

呂尚は死に際して六巻の兵法書を遺したといわれている。ある説によれば、彼は仙人になるための服餌(食事療法)に努め、二百年後に死んだという。しかし葬ろうとして棺桶を開けたところ、六巻の兵法書だけがあったという。

魯班 ろぱん luban

別名 巧聖先師《こうせいせんし》 **信仰目的** 工匠の守護神

中国のダ・ヴィンチが作った鳶のロボット

魯班（紀元前五〇七～？）の本名は公輸盤《こうしゅはん》であるという説もある。本書の〝墨子〟の項で、雲梯《うんてい》という城攻めの武器を作った人物として紹介したが、それ以外にも多くの優れた機械を発明している。

魯班は、子供時代は勉強などまったく興味を持たなかったという。なにがきっかけになったのか、十五歳のときに突然、孔子の弟子の子夏[*一]について儒学の勉強を始めた。めきめき頭角を現して、わずか数か月で学問の真髄を習得したという。その後、戦乱の世の中に嫌気がさして、泰山の南にある小和山で暮らした。そこで鮑老董《ほうろうとう》という人物に出会い、彼から各種の技術を学んだとされている。

魯班が手掛けたものは彫刻、建築、船、車、農具など多くの種類がある。有名なものとしては木製の鳶がある。完成した鳥を飛ばしてみたら、まるで生き物のように大空を飛び回り、三日目にしてようやく帰ってきたという。また、自分の母親のために、木製の自動

車も作ったといわれている。まさに中国のダ・ヴィンチの名前に恥じない才能の持ち主だったのだ。しかもダ・ヴィンチよりも二千年も前の人物なのである。

魯班の名前が不朽のものとなったのは、彼が鋸《のこぎり》や鉋《かんな》、墨壷などの木工道具を発明し、さらに木工の基本となる物差し＝曲尺《かねじゃく》（魯尺ともいう）を作った人物とされ、その使用法を後世の人々に伝えたことである。

現在でも職人の守護神として、魯班は手厚く祀られている。

☯竈神《そうしん》の愛馬を食った魯班の唐獅子

北京には魯班にまつわるエピソードがたくさんある。いずれも魯班の建築家、彫刻家としての人並みはずれた能力を讃えたものである。あるとき、崇文区の花市大街（現在の北京駅の南）に竈君廟（かまどの神の廟）が建てられた。このあたりは貧しい人が多く、住民の大部分が造花作りなどの手仕事で生計を立てていた。廟ができたので住民たちは〝かまどの神さまがこの土地をお守りくださる〟と、熱心に線香をあげたり供物を捧げた。ところが暮らし振りはいっこうに楽にならない。むしろ貧乏人たちはますます貧しくなり、一部の金持ちばかりが豊かになっていった。住民たちはかまどの神さまの霊験を疑りはじめた。そんなとき、白い鬚を生やした鋳掛け屋の爺さんが廟の周りをうろつくようになった。

「爺さん、なにをしているんだね」

「いや、この廟の前に一対の鉄の唐獅子があったらいいと思ってね」

人々はその話を聞いて大笑いした。

「誰がそんな大金を出せるんだ。この廟が建ってからというもの、線香やお供物代、お灯明だって安くはないんだ。一生懸命お仕えしているのに

▲魯班は建築家たちの守護神として信仰を受けた

御利益なんてこれっぽっちもない。むしろますます貧乏になってるんだ。唐獅子の金なんて出せっこないさ」

その翌日、竈君廟の前に一対の唐獅子が立っていたので人々は不思議がった。ところがそれから三日目の晩、街に獅子の咆哮が聞こえた。その翌朝、かまどの神さま像の傍らにあった愛馬像が消え、廟の前庭に馬の骨が積み上げられていた。人々は噂した。

「白鬚の爺さんは魯班さまだったのさ。かまどの神さまが怠け者なので、魯班さまが唐獅子を作って馬を食わせちまったんだ。かまどの神さまは驚いて逃げだしたっていうぜ。もう廟には神さまはいないんだ」

それからは誰も廟に参拝する者はいなくなった。役立たずの神さまは、迷惑なだけの存在だ。お参りをして、供物を捧げなければどんな災いがあるかわからない。ところがそんなダメ神さまを追っ払ってくれる優しい神さまもいるのである。まさに〝捨てる神あれば拾う神あり〟なのだ。

魯班を祀る廟としては、天津市薊県の魯班廟、香港の魯班古廟などが知られている。

＊一　**子夏**《しか》　紀元前五〇七～紀元前四二〇頃？　孔子の弟子で十哲のひとりとされる。とりわけ文学に才能を発揮し、孔子の死後は河北省で教え、後に魏の文侯に仕えた。彼の学派の特徴は礼教主義で、形式を尊んだ。

劉猛将軍 りゅうもうしょうぐん liumengjiangjun

信仰目的 駆蝗神

大地を覆いつくすいなごを駆逐する神

駆蝗神《くこうしん》とは、文字どおり蝗《いなご》を退治する神さまである。なぜいなごを退治するのに神さまが必要なのかという、疑問もあることと思う。それはパール・バックの名作『大地』を一読すれば了解いただけるはずだ。現代はともかく、昔の中国ではいなごの害はたいへんなものだったのだ。数十四、数百匹などという規模ではなく、それこそ見渡す限りの広大な大地をうめつくすほどの大群で襲ってくるのだ。しかも猛烈な食欲である。彼らの通った後には雑草一本残っていないほど食って食って、食い尽くすのだ。

農民たちはこの害虫に立ち向かう。青空に黒い雲のようなものが見えると、数分のうちに連中は雨のように降ってくる。農民は棒や鍬を手に叩き、踏み潰し、野原に火をつけて焼く。数時間戦い、くたくたになって畑を見れば、そこには緑色をしたものはすべて消えているのである。宋代に実際にあった話だが、いなごの大群が襲ってきたために、町の城門が埋まってしまい通れなくなった。そこで大砲を撃って城壁に穴を開けたが、飛来するいなごのために、すぐに詰まってしまったというほどだ。

いなごが通り過ぎた後に、農民を待っているのは飢え死にである。それほどにいなごは恐ろしい存在なのである。いなごを駆逐する神さまがどれほど望まれたか、理解できようというものである。

さて劉猛将軍だが、これには諸説あって劉という姓の実在の人物六名がその人であるとされている。もっとも知られているのは南宋の高宗[*一]の時に武将となった、甘粛省出身の劉《りゅう》錡《き》である。彼は北から侵入してきた金軍を破った猛将である。河北、山東地方では彼にお祈りをすると、いなごの害から免れたという。

また、劉錡の弟の劉鋭《りゅうえい》とする説もある。彼は一二三七年に金軍の攻撃を受けて勝てないと知ると、家人すべてに毒薬を飲ませて自殺させ、その死骸を火葬にしてから後、みずからの首をはねて死んでいった武将である。

そのほかに劉猛将軍に擬せられた人々も、すべて自殺とか殺されるとか、通常の死に方をしていない。非業の死を遂げた人物ならば、その霊力が一般の人よりも数倍強いという理由から、彼らが駆蝗神とされたのだろう。

戦争は大量殺戮

農民たちにとって、自然の災害にも増して恐ろしいものに戦争があった。干ばつや洪水、蝗害から田畑を守れても、人間の起こした戦争という悲劇を避けることはできない。戦争が始まると重税が課せられるので、小規模の自作農民は、みずから奴隷となって飢えをしのぐ人々も少なくなかった。さらには働き手が兵卒として徴用されることもある。運良くこれらを免れたとしても、自分たちの住む村や町が戦場となれば、事態は想像を絶するすさまじさとなる。

三国時代の例を見よう。軍閥のひとり、董卓（?～一九二）が一九〇年に洛陽を占領した際、洛陽を中心とした半径十キロの地域の家屋は完全に破壊されたという。また一九二年董卓の死後、戦闘で長安城が焼け、住民十万戸はほぼ壊滅。長安（西安）の町に生き残った人間はいなかった。戦争後の軍人の盗賊化、飢饉もすさまじく、敗れた袁紹（?～二〇二）軍は農村に逃れて人々を食い、食い尽くすと隣の村にいって同様の行為を繰り返した。

都市を壊滅し尽くすほどの破壊と殺戮、さらに食人の恐怖にも人々はさらされたのだ。

＊一　高宗《こうそう》　一一〇七～一一八七　南宋初代の皇帝。一一二六年、兵馬大元帥として金軍の侵入を防いだが、翌年に首都の開封《かいふう》が占領され、徽宗・欽宗らが捕虜になってしまったため、南京で帝位についた。後に金軍が侵入した際、岳飛《がくひ》（中国史上、もっとも勇猛とされた武将）らの活躍で優勢になったが、和平論者・秦桧《しんかい》（中国最悪の売国奴といわれる）の停戦案を支持して岳飛を殺し、屈辱的な和議を受け入れた。

城隍神／土地爺／后土神

じょうこうしん／とちや／こうどしん

chenghuangshen/tudiye/houtushen

別名 （土地爺）＝土地公《とちこう》　福徳正神《ふくとくせいしん》

信仰目的 地域の守護神

管轄地域によって名称が変わる土地神

城隍神／土地爺／后土神といった神さまは、天界では重要な地位にはないものの、人々の暮らしに結びついた身近な存在として信仰されている。彼らは土地の守護神である。日本では「うぶすなさま」と呼ばれている。

中国の市区制は府、州、県という格づけをしている。「城」という中国語が都市、町を意味するように、都市というのは城壁に囲まれた内部のみを示している。したがって都市を守護する神を城隍神と呼ぶのである。「隍《こう》」とは城壁に沿って掘られた「からぼり」のことだ。城外の村落や郊外を管轄するのは土地爺であり、后土神とはもっと狭い地域、つまり墓所の守護神である。

いってみれば、これらの神々は県知事、市長、村長といった官僚機構を担うのであるが、庶民にとってみればその権力ははるかに大きい。知事、市長といった職務は地上で生活する人々のみを対象として管理するが、城隍神、土地爺は地上世界だけではなく、天上、地下世界の霊界までふくめて管理するわけだからだ。

☯昇進、左遷もある土地神の官僚機構

土地神に対する信仰が起こったのは一世紀頃からといわれている。二三九年に呉の初代皇帝・孫権*1が安徽省の蕪湖《ぶこ》に廟を建立したのが最古の記録である。その後、戦争や災害、疫病などが起こるたびに各地で土地神が祀られるようになったのである。明の太祖（一三二八～一三九八）は都の城隍神を筆頭に府、州、県の順で、公式に土地神のランクづけを行った。

土地神に任命されるのは、その土地にゆかりのある人物である。彼らは生前に何らかの功績を作り、死後に土地神に命じられるのだ。したがって、それぞれの地域で土地神の実体は異なっている。しかも地上の地方長官同様、昇進や転任、左遷まであるのだ。それらを差配するのは玉皇上帝か、その配下の関帝であるとされている。生前に昇進の道を閉ざされても、死後に官僚になれる可能性もあるわけだ。

☯城隍神の試験に合格した男

明代のことだが、科挙の予備試験に合格した宋という男がいた。彼は本試験の前に病気になってしまい、ベッドで寝ていた。すると額の白い馬を引いた役人がやってきて、試験

を受けてくださいという。

「まだ試験の期日ではないし、試験官もいない。間違いではありませんか」

とたずねるが、官吏は彼を促すばかりである。しかたなく起きあがり、馬に乗せられた。途中の道筋はまったく覚えのないものだった。

まもなく壮麗な宮殿に着き、高級官僚が十数人も居並ぶ部屋に案内されて試験が始まった。宋は官僚たちの顔にまったく見覚えがない。ただし関帝の顔だけは見分けられた。試験問題には〝一人二人、有心無心〟とある。宋は次のように解答を書いた。

「下心を持って行った善行は、どんな善いことでも褒める対象ではなく、なにも知らずに犯した悪行はどんなに悪くても罰してはならない」

宋の答案を見た試験官は、口々に褒めたたえた。そして宋を呼んでこういう。

「河南省に城隍神の欠員がある。おまえに行ってもらいたいのだが」

その言葉を聞いて、宋はこの試験が天界のものであり、自分が死んだことを知った。そして、ひれ伏して泣きながら申し上げた。

「たいへんありがたいお言葉ですが、わたしには七十歳になる母親がおり、わたし以外に面倒をみる者がおりません。どうか母が寿命をまっとうするまで、猶予をいただけませんでしょうか」

神のひとりが部下に帳簿を調べさせると、宋の母親の寿命はあと九年残っている。どうしたものかと神々が相談していると、関帝が結論を下した。

「かまわないでしょう。とりあえず代理を立てて、九年後に交替させればいいのですから」

関帝は宋に向かっていった。

「本来ならば直ちに赴任させるところだが、おまえの親思いの心に免じて九年間の猶予をつかわす。ただし、期日になったら呼び寄せるぞ」

宮殿から退出した宋はもとの道を通って帰途についた。自宅に帰り着いたと思った途端に夢から覚めたのである。家人は三日間も死んでいたのが蘇ったと宋に説明した。

それから九年後、宋の母が寿命をまっとうした。宋は葬式を済ませると、義父の家に大勢の家来を従えて挨拶に伺い、いずこともなく出かけていってしまったという。（『聊斎志異』より）

后土神は女性の神さま

さて、后土神は土地神の中では唯一の女性である。それは死者の世界である后土が、天と対照的な場所として考えられたことに由来している。天を陽、地を陰とする陰陽説から考えると、陰である墓の神さまは、男性（陽）であるよりも女性（陰）の方がふさわしいのだ。

南宋の儒者で、日本の武士道にも影響を与えた朱子（一一三〇～一二〇〇）は、后土神を祀る方法を定めている。清明など墓参りの予定日には、あらかじめ墓掃除を行うのであるが、そのときにまず后土神を拝む。墓参りの当日に祖先を拝んだ後、再度后土神を祀るという順番である。十八世紀後半からは、墓を作る際に傍らに后土神[*二]のシンボルを立てるという習慣が起こった。

＊一　孫権《そんけん》　一八二～二五二　孫権は家柄の低い武士の出身で、父・孫堅《そんけん》は黄巾の乱に従軍、勢力を固め、その死後は兄の孫策が活躍して呉侯となった。兄が死ぬと、孫権は領土を広げ、富国政策をとった。劉備と共同作戦をとった赤壁の戦いで曹操を破ると、二二二年に武昌で呉王の位につき、その後皇帝と称した。

＊二　后土神《こうどしん》のシンボル　墓の手前の左右どちらかに立てられる石柱である。高さ六十～七十センチほどで「后土」「山霊」「龍神」などの文字が刻まれている。

「殺気」封じの獅《し》子《し》咬《こう》剣《けん》

人間に害を与える存在は悪鬼や悪霊などが有名な存在だが、中国ではさらに「殺気」という存在がある。これは人間を不幸にしたり、病気にして最悪の場合は死に至らしめるという邪悪な「気」（エネルギー）といえるだろう。殺気を発すると考えられるものは各種ある。例えば一キロ以上の直線道路、高い木や柱、大きい家、屋根の棟などである。殺気はそうした場所に集まり、その延長線上にあるものに害を及ぼすのである。

直線道路の出す殺気は「路箭《ろせん》」と呼ばれる。こうした道路の突き当たりにある家は、路箭を直接に受ける。したがってこれを防御するために「石敢当《いしがんとう》」、「泰山石敢当」というものを立てる。石敢当というのは古代の英雄の名前であるとか、十世紀の武将であるという説がある。これはかつては石柱であったが、今日では簡単な板、あるいは鏡製のものに変わっている。たいていは八卦図が描かれ、その下に剣をくわえた獅子「獅子咬剣」といわれるものが描かれる。

八卦はそれ自身が悪霊を斥けたり、魔除けとしての効果が顕著なものとして扱われている。ちなみに沖縄のシーサーという獅子像もこうした流れを引くものである。

竈神 そうしん zaoshen

信仰目的 家族の守り神

日常生活を厳しくチェックする神さま

竈神、つまり「かまどの神さま」である。かまどに陣取った神は、家族の行動の一切を監視して、それを天の神に報告するという任務を持っているとされている。誰かの悪口をいったり、仕事を怠けたり、誠実でなかったりといった言動を竈神が逐一チェックして、報告書を作る。それを見た天の神がその家の人々に対して死後、あるいは現世で罪を科すのである。もちろん善行も報告する。よい報告が届くと、その家には幸運が訪れる。人々の行動をかなり細かくチェックするわけだから、庶民にはもっとも身近な神なのである。

三世紀頃からこうした竈神の性格が出来上がったとされている。それ以前はもっと直接に火と関連づけて考えられていた。おそらく原始時代に火を神聖視する信仰に端を発したものと思われる。したがってこの神のルーツは火をつかさどる、三皇のひとり祝融*とされる。別説では、竈を発明したとされる黄帝が初代の竈神だったともいわれている。かまどは料理を作る大事な場所である。かつて挨拶代わりに使われていた言葉「吃飯了嗎（ごは

ん食べました?)」でもわかるように、中国人とその食文化は切り離せない。彼らにとっては、家庭の幸福は満ち足りた食事にあり、かまどにかけられたやかんに湯がたぎっていることが、順調な暮らし振りのシンボルなのである。

かまどの神さまを大切にすることが家族の健康、長生、繁栄といった事柄を掌握し、左右するわけだから、それを扱う側も大変である。かまどのある場所はキッチンである。つまりは主婦の仕事場だから、主婦と竈神のつながりは少なくない。神に無礼な行動をとったり、キッチンを不潔にしてはいけないなど、実に多くのタブーがあったそうだ。

後世になると竈神はキッチンから居間に移動している。居間の神棚に祀られた竈神の絵姿は、今も台湾の家庭ではごく一般的に見られるものである。

さて、家々に飾られた絵姿は一年に一回、厳粛にお祈りした後で、供物とともに焼かれる。つまり竈神が天界に報告に出かけるのである。〝送竈《そうそう》〟と呼ばれる儀式で、(旧)十二月二十三日か二十四日に行われる。昔は毎月末に行われたというから、かまどの神さまも厄介になったのかも知れない。送り出す家族もたいへんである。子豚の丸焼きとか、羊のあぶり肉などのたくさんの供物を用意して、家中、とりわけ台所は入念に掃除をするのだ。手加減して報告してもらえるように、絵姿の神さまの口に飴を塗ったという。飴は特殊なものではないが、年末が近づくと〝竈飴〟と名づけられた飴が売り出される。また、竈神の乗り物である馬のために、まぐさや水も供えられる。

☯黄色い衣服をまとった神

竈神は庶民的な神さまなのでエピソードも多い。そのなかでもっとも恩恵を受けた男の話を紹介しよう。前漢の宣帝（紀元前九一〜紀元前四九）の時代に、河南省に陰子方《いんしほう》という男がいた。たいへんな親孝行で、人々にも親切なことでも評判だった。彼は竈神を祀ることもよく行い、毎年けっして怠ることはなかった。ある年の竈神を祀る日のことである。台所をきれいに掃除してから朝食の準備にとりかかったとき、突然、かまどの中から神が姿を現した。黄色い衣服[*二]をまとい、髪はザンバラだった。神の出現に喜んだ陰子方は丁寧に拝み、家で飼っていた黄色い羊をいけにえとして捧げた。

それ以来、陰子方の家の隆盛ぶりはすさまじかった。またたく間に財産を蓄え、使用人の数は郡の長官に匹敵するほどになったという。幸運は三代にわたって続いた。彼の一族からは

▲古代の台所は各家の住居部分から離れて作られ、主婦たちの管理する場所である

侯爵になった者が四人、郡の長官が十数人も輩出したという。子孫たちは毎年大みそかになると竈神を祭り、黄色い羊を供物とすることを習慣としたという。この故事から、清の朝廷でも竈神を祀るときには、必ず黄色い羊を供えた。(『捜神記』より)

一説では、竈神は禅子郭《ぜんしかく》という名前であり、かまどから出現する神を見た者は、「禅子郭さま」と唱えると凶事から免れるとされる。

清代では竈神は男女二人の神さまとされ、男神は竈君《そうくん》、または竈王爺《そうおうや》、女神を竈奶々《そうナイナイ》と呼んでいる。男神は善缶、女神は悪缶というものをもっていて、家族の行為を善悪の缶に分けて年末まで保存するという。いわば分別ゴミのようなシステムではあるが、こうした発想の源には〝浄明道〟の作った功過格があることはいうまでもない。

＊一　祝融《しゅくゆう》　黄帝を補佐する火の神、夏の神とされた。人面獣身で、二頭の龍に乗っているとされる神。(旧)六月二十三日が祝融の誕生日とされ、その日に火神を祀る習俗がある。

＊二　黄色　五行説では天上界の中央に位置する〝土〟を表す色である。つまりは神の色とされている。ちなみに東の〝木〟は青色、南の〝火〟は赤色、西の〝金〟は白色、北の〝水〟は黒色とされている。このほか、紫色が皇帝の色とされ、尊重されている。

紫姑神 しこしん zigushen

信仰目的 トイレの神さま

本妻のジェラシーで虐殺された愛人

紫姑神の前世は七世紀後半に山東省に生まれた何媚《かび》という女性だ。子供の頃から読書好きで、しかもたいへんに賢い子だったという。成長するにしたがい生まれつきの美しさに磨きがかけられて、彼女は周囲でも評判の美貌の持ち主となった。六八六年のこと、彼女は山西省寿陽県の李景《りけい》という県知事に見初められて、その第二夫人となった。

美貌に加えて文学の教養も充分に持った彼女に、県知事はぞっこんだった。昼も夜も行動を共にして、片時も離さなかった。これを怒ったのが本妻の曹夫人である。李景は彼女のことなど、まったく見向きもしなくなったのである。(旧)一月十五日のこと、李景が外出した隙を見計らって、曹夫人は何媚が*トイレに入ったところを追い掛けて、ひそかに殺害してしまった。

何媚はトイレで殺されたので、誰も葬ってくれる者もない。魂はトイレから去らずに居続け、夜ごとに泣いた。時には姿を見せることもあった。そして、しばしば霊異を現すようになったのだ。将来に起こる出来事を予言したり、悩み事に回答を与えたのである。こうしたことがきっかけとなって、曹夫人の犯行は明るみに出た。事件の全貌を知ると人々は何媚を哀れみ、トイレの神として祈るようになったといわれている。

☯ごみとりで神の予言を聞く

紫姑神の絵姿をトイレに飾って祈ると、その人に対してさまざまな予言をしたという。その後、彼女の死んだ一月十五日が祭日とされ、当日にはほうきを紫姑神の身体に見立てて帽子や上衣を着せ、花かんざしや花の枝で飾った物をトイレのくみとり口に立て掛ける習慣が起こった。ほうきの代わりにごみとりが使われることもあった。

次のような祭りの方法があった。祭壇の上に米をたくさん撒き、十歳未満の女子ふたりを祭主として前日に作った神さまをお迎えする。この神さまはごみとりで作り、銀のかんざしをつけたものである。祭壇に向かって蝋燭を灯し、香をたいてお祈りする。女の子たちはその間、神さまの身体を祭壇に押さえつけておく。次に人々がこういう。

「ご主人も留守です。曹夫人もいません」

すると、女の子が押さえているはずのごみとりが勝手に動き出し、祭壇上の米に銀かんざしが文字や模様を描くのである。人々はそれを見て、神託とするのである。

これは日本では「こっくりさん」と呼ばれるが、中国では扶乩《フーチー》という。現在では柳か桃

▶紫姑神は多くの人々に霊験をもたらした

▼中国の典型的なトイレは屋外にある

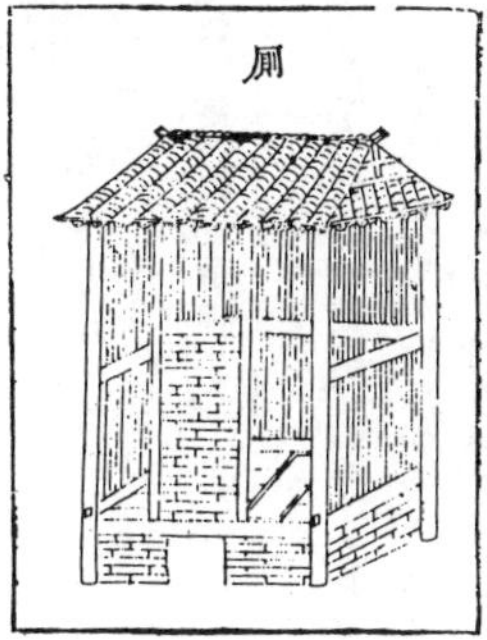

の木を使用することが多い。

＊一　中国ではトイレ＝厠所は原則として住居内にはなく、独立した建物である。また二階建てとして、一階で豚を飼う習慣があったことから、豚小屋に紫姑神の絵姿を飾ることもある。

門神　もんしん

menshen

信仰目的 屋敷、建物の守護神

悪霊、悪鬼の侵入を防ぐ霊界のガードマン

中国には夜になると、悪事を行う死者の魂（悪鬼）が家にやってきて、人々を脅かすというい伝えがある。そこで、門の傍らに立ち、彼らの侵入を防ごうというのが門神の役目である。これには次のような伝説がある。

昔、東海に度朔山《どさくさん》という山があった。そこには広大な敷地があり、敷地全体を覆うような大きな桃の木が生えている。東北の方角に向かう枝はお互いに絡み合って、門のような形をしている。ここから多くの鬼が出入りすることから、「鬼門《きもん》」と名づけられていた。この門はふたりの神さまが見張っているので、邪心を持った鬼たちは侵入できない。悪鬼が侵入しようとすると捕らえられ、葦で作った縄で縛られて、飼っている虎の餌食にしてしまうのである。度朔山の平和はこうして保たれた。ふたりの神の名前は神荼《しんじょ》と鬱塁《うつりつ》という。

この話を知った黄帝は、人々に次のように教えたという。家の門口に桃の大木を植え

て、門扉に二神の姿と虎の絵を描く。さらに、葦で作った縄をかけることで、悪鬼の家への侵入を防ぐことができるというのである。

☯太宗を徹夜で護衛したふたりの武将

『西遊記』に次の話が紹介されている。唐の太宗の時代（在位六二六～六四九）に長安の町によく当たることで評判の易者がいた。名前を袁守誠《えんしゅせい》という。ある漁師は彼に良い釣り場を占ってもらい、毎日たくさんの魚を釣り上げていた。その話を聞いて怒ったのが涇《けい》河《が》に住む龍王である。部下である魚をそんなに釣られたら、河には魚がいなくなってしまう。龍王は懲らしめてやろうと人間の姿で易者を訪問して、試しに雨の降る日にちを質問した。袁守誠は占った後、こう述べた。

「明日、辰の刻に雲が広がり、巳の刻に雷が鳴りだす。丑の刻になると雨が降りだし、未の刻に止む」

雨量までを正確に語った。龍王は大声で笑った。そんな馬鹿なことはない。雨を降らせるのは龍王たる自分の仕事だ。玉帝からはまだなにも命令がないというのに、人間などにわかってたまるものかと思った。そこで龍王は易者と賭けをした。もし易者のいう通りだったら龍王が大金を払い、間違ったら易者が払うというものだ。どうせ易者の負けに決まっている。易者に大金が払えるはずがない、家をめちゃくちゃに壊してやろうというのが龍王の腹積もりなのだ。

機嫌良く水中の宮殿に帰ってきた龍王に、玉帝の命令が届けられた。内容を見た龍王は腰を抜かすほどに驚いた。易者の予言とぴったり同じなのだ。易者がただ者ではないことはわかったものの、むざむざ大金を払いたくない。しかし、玉帝の命令に背けば処刑される。龍王は頭を抱えてしまった。そこに部下が提案した。

「龍王さま、雨の降る時間と量を変えてやればいいじゃないですか。少しだったら玉帝さまも気がつきませんよ」

龍王は喜んで、この提案を実行に移した。その後、易者の家に行って、賭けに勝ったとばかりに家をめちゃめちゃに破壊した。ところが易者は平然としている。龍王は彼にいった。

「どうした。雨の降る時間も量もぜんぜん違っていたぞ。妄言をふりまいた以上、この町から出ていけ。命ばかりは助けてやる」

袁守誠は笑っていい返した。

「わしは死罪にならない。処罰されるのはおまえの方だ。おまえが人間ではなく、龍王だというのはとっくに見抜いているぞ。玉帝の命令に背いたからには死罪は免れまい」

龍王はそれを聞いて真っ青になった。そして、袁守誠の前にひざまずいて命乞いをした。袁守誠は死罪を免れる唯一の方法を教えた。易によれば、龍王は人間界の役人に首を切り落とされることになっていた。だから、役人のもっとも上司に当たる皇帝に命乞いをすれ

ば、処刑を免れるというのである。龍王はさっそく太宗の夢の中に現れて、助命を嘆願した。
さて、太宗は龍王の願いを聞いたものの、手違いから龍王は処刑されてしまった。すると龍王は邪鬼になって、約束を違えた太宗を苦しめたのである。

太宗が、夜ごとに邪鬼に悩まされていることを知ると、朝廷を代表する勇猛な武将ふたりが護衛を申し出た。秦叔宝《しんしゅくほう》と尉遅敬徳《うっちけいとく》である。日が暮れると、ふたりは鎧兜に身を固め、金瓜《きんか》（兵杖と呼ばれる武器）と鉞斧《えつふ》（まさかりとおの）を手に宮殿の門外で夜通しの守備についた。そのために邪鬼は侵入できず、ようやく太宗は安眠できたのである。二晩、三晩と徹夜の警戒が続くと、さすがの猛将たちにも疲労の色が濃く現れる。そこで太宗は一計を案じた。ふたりの武将にそっくりの絵姿を描かせて、門扉に貼ったのである。この計画は見事に成功し、邪鬼は宮殿に近寄れなくなったのだ。

☯ 変貌する門神の姿

家屋に侵入しようとする邪鬼を防ごうというのが門神の目的であるが、この姿は時代とともに大きく変化している。唐末には桃の木で作った人形を門の両側に配置し、門扉には虎の絵姿を描く習慣があったという。桃は神聖な樹木であり、辟邪（邪悪なものを退ける）の効果があるとされる。宋代には桃の板の上部に神像と唐獅子、白沢《はくたく》などの吉祥獣を描き、下部には右に鬱塁、左に神茶を描いた〝桃符〟が門扉に掲げられた。清末以降は、

▲想像上の神獣白沢。人語を話し、有徳な皇帝の治世に現れるとされる

▶神荼と鬱塁は古典的な門神として知られる

年末に見られる〝門神売り〟の行商人の姿は風物詩となっていた。解放（一九四九）後、多くの神々が迷信だと捨てられたが、門神ばかりは捨てるわけにはいかなかった。したがって、現在も地方へ行けばいたるところで門神を見ることができる。そのデザインもさまざまで、若い女性像や可愛らしい子供、文革後は解放軍兵士の姿をした門神もあったという。

さて、門神を飾るのは大晦日から新年の行事である。これは現在の日本でも行われている〝節分〟と近い関係がある。節分は立春の前日、現在の太陽暦では二月三日か四日だが、旧暦[*]（太陰太陽暦）では正月前後に来ることから、かつては大晦日や正月の行事の一環として行われたのだ。

〝節分〟の本来の目的は悪霊邪鬼を防ぐ

呪術行為である。『周礼』[*二]によれば、〝豆まき〟の古代の形は、方相氏《ほうそうし》（宮廷の祭祀官）が熊の皮をかぶって黄金四目の仮面をつけ、朱の衣を着て、矛と楯を携えて姿の見えない疫鬼を宮廷の各部屋から追い出すものだった。日本では七〇六年、文武天皇が初めて皇居で行っている。方相氏の後から大勢の舎人が従うという形式だったが、方相氏が恐ろしい形相をしていることから、やがて舎人が方相氏を鬼に見立てて追うという形に変わった。いずれも悪霊邪鬼を家から追い出し、家に侵入させないという、まったく同じ目的を持った行事と考えて差し支えないだろう。形式が違っているだけなのである。

＊一　**太陰太陽暦《たいいんたいようれき》**　現在の日本では旧暦と呼ばれ、中国では農暦という。現在われわれが使用している暦である太陽暦は、春夏秋冬の季節を一周期とした一太陽年を基に作られている。太陰暦は月の満ち欠けの周期一か月を基本に作られるのだが、これでは長い間に誤差が生じてしまう。一太陽年は太陰月では十二か月プラス十一日となり、季節が毎年すこしずつずれてしまい、農耕社会では種まき、刈り取りなどに重大な影響を及ぼすことになる。そこで考えられたのが、両方を折衷した太陰太陽暦である。月の満ち欠けの周期を一か月としながら、太陽年との調整のために十九年間に七回の閏月を設けるのである。この太陰太陽暦は、中国では殷の時代から使用されていたという。

＊二　**『周礼《しゅらい》』**　周公（紀元前一〇〇〇年頃　周の文王の子）の著作とされる。周代の官制を記したもので、『儀礼《ぎらい》』『礼記《らいき》』とともに〝三礼〟のひとつとされる儒教経典。

蚕女 さんじょ

cannu

信仰目的 蚕の神

馬に嫁入りした娘

中国神話上の五帝のひとりで、黄帝の曾孫にあたる高辛氏の時代のこと、四川地方に夫婦と娘の三人家族がいた。あるとき、父親が強盗に誘拐されてしまった。父親思いの娘は心配のあまり、食事も喉を通らないありさまだ。母親は、夫を無事に救い出してくれた者に娘を嫁に差し上げると、人々に公言した。家には父親のかわいがっていた馬がいたが、その話を聞くとたづなを切ってどこかへ駆けて行った。数日して馬は父親を乗せて帰ってきたのである。それからというもの、馬はかいばも食べず、娘を見るといななき暴れるようになった。不審に思った父親は母親に事情を聞いた。

「いくら娘を嫁にやるといっても、人間相手の話だ。確かにわしの難儀を救ってくれた功績は大きいが、馬を相手に約束を実行するわけにはいくまい」

そういって、馬に上等のかいばを与えたが、馬は見向きもしない。しかも娘を見るとますます暴れるようになった。仕方なしに父親は馬を殺し、その皮を庭に干しておいた。あ

る日のこと、娘が庭を通ると突然、馬の皮が襲いかかり、娘を巻き込んだままどこかに飛び去ってしまった。

十日後に桑の木に引っ掛かった馬皮が発見された。娘は蚕の姿となって桑の葉を食べ、繭を作っていた。数日後に蚕神となった娘が父親の元を訪れた。例の馬にまたがり数千人の侍女を従えて、雲に乗って現れたのである。

「天帝はわたしが義を忘れなかったことをお褒めになり、天上界の仙嬪(仙女たちの長官)にしてくださいました。どうか、わたしのことは心配なさらないで」

娘は両親にそういって天上に帰っていったのである。それ以来、この娘は養蚕農家の守護神となった。四川省漢州にある彼女の墓には、現在も各地から大勢の人々が墓参りにやってくる。不思議なことに墓参りした年は蚕の出来が良くなるといわれている。(『原化記』[*一]より)

四川省の道観の多くは彼女を祀った像を置いてあるが、それは馬頭娘々《ばとう》といわれる馬の頭部像で、馬皮をまとっている。馬の頭部と蚕の頭部が似ていることが、馬と蚕を結びつけた一因である。

この伝説は、いわば養蚕起源を物語るものである。父親のために動物の嫁になった娘が、その死後、親孝行のあかしとして人々に養蚕をもたらしたのだ。四川省は現在も中国の代表的な絹織物の産地として知られている。養蚕農家にとっては大事な神さまなのである。日本の東北地方に残る「おしらさま」伝説は、この蚕女の話とほぼ同じである。おそらくは中国起源の伝説なのだろう。

＊一　『原化記《げんかき》』　唐代に書かれた小説集である。筆者は皇甫《こうほ》氏とされるが、姓だけで、その素性はまったく伝わっていない。

時遷　じせん

shiqian

信仰目的 泥棒の守護神

泥棒の神さまは『水滸伝』の英雄

さほどメジャーな神さまではないが、杭州には時遷《じせん》廟というものがあったそうだ。この廟はコソ泥や空き巣狙いたちの守護神として、ひそかに信仰を集めていた。祭神である時遷は『水滸伝』に登場する泥棒の名人として知られている。彼のエピソードを紹介しよう。時遷は山東省の出身で、あだ名を鼓上蚤[*一]といわれていた。宋江[*二]が高太尉率いる朝廷軍と戦闘状態にあるとき、高太尉の元に呼延灼《こえんしゃく》という武将が兵馬指揮使として赴任した。彼は連環鉄鎧《れんかんてつがい》という鎖で出来た鎧を装備した三千の騎兵隊を組織した。この鎧は当時の最新式の装備で、剣で突こうにも隙間がないという優れた品物だった。しかもその鎧を馬にも着せたのである。

これほどの重装備では、勇猛果敢な梁山泊の軍隊も手の出しようがない。宋江は武器製造の任務にあたる元鍛冶屋の湯隆《とうりゅう》に意見を求めた。

湯隆はこれらの軍勢を撃ち破る方法があるという。そのために必要なものは鉤鎌鎗《こうれんそう》とい

う先端を鎌のように曲げた長槍であり、それを十分に使いこなすためには、湯隆のいとこの徐寧《じょねい》という武芸者の指導を受ける必要があるという。宋江はさっそく方法を講じた。鈎鎌鎗は湯隆の監督で作らせれば良いが、問題は徐寧をどうやって宋江側の味方につけるかだ。湯隆は方法があるという。徐寧が家宝にしている鎧を盗み出して、おびき寄せるというものだった。それは四代前の先祖から引き継いだ薄い金の鎖鎧で、身につければ軽くて着心地が良く、刀も矢も通さないという逸品である。これを盗み出す役目は時遷が引き受けた。

さて、時遷は徐寧の住む町に着く

と、さっそく行動を開始した。まず徐寧の家の間取りを調べ、家人からそれとなく徐寧の行動予定を聞き出した。夜中に忍び込むと、家宝は寝室の梁に縛り付けてあった。屋根裏でようすを窺うと徐寧は明朝早く出仕するという。夜中に盗むのは簡単だが、早朝に紛失に気付かれれば、町の城門を閉められてしまう可能性がある。時遷は屋根裏でじっと時を待った。早朝まだ暗いうちに徐寧が出掛けた後、女中たちが寝室に入って眠った。時遷は葦の管を取り出して口に当て、息を吹いて明かりを消し、寝室の梁によじ登ると鎧を外した。そのとき女中たちが物音に目が覚める。時遷は鼠の鳴き声をまねて安心させて、まんまと盗み出すことに成功したのである。

浙江省の省都・杭州には時遷廟が清末まであった。もっともここにお参りする人のすべてが泥棒ではない。財神として広範な人々の信仰を受けていたのだ。

盗賊の神が人々を繁栄させる

北京の郊外に清末まであった五顕財神廟《ごけんざいしん》は正月二日だけ開廟したという。この廟は明代に建立されたそうだが、ここの祭神は五人組の〝緑林の君子〟つまりは山賊である。彼らの素性はよくわからないが、山賊の首領とされるのは曹将軍といわれ、明代に甘粛省の嘉[*三]峪関の副隊長だったという。軍人が盗賊を兼ねるのは中国では別に珍しくもない。彼ら五人は皆、体力に優れ、「飛簷走壁《ひえんそうへき》（屋根から屋根に飛び移り、壁を走る）」術をマスターしていた。また義侠心に厚く、強欲な金持ちの蔵を破っては貧者に施すことも忘れなかった。つまりは義賊である。

この廟に参拝するには特殊なシステムがあった。信者はまず、正面から入って線香をあげ、次に裏庭にある蔵を訪れる。そして金銀一対の紙元宝《しげんぽう》（紙製の小判）を借り受ける。信者はこれを自宅に持ちかえって神棚に祀るのである。この紙元宝は人々に繁栄をもたらすとされている。見事に霊験が現れて、商売が成功したり、就職がうまくいった場合は再びこの廟を訪れて、数倍の紙元宝を奉納するのである。

ここでも盗賊の神はいつの間にか、財神へと変貌したのである。

＊一 **鼓上蚤**《こじょうそう》 直訳すれば太鼓の上の蚤だが、「鼓下」という言葉は軍中では処刑所を意味していた。したがって、死と隣り合わせの場所にいながら、けっして発見されることがないという意味だと思われる。

＊二 **宋江**《そうこう》 史実では北宋末期、山東省一帯に起こった反乱の指導者。出身は明らかではないが、一一二〇年の冬、河南省の黄河付近で三十六人の有力な指導者たちを組織して反乱を起こした。一一二二年、朝廷軍に投降した。『水滸伝』は後世に脚色されたもの。

＊三 **嘉峪関**《かよくかん》 甘粛省・河西回廊の西部にある。古くから軍事上の要塞であり、シルクロードの一方の端であった。明代には万里の長城の最西端といわれる関城が作られた。ゴビの砂漠の中に建てられたこの城は総面積三万三千五百平方メートルで、三層十七メートルの展望楼がある。

草鞋大王 そうあいだいおう

caoxiedawang

信仰目的 旅行者の守護神

いたずらが生んだわらじの神さま

十二世紀の話である。ある場所に一本の古木があった。旅人はみな、この木の下で休憩をとったという。たまたまひとりの旅人が木陰で休み、履きつぶしたわらじ（草鞋）を新しいものに履きかえ、古いわらじを木の枝に掛けておいた。後から来る旅人もこれにならって、やがては数百、数千の古わらじが枝にぶら下がった。そのうち、この木にお祈りすれば願い事がかなうと評判になり、人々はこの木を神さまとして信仰するようになった。

ある日のこと、科挙の試験のために都へ行く途中でここを通りかかった男がいた。彼は人影がないのを見ると、いたずら半分に木の幹を削った。そして〝草鞋大王　某月某日に来臨〟と書いた。男はそのまま都へ行って試験を終え、帰路に再びこの木の下を通りかかった。すると、なんと木の下に真新しい小さな祠が出来ていた。男は大笑いして、そのまま郷里に帰っていった。

それから三年後のこと、男が所用で都へ行く途中、この木の近くにさしかかると、祠は

豪華な廟に建て替えられてあり、周囲には十数軒の民家も建っている。村人に聞くと、この廟は多くの霊験を顕して、この地方では評判になっているという。男は廟に参拝し、神に質問した。
「神さまのお名前はわたしがふざけて書いたものです。それなのになぜ人々の信仰を受けるほど霊験あらたかなのですか？　そもそも神さまはいったいどんなお方なのでしょうか？」
その晩、男の夢に神が現れた。神は人の姿をしている。
「わたしは生前はこの地方の兵士でした。なんの名誉もありませんが、親切で他人の荷物をよく担いでやったことだけが取り柄だったのです。ところが玉皇上帝がこのことを知っておられて、お褒めになったのです。たまたまあなたが神の名前をつけたことを幸いに、上帝がわたしを草鞋大王に任命したのです」

「わかりました。でも、なぜこれほどに霊験がおありなのですか」

「わたしの力ではありません。信者が願いを申し出ますと、わたしはそれを上帝にお伝えします。上帝が信者の真心をお察しになると、願いを聞き届けてくださるのです」

男は自分の将来を質問した。神は翌晩の夢に現れて、数年後には科挙に合格して官吏として出世すると告げた。男がその後、草鞋大王の予言通りになったことはいうまでもない。草鞋大王はとりわけ旅行者の願いをよく聞いてくれる神として知られたという。

落馬して草鞋大王となる

湖北省にも草鞋大王廟があった。ここの話は前述したものとは異なっている。祭神の名前は蔣英《しょうえい》。彼は武昌の人で、騎馬の得意な軍人だった。とりわけ馬上から弓を射るのが上手だったという。それが（旧）九月九日の重陽節*1の日、酒を飲んで馬を乗りまわし、馬がつまずいた途端に落馬して、あっけなく死んでしまった。その後で不思議なことが起こった。日暮れになると、兵士に向かって号令をかける蔣英の声が聞こえてくるのである。噂を聞いた、軍の監察官が訪れて閲兵を行うと、昼間なのに突然空が暗くなり、強い風雨が起こった。そして「わらじが欲しい」という声がする。

軍は祭壇を作り、蔣英を軍旗の守護神として祀った。もちろん供物としてわらじをたくさんお供えしたのはいうまでもない。おそらく蔣英は神となっても馬を乗り続けていて、わらじが擦り切れたのだろう。後世になると、この廟には武官試験の受験生たちが、合格を願って参拝に訪れるようになったという。

＊一 **重陽節**《ちょうようせつ》 陰陽説によれば九という数字は陽の数の極限で、九月九日は九が重なることから〃重陽〃といわれる。この日、人々は〃登高〃といって景色のよい高台に登る習慣があった。これには由来話がある。後漢の時代、費長房（四百十ページ参照）という仙人が河南省の桓景という人物に「九月九日、あなたの家に災難が起こるから、赤い袋に茱萸《かわはじかみ》の実を入れて肘にかけ、高い所に登って難を避けなさい」といった。桓景がいわれた通りにして、夕方帰宅してみると、家畜がすべて死んでいたのである。

猫将軍 ねこしょうぐん maojianjun

信仰目的 予言の当たる神

発音が同じで神になった？

かつては中国の領地だった安南《あんなん》（ベトナム）には猫首人身の〝猫将軍〟廟があったという。この奇怪な姿をした神さまは予言能力に優れていて、人々は物事に迷うと、この神さまのお告げを依頼したという。

なぜ猫の姿をした神なのかについては、次のような説がある。十四〜十五世紀に安南を征服した毛尚書《もうしょうしょ》という武将を祀って出来たのがこの廟だという。ところがいつのまにか毛将軍が猫将軍に変わってしまったのだという。中国語では猫（mao）と毛（mao）は同じ発音であることから、地元の人々の間で間違えて伝わったというものである。

こうした間違いはほかにもあった。天津の造船所に〝猫鉄将軍〟を祀った廟があったそうだ。この廟には古い錨が数多く奉納されていた。いずれも巨大な物ばかりだ。[*一]古い錨には霊的な力が宿るとされるこの地方の伝説もあって、錨がご神体となったのである。この場合も錨（mao）が猫と同じ発音であることから、人間に非常に親しい間柄の猫へと転化したのである。

もちろん、猫という存在が神秘的に思えたことも、この伝説に一役買っている。日頃はのんびりしているくせに、音もなく高所に飛び移ったり、鼠相手に残忍な素振りも見せる。猫の敏感で神経質なところが、ちょっとした異変もキャッチすると思われたのである。

宮殿の鼠退治

中国人にとって、猫はたいへんに知恵のある動物とされている。『聊斎志異』にはそんなエピソードが紹介されている。

十六世紀の末頃、宮殿に猫ほどに大きな鼠が巣くっていた。大鼠は大切な宝物をかじったりして害を及ぼす。民間から賢い猫を探して鼠退治をさせるのだが、いつも逆に鼠に食われてしまう。そんなとき、たまたま外国船が入港して、毛足が長い白猫（ペルシャ猫か？）を献上した。そこでその猫を鼠の出没する建物に投げ込んでようすを

▲中世における錨の制作風景　造船技術の進歩とともに船は巨大化し、錨も大型化した

みた。白猫はじっと座ったまま動かない。鼠がやってきて、猫を狙って襲いかかった。猫はひらりと跳ねて攻撃をかわす。鼠が襲いかかるたびに猫はひらりひらりと逃げるのである。

見ていた人々は、この猫はとんでもない臆病者だと思った。そのうちに鼠が疲れてきた。ジャンプ力がなくなって、床にうずくまってハアハア荒い息をするようになった。それを見た途端、猫が逆襲に出た。そしてあっという間に鼠の喉元を噛み切ってしまったのだ。人々はようやく理解した。猫は脅えていたのではなく、鼠が疲れるのを待っていたのだ。これは剣術の達人の使う方法である。白猫が人々の称賛を浴びたのはいうまでもない。

蛙の神が福をもたらす

猫の神さまというのも奇妙な話だが、漢江から長江にかけての地方では、蛙の神を信仰する習慣があった。祠には大小さまざまの蛙がたくさんいて、なにか異変があるときには蛙たちが異常な行動をした。人々は蛙の神（＝青蛙神《せいあしん》）の機嫌を損ねることを恐れて、つねに供物を欠かしたことはなかったという。

湖南省の青年が蛙の神さまの依頼で、娘を嫁にもらった話がある。娘はすばらしい美人なので青年も気に入って夫婦仲も睦まじく、家も栄えていった。ただ、不思議なことに家の周囲にやたらと蛙が増え、嫁は蛇を極端に嫌ったという。村人たちは、なにか悩みがあるとまず青年に相談し、次に娘たちが着飾って夫人（蛙神の娘）に悩みを打ち明け、お祈りするのである。夫人がにこりと笑うと、問題は解決したのである。まさに村人たちの良きアドバイザーとなったのである。村人たちの尊敬と信頼を受けて、青年の子孫は繁栄し続けたそうだ。

＊一　中国に限らず、どこの世界でも「古い物」「珍しい物」「巨大な物」など、尋常ではない存在には霊がこもるといわれていた。アニミズムの典型である。現されるという霊験は種々雑多に及ぶが、たいていは夢に出現してなにかを予言したり、ご神体そのものに変異を起こして人々に知らせたという。

花神 かしん

huashen

信仰目的　花の妖精

妖精の恩返し

花は妖精の化身だという考え方は、西洋だけのものではなさそうだ。中国にも西洋そっくりの花の妖精が存在する。

八世紀中頃、洛陽の東に崔玄徽《さいげんび》という男が住んでいた。養生術に熱中し、漢方薬を採取しに山中へ出掛けて一年後に帰ってきた。留守だった屋敷は雑草が生い茂っていたが折からの春の宵、風は爽やかで、月明かりも美しい。崔は眠れないまま、中庭で月を眺めていた。ところが真夜中に四人の女が訪れて、休憩させてほしいという。四人とも素晴らしい美女で大勢の侍女を従えている。しかもその衣装は崔が見たこともないほど鮮やかなものだった。聞けば封十八姨*一という女性をたずねる途中だという。やがて封十八姨本人もやってきて、中庭で宴会になった。封十八姨はたいへんに優雅な振る舞いを見せるが、ふざけてひとりの女の服に酒をこぼした。女が怒るとぷいと出ていってしまった。四人の女たちも帰っていった。

翌晩も女たちがやってきて、昨夜酒をこぼされた女がほかの女たちに語った。

「いまさら封さんの家に行く必要があるかしら。崔さんにお願いしましょう」

女たちが同意し、崔に説明をする。

「わたしたちは花園に住んでおりますが、毎年ひどい風に悩まされていつも封さんにかばってもらっていました。でも、昨晩のいきさつで助けてもらえそうもありません。崔さんが代わって助けていただけませんか」

「しかし、わたしにそんな力があるのでしょうか」

「大丈夫です。毎年、元旦に朱色の旗を一本作り、月や太陽の模様を描いて、花園の東に立ててください」

崔が引き受けると、女たちは帰っていった。そして元旦に、いわれたままに旗を立てた。

すると、東風の強い日にも花園に咲く花々は微動だにしなかった。それを見て崔は悟った。あの美しい女たちは花の妖精だったのである。そして封十八姨というのは風の神だった。数日後、女たちが再び現れた。一同は崔に礼をいい、桃の花を差し出した。

「この桃の花は寿命を延ばし、老いを消滅させます。どうかいつまでもわたしたちを守ってくださるようお願いいたします」

崔玄微はそれから百年ほどの長寿をまっとうした。死ぬときも三十歳くらいにしか見えなかったという。

☯花の妖精は身長三十センチの小人

これも洛陽を舞台とした話だが、九世紀に田弘正《でんこうせい》という高級官僚がいた。彼の屋敷は美しいボタンの花がたくさん咲くことで知られていた。多く咲く年には千以上の花が咲き乱れ、まるで天国のような素晴らしさだったという。ボタンが満開の季節になると、身長三十センチほどの小人が五～六人現れて花のまわりで遊んだ。これを見た人がつかまえようとすると、上手に逃げまわり、絶対につかまらない。そうした怪異が七～八年続き、その後はばったりと姿を見せなくなったという。（以上『酉陽雑俎』より）

花を愛することに関して、中国人は世界でも引けをとらない。古代から花の栽培が盛んで、六月の牡丹、九月の菊などの季節には各地で花が展示される。日本の菊人形のルーツも中国にある。花は人の心を和やかにしてくれるものだが、あまりにも美しく咲き乱れるようすを見るとこの世のものとは思われない。おそらくは花の精霊がいて、人々を楽しませてくれるのだろうという発想は誰もが思うことだろう。花を大切にすれば、きっと幸運が舞い込むとされるのも理解できる。

武帝の愛人は一万人

『礼記』によると周の制度では「后一人、夫人三人、九嬪九人、世婦二十七人、御妻八十一人」と後宮（愛人）の数が規定されている。つまりは百二十一人まで認められていたのだが、実際はそれを大幅に上回る愛人を囲う皇帝が多かったようだ。武帝は愛人がもっとも多いとされているが、彼の場合は二七三年までに中流以上の文武官の家の処女五千人を宮廷に入れ、二八一年には滅ぼした呉の宮女五千人を洛陽の宮殿に送ったというから、およそ一万人の愛人がいたことになる。跡継ぎを作る必要があったとはいえ、顔も知らない愛人が多数いたのである。彼女たちはそれぞれ部屋をあてがわれ、羊の引いた車で訪れる武帝を留めさせるために、部屋の前に羊の好物の塩を置いたという。これは今日でも水商売の習慣として残されている。

＊一　**封十八姨**《ふうじゅうはちい》　一般的には封家の十八番目の娘という意味であるが、民間伝承によれば、封十八姨は風をつかさどる神とされる。崔はもちろん、この時点ではそんなことは知らなかった。

五家之神

ごかのしん

wujiazhishen

別名　五大将　五大仙　五大家

信仰目的　福財をもたらす動物神

神に選ばれた動物たちの怪異

天津を中心とする中国の北部一帯では、五種類の動物が神として信仰されていた。狐、いたち、針鼠、蛇、鼠の五種である。これらの動物を崇めれば福財をもたらしてくれるが、粗末に扱ったりするとたちまち禍いがあるという、怖い存在である。そんなこともあって、これらの動物の名前を直接呼ぶことははばかられる。それで「胡仙（狐）」、「黄仙（いたち）」、「白仙（針鼠）」、「柳仙（蛇）」、「灰仙（鼠）」とそれぞれを呼ぶ習慣があったという。彼らにまつわるエピソードは昔からたくさんあるが『捜神記』の中からいくつかを紹介しよう。

狐が予言した災難

山東省出身の淳于智《じゅんうち》という学者は占いの権威でもあり、さまざまな人々からの相談を受けていた。安徽省に夏侯藻《かこうそう》という男がいた。母親が重い病気になったために、淳于智のと

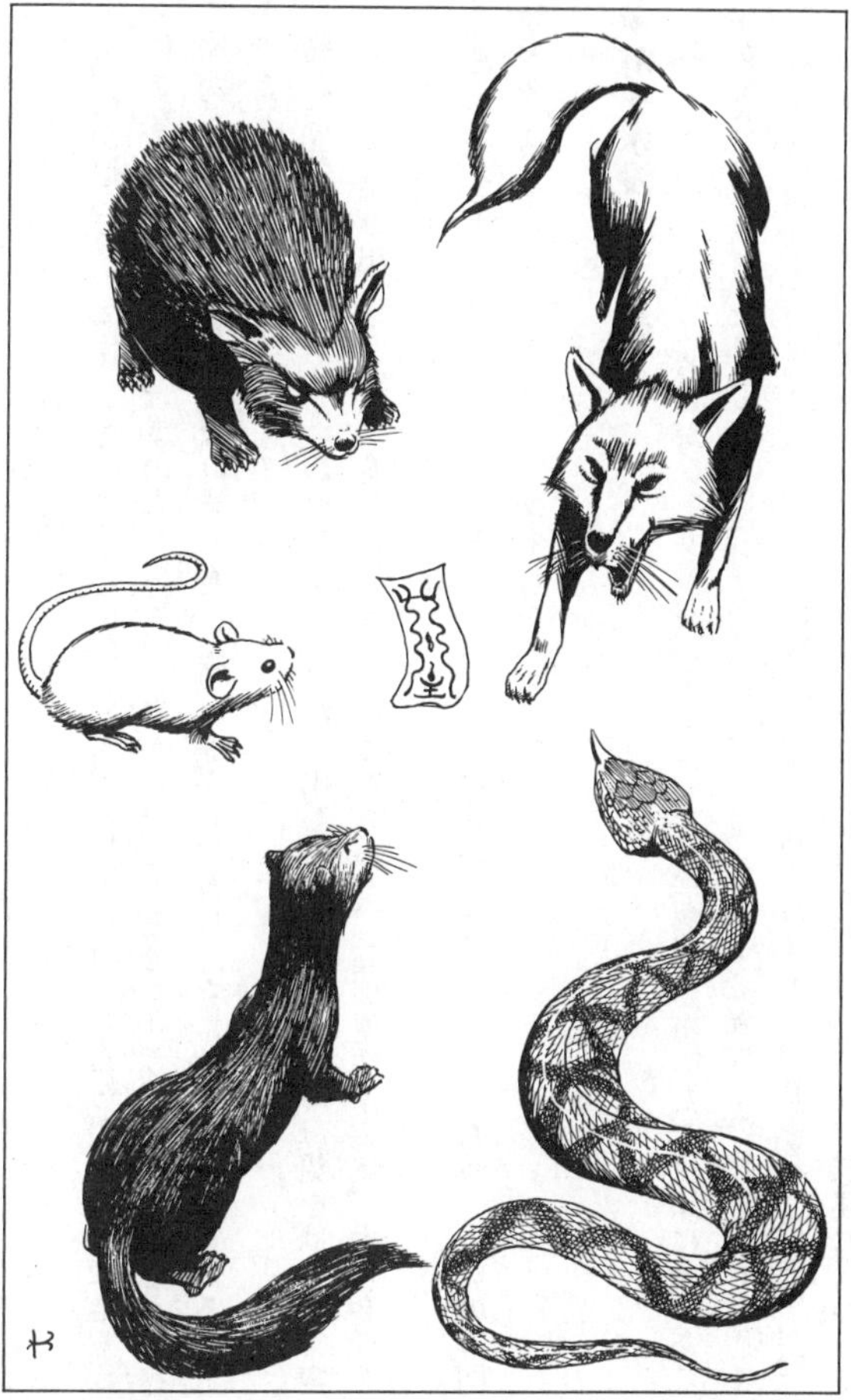

ころで占ってもらおうと家を出ると、一匹の狐が現れて自宅に向かって鳴いた。藻は驚いて智の家に駆け付けた。智は話を聞いてこう述べた。

「禍いが迫っています。早く帰って狐が鳴いていた場所に行き、自分の胸をたたきながら泣きなさい。そうすれば家の人々は驚いて家から出てくるでしょう。女中や下男もすべて家から外に出さなければなりません。全員が家から出れば、なんとか災難を逃れることができるでしょう」

藻が自分の村に帰って、いわれたとおりに泣き出した。すると病気の母親をはじめ、家の者たちが飛び出してきた。全員が家の外に出たところで、藻の屋敷は突然、大きな音をたてて崩れてしまったのである。

狐は災害を予告したのである。夏侯藻にはその意味が理解できなかったが、占いの専門家である淳于智には狐のサインがわかったのである。

☯町を水没させた蛇

あるとき、四川省に老婆がひとり暮らしをしていた。老婆が食事のたびに頭に角のある蛇が現れる。食事にもこと欠くほど貧しい暮らしだったが、老婆はこの蛇が哀れに思えて、食べ物をやっていた。そのうちに蛇は成長し、胴まわり数メートルもある大蛇になった。

その蛇が、知事の大切な馬を食べてしまったのだ。知事は大いに怒り、老婆に向かって蛇を差し出すように命令した。仕方なくベッドの下にいることを話すと、知事はそこを掘らせた。ところが掘れば掘るほどその穴は大きくなって、蛇の姿は見つからない。かっとなった知事は老婆を殺してしまった。

すると蛇は人間に乗り移って知事を怒鳴りつけた。

「どうしてわしの母親を殺したのだ。母の敵を討ってやるから覚悟しておけ」

それからは夜になると決まって、雷や風の音が聞こえるようになった。四十日ほどたったある朝、町の人たちは顔を見合わせると、皆が驚いた顔をした。

「おまえの頭になぜ、魚が乗っているんだ?」

その晩、町はあっという間に陥没して湖となってしまったのである。人々はこの湖を陥《かん》湖《こ》と名づけた。ただし、老婆の家だけは湖底に沈まず、無事に残っていたという。数十年後、漁師たちが漁に出ると必ずその家に泊まるようになったという。湖に風が出て、波が荒れたときでもこの家の周囲だけは常に安泰だったという。水の澄んだ日には、城や櫓をはじめとする町並みが見えるという。

踊り狂う鼠

前漢の昭帝の時代、紀元前八〇年九月の出来事である。燕(河北省)の王宮の正門で鼠が自分のしっぽをくわえて踊りまわるという不思議な出来事が起こった。燕王が見にいくと鼠はまだ踊っている。王は役人に命じて酒と乾肉を捧げたが、鼠は踊りをやめようとしない。鼠は丸一日踊ったあげくに死んでしまった。この頃、燕王は昭帝に対して謀反をたくらんでいたのである。やがて謀反は失敗に終わり、燕王は死んだ。

この事件を後世の人々はこう説明する。

「正確に物事を判断せずに誅罰を行うと、鼠が門で踊るという異変が起こる」

こうしたエピソードでわかるように、これらの動物は人々と密接な関係があったということだ。動物園などで眺める対象ではなく、毎日の暮らしのなかで対面する機会が多かったのだろう。動物たちは時折、人間には理解できない行動をする。実際のところ、地震や津波、山火事などを真っ先に感知するのは動物の持つ不思議な本能である。人間は、なんとか動物たちの行動の意味を探ろうとしたのである。動物に寄せる信仰には、すでに野生を失ってしまった人間の自然回帰という郷愁があるような気がしてならない。

官僚制が生んだ汚職天国

清末にいたるまで、士大夫（官僚）でなければ人にあらずといわれるように、中国の知識人の就職先といえば任官がもっぱらだった。官僚制が長期化すると腐敗するという例に漏れず、この国の汚職はスケールが大きい。例えば清朝・乾隆帝の側近だった和坤《わこん》（一七五〇〜一七九九）が宰相だった時代は「三年官職にあれば十万両の銀の雪が降る」とまでいわれ、将軍たちは和坤に賄賂を贈れば負け戦も勝ったことになった。戦費の流用は自分の懐にも入るので、彼らも戦争のたびに金持ちになった。官職が金銭で買えるのはもちろん、あらゆるものが金銭の対象になった。ちなみに汚職の元凶である和坤自身は、二十年間の在職中に清朝政府の国家予算の十年分を溜め込んだのである。

第七章

神仙

〝神仙〟つまりは仙人という、いかにも魅力的な存在は中国思想史、道教史の上でももっともユニークな立場の神である。不老不死、空中飛行という〝超人〟の発想はすでに戦国時代（紀元前五〜紀元前三世紀）や前漢初期（紀元前二世紀）にあった。当時の仙人像は半人半獣、動物と人間が奇妙に合体した姿でとらえられている。仙人の発想は山東半島（斉、燕）一帯の伝説である「東海のユートピアに住む不死の超人」説が肉付けされたものだった。秦の始皇帝や漢の武帝が斉、燕出身の方士の話に飛びつき、不老不死の仙薬探しに血眼になったことも、大衆にその実像を信じさせる大きな力となった。

本来、仙人になるためには、生まれつき資格のある人間が仙人の住むとされる山中に入り、仙人のために祭祀を行うことによって、成就するとされた。しかし、後漢に道教が成立して、仙人もまた信仰の対象になると、そのイメージは一変し、急速に人間に近づく。たいていは白髭を生やした老人で、雲に乗り、神山で不死の妙薬を採取しており、時折人間世界に現れて霊験を示すようになったのだ。

道教教義の中心に「神仙道」が置かれると、一般の人間でも修行次第で仙人になる道が開けた。つまり、仙人の大衆化が始まったのである。時代が下るにつれ、各種の養生術が広まるなかで、仙人は神の座から人間の近くへ、限りなく降りてきたのである。

信仰の対象としてとらえると〝仙人〟はつかみにくい。一部の例外をのぞいて人々が日々礼拝するという習慣は薄れてしまったのである。もっとも〝半神半人〟的な魅力は庶民の望むところだ。地位や名誉から解放され、しかも死を超越しているのである。気が向いたときに天界から降り立ち、皇帝に対しても庶民にも、何の分けへだてもなく交際する。そして、気に入った人間にのみ彼の秘術がもたらされるのである。貧富の差もなく、貴賎の別もなく……。仙人はまさに、庶民の夢を具現するスーパー・ヒーローなのである。

東方朔 とうほうさく

dongfangshuo

西王母の桃を盗んだやんちゃな仙人

東方朔は山東省の生まれだが、江蘇省に移り住んで習字の師匠をしていたという。やがて彼の仙人としての評判を聞いた武帝（紀元前一五六〜紀元前八七）に宮殿に呼ばれ、侍従として勤めるようになった。武帝は仙人や不老長生という事柄にたいへん興味をもつ皇帝として知られていた。

武帝の宮殿に西王母が来臨したという、有名な事件は本書〝西王母〟の項で紹介したが、その際、家臣のひとりとして東方朔も列席していた。彼は西王母に見つからないように隠れていたが、西王母は目ざとく彼を見つけて笑いながらこういった。

「あの子はわたしの桃を三つも盗んで食べた、いたずらっ子だよ」

桃とは蟠桃のことで、天界に実る不老長生の果実である。東方朔はその場をこそこそ逃げ出したという。

☯怪物退治にみる東方朔の博識

あるとき武帝が東方に旅行し、東方朔も同行した。ところが函谷関*一を出ないうちに、一行は奇妙な怪物に行く手を阻まれてしまった。身長が十メートル、牛に似ているが、眼が異常にギラギラしている。しかも四本の足が地面にめりこんでいて、いくら押してもピクリとも動かない。護衛の兵士たちは恐怖のあまり声も出せなくなった。

そのとき東方朔が進み出てこういった。

「この生き物に酒を注いでみてはいかがですか」

勇気のある兵士が酒を怪物に振りかけた。すると怪物は見る見る消えてしまった。驚いた武帝は、東方朔にこの怪物の正体を尋ねた。

「この怪物の名前は患《かん》と申します。人間の憂鬱から生まれたものなのです。この土地は秦の時代の監獄か、さもなくば罪人が懲役に服した場所だったと思われます。それで憂鬱が集まったのでしょう。酒は憂鬱を忘れる妙薬ですから、怪物を消すことができたのです」

東方朔がこう申しあげると、武帝は彼の知識に舌を巻いたという。彼の博識ぶりは有名で、世の中のどんな物事も熟知していたという。東方朔に質問すれば、どんな難問にも回答が与えられた。武帝が相談役として重用したのも無理のない話だ。もっとも彼の話し振りは変わっていて、忠言をいえば冗談もいう、露骨だったりぼかしたり、聞く相手を幻惑させたので、誰もその真意を理解できなかった。宣帝の時代（紀元前七四～紀元前四九）になると、東方朔はあっさり侍従の仕事を捨てて、いずこへか去っていったそうだ。ある人は、彼を木星の化身ではないかと疑ったという。（『列仙伝』『史記』より）

仙人世界のヒエラルキー

仙人について「神人《しんじん》」あるいは「真人《しんじん》」というのは荘子が命名したものである。不滅の道を会得した者は人間というよりも神に近い存在である。「神人」と「真人」の違いは、先天的に仙人になれる素質を持った者が「神人」で、修行を経たのちに仙人になった者を「真人」と分類されている。荘子によれば両者とも水に入っても濡れることがなく、火に入っても熱くならないという。

時代が下ると仙人は「天仙」「地仙」「水仙」の三種に分類される。これはどちらかといえば居住区による分類といえるだろう。「天仙」というのは天上界に昇った仙人のことであり、つまりは空を飛ぶ術を心得ている仙人である。「地仙」は術のレベルが空を飛ぶまで達しておらず、地上で暮らす仙人のことである。もっとも天上界へ昇ることができるにもかかわらず、地上に住むことを好む、風変わりな仙人もいる。「水仙」というのは湖や河川の中に住んでいる仙人のことである。有名なのは山西省にいた琴高《きんこう》という宋の元財務官。彼は川に潜り、龍の子である赤い鯛に乗って人々の前に姿を現している。唐代の有名な詩人・李白（七〇一～七六二）もまた水仙になったとされている。

道教経典『雲笈七籤《うんきゅうしちせん》』によれば仙人にもランキングがある。上から上仙、高仙、大仙、玄仙、天仙、真仙、神仙、霊仙、至仙という順番のヒエラルキーができている。もちろん、これは仙人の能力に応じたランキングである。

ちなみに『西遊記』では仙人は九品《きゅうひん》と呼ばれ、上仙、次仙、太上真人、飛天真人、霊仙、真人、霊人、飛仙、仙人というランクが記されている。

＊一　**函谷関《かんこくかん》**　河南省霊宝県の西南にある関所。険しい崖に囲まれた谷底にあり、天下第一の難所といわれた。秦代にはじめて設置された。武帝はここに弘農県を新設し、関所の位置を移動させている。

徐福／盧生

じょふく／ろせい

xufu/lusheng

始皇帝に重用されたふたりの方士

紀元前二二一九年に秦の始皇帝は天下統一を成しとげた。その二年後に山東省の泰山に赴き「封禅」という儀式を行っている（二百四十五ページ参照）。

始皇帝は、戦国時代末期に宿敵の斉《せい》を滅ぼして天下統一に成功した一代の英雄である。腕力で中国を統一した男にとって、最大の関心事はみずからの生命であったと思われる。ようやく築いた帝国を万世まで存続させたいというのが創始者の夢である。その希望は自分自身に対する尊大ともいえる自負であるとともに、その生命力の衰えを異常に恐れるという、極端な両面性を彼にもたらした。その陰の部分を支えたのが始皇帝に仕えた方士たちである。

方士とは、いわば長生術の技能者という意味であり、後には道教の修行者＝道士と同一視された。当時の燕、斉の方士は〝東海に神仙の住む土地があり、そこへ行けば不死の薬を手に入れることができる〟と唱えていた。

始皇帝が期待を込めて燕、斉の方士を採用したのはいうまでもない。徐福、盧生をはじめ韓終《かんしゅう》、侯公《こうこう》、石生《せきせい》といった当時の有名な方士を援助して不死の薬、つまりは仙薬を入手することに躍起となったのである。

日本に仙人の島を発見した？徐福

斉の人とされる方士の徐福（または徐市《じょふつ》）は始皇帝に上奏した。

「東海中に三つの島があります。その島は蓬萊《ほうらい》・方丈《ほうじょう》・瀛州《えいしゅう》といいます。神仙がそこに住んでおります。わたしは斎戒沐浴して、この土地の童児[*一]、童女を連れて仙人に会いに行きたいと思います。許可をお願いいたします」（『史記』秦始皇本紀より）

始皇帝は、徐福が不老長生の仙薬を持ち帰ってくれることを期待して、後援者となった。徐福は始皇帝の庇護のもと、数千人の子供たちを連れて渤海湾から船出していった。残念ながら徐福たちはそのまま帰って来なかった。

ところで、始皇帝ならずとも気になるのが東海中にあるという神仙の住む島の所在地。当時の中国人は、日本あたりを想定していたようだ。現実に和歌山県の新宮市には徐福の墓といわれるものが現存している。また、青森県小泊村には徐福の像と呼ばれるものがある。

☯盧生の持ち帰った書物に不吉な予言

徐福の帰国が絶望的だと知った始皇帝は、燕の出身である盧生に命じて、仙薬の処方箋を知る羨門高《せんもんこう》という仙人を探させた。また韓終、侯公、石生という方士にも仙薬探しの旅に出発させた。始皇帝が北方の視察から帰って来ると、盧生が帰還した。彼は仙薬こそ持って帰らなかったが、鬼神のお告げだといって『録図書』という一種の予言書を持参した。そこには、

〝秦を滅ぼすものは胡なり〟

と記されていた。秦王朝の安泰を願う始皇帝は、さっそく蒙恬《もうてん》という武将に命じ、三十万の軍勢を送って、北方の胡（この場合は蒙古系の民族を指す）に攻撃を開始した。

あるとき、盧生は始皇帝に奏上した。

「わたしたちは神草、不死の薬、仙人を探しましたが、どうしても見つけることができませんでした。これはなにかが妨害しているのです。方士の経典には〝人の主人たる者は、時には人前から姿を消して体内の悪気を取り去るべきだ〟とあります。悪気がなくなれば真人（上級の仙人）の域に達することができます。陛下がお住まいの場所は人々が知っておりますので、これが神の気を損なっているのでしょう。真人は水に入っても濡れず、火にも焼かれず、俗世間を超越して天地ほどにも長生きができます。ところが陛下は天下を治めているのにまだ無欲の境地に達しておりません。どうか陛下のお住まいを人に

知られないようにしてください」

これを聞いた始皇帝は、みずからを真人と呼ぶようになった。そして宮殿をはじめ、別荘や途中の道路のすべてに幕を張り巡らせ、たくさんの芸人や女性を宮殿に置いてカモフラージュし、自分の居場所を洩らした者を厳罰に処した。

重用された盧生だったが、やがて始皇帝の独裁的な政治に嫌気がさして、同じ方士の侯

公とともに宮殿から姿をくらました。始皇帝が激怒したのはいうまでもない。ところが歴史的に見ると盧生の持ち込んだ『録図書』の予言は正しかったのである。もっとも秦を破滅に導いたのは、始皇帝が考えた北方の胡族ではなく、彼自身の息子で二世皇帝の〝胡《こ》亥《がい》〟であった。なお、韓国では、仙薬を海の彼方に求めた韓終が朝鮮半島の南岸に上陸し、後に馬韓*二を建国したという伝説が残されている。

＊一 童子・童女というのは、まだ世俗に汚れていない純粋な心を持った子供のことである。神仙にその術を教わる際に、彼らのような無垢の子供の方が都合が良いと考えたのだ。こうした発想は清末まで続いた。豪族の長の死に際して、十歳未満の子供たちが多数、副葬される習慣があったのだ。

＊二 **馬韓《ばかん》** 一～二世紀頃の朝鮮半島南部で起こった小国家の連合体。四世紀中頃に百済王国となった。馬韓（後の百済）、辰韓（後の新羅）、弁辰（後の任那）を称して三韓といわれる。

赤松子 せきしょうし chisongzi

神話時代の王室付き祈禱師

赤松子は神農氏の時代に活躍した雨神であるとされている。氷玉散《ひょうぎょくさん》（水晶の粉末）を服用する術に長じていて、これを飲むと火中にあっても火傷ひとつ負わずにいられたという。この術は神農氏[*一]に伝授したとされる。赤松子は常に崑崙山にある西王母の家に出入りしていた。風雨に乗って天上と地上を往来していたが、やがて神農氏の娘が彼の教えを受けて仙術を習得し、赤松子とともに天上界に昇ったまま帰ってこなかったという。

時代が下って、黄帝の曾孫にあたる高辛氏[*二]の世になると、赤松子は再び地上に姿を現すようになった。

およそ以上が『捜神記』『列仙伝』に紹介されている赤松子のプロフィールである。両書ともその内容はほとんど同じである。ところが『神仙伝』には黄初平《こうしょへい》（huangchuping）という人物が赤松子になったと記している。以下に紹介してみよう。

草原の石を羊に変える仙人

黄初平は十五歳の時に羊飼いとなった。ひとりの道士が彼に出会い、その素直な性格を見込んで、浙江省にある金華山に連れて行った。それから四十年間、家族には何の音沙汰もなかった。兄の初起《しょき》は、弟の消息を求めて長旅に出たが、何年たっても、弟の足取りひとつつかめなかった。諦めかけて町に下りた初起は、占術に優れているという道士に出会い、弟の消息をたずねた。

「わたしには初平という弟がおります。羊の番をさせていたら、いつの間にかいなくなり、かれこれ四十年になります。どうか弟の居場所を占ってください」

道士が答えた。

「金華山にひとりの羊飼いがおるぞ。その男の姓は黄、字《あざな》は初平。おまえの弟だ」

初起は道士の案内で金華山に行き、ようやく初平に会うことができた。積もり積もった話の後、初起がたずねた。

「ところで初平、おまえの羊はどこにいるんだ。一頭も見えないじゃないか」

「この山の東側にいますよ」

初起は東にまわってみたが、草原には羊の姿はなく、ただ白い石がごろごろしているだけなのである。再び初平に質問した。

「山の東側には羊なんかいない。白い石ばかりだよ」

「兄さんには見えなかっただけです。行ってみましょう」

初平と初起は一緒に東側にまわった。草原に着くと初平は白い石に向かって叫んだ。

「羊よ、立ちなさい!」

草原のあちこちにある石ころが、あっという間に数万頭の羊に変身した。弟が仙術を会得したことを知った兄は、そのまま金華山にとどまって仙術を学び、松脂《まつやに》や茯苓《ぶくりょう》(松の根に生じる菌の一種)を服用した。五百歳になった頃には、座っているときには平常だが、立ち上がると姿が消える術も会得した。やがては日中に屋外を歩いても、影が映らなかったという。

その後、兄弟で郷里に帰ってみたが、そこには親類縁者はひとりも残っていなかった。そして、また金華山へ戻ったのである。やがて黄初平は赤松子となり、黄初起は魯班（同項参照）となったという。

このエピソードを合理的に解釈すると、黄初平が仙人になったのは神農の時代よりも数百年前とすればつじつまが合ってくる。つまり赤松子は黄初平が転生した姿であり、魯班は黄初起の転生と考えればいいのである。

仙人というのは死を超越した存在で、地上の世界と天界を気ままに行き来できるのである。しかも、財産や名誉などというものにはまったく関心を示さない。逆説的にいえば、こうしたものに関心を持てば仙人になることなど不可能なのだ。現世の欲望を一切捨て去り、しかも死の恐怖すらない。そして、気のおもむくままに人間の生活を楽しみに、時々地上に降りてくるのである。地上に住むことを余儀なくされ、財産や名誉を求めて奔

走する人間には、決して持つことができない自由で理想的な存在、それが仙人なのだ。

＊一　神農氏は火の徳があるとされ〝炎帝〟と称される。炎をつかさどる能力が赤松子から授けられたとするのは、神話を合理的に結合させたのである。

＊二　**高辛**《こうしん》　中国神話に登場する〝五帝〟のひとり、帝嚳《こく》のこと。辛の地（不明）に封ぜられたために高辛氏と称された。

三茅君 さんぼうくん

sanmaojun

杖が砕け、死者が再生する仙術

茅盈《ぼうえい》は幽州（河北と東北の間の地方）の人で、紀元前一四五年に生まれた。彼は幼い頃から普通の子供とは違うところがあったが、成長するに従って俗世間を嫌うようになった。そして十八歳の時に家を飛び出して北岳恒山に赴き、朮*1を食べる服餌法を実行しながら修行に励んだ。

茅盈はのちに西王母に会い『太極玄真経《たいきょくげんしんきょう》』という巻物を授けられている。二十年後に郷里に帰ると父親は彼にこういった。

「この不孝者めが。親に仕えようともせずに、妖術などをたずねまわって放浪するとは何事だ。許さんぞ」

父親は茅盈を杖で打とうとした。茅盈はひざまずいて謝罪する。

「わたしは天命を受けて得道せざるをえなかったのです。ふたつの道を同時に行うことができず、孝養の道に外れました。幸い、今では得道いたしましたので、両親にも長生し

ていただくことができるようになりました。どうか折檻は無用に願います」

父親は彼の言葉に怒って杖を振り上げた。すると突然、杖は粉々に砕けて四方に飛び散った。破片はまるで砲弾のように壁に穴をあけ、柱に突き刺さった。これを見た父親は、彼の仙術の威力に驚いた。そして質問する。

「おまえは得道したと申すが、死者を生かす術はできるのか」

「罪の重い死者は生かすことができませんが、横死夭折（事故死や若死に）の者ならば即刻生かしてお目にかけます」

茅盈はそう述べて、実際に死者を再生して見せたという。

数百人の天宮を従えて雲間に消えた

さて、茅盈には固《こ》、衷《ちゅう》というふたりの弟がいた。彼らは官吏だったが、茅盈の帰宅した頃にそれぞれが知事に昇進した。そして赴任前の盛大な祝宴が開かれた。茅盈は宴席で来客に述べた。

「わたしは県知事になりませんでしたが、神霊の職（天界の役職）に就くことになりました。某月某日に赴任いたします」

来客は口々に見送りに参列したいという。

「ご厚情かたじけない。その節は是非とも手ぶらでおいでいただきたい。準備はすべてわたしが調えます」

茅盈が昇天する当日、来客たちは彼の魔術を目の当たりにした。屋敷前の広場は清掃され、青い絹のテントが立ち並んでいる。床には純白のカーペットが敷かれ、数百人分の席が用意されていた。誰ひとり、手を出さなかったのに、酒宴がはじまると玉製の盃や金の皿がどこからともなく現れ、山海の珍味が所狭しと並べられた。

やがて伎女[*二]たちによる音楽の演奏が始まると、天界から迎えの使者が現れた。朱色の衣装に身を包み、白い帯をしめた数百人の文官、鎧兜に旗指物の武官もりりしいばかりだ。その行列は数キロにも及んだ。

茅盈は両親、親類に別れを告げて翡翠飾りの車に乗って昇天していった。従者たちの旗はまるで雲のようにたなびき、龍や虎に乗った人々が付き添っていく。来客たちはこの世のものとは思えない光景に固唾を飲んだのだった。

茅盈が昇天した後、ふたりの弟も職を辞して、兄に従いたいと望んだ。茅盈はふたりに秘術を授けて、兄弟三人で天界の茅山に住んだ。

この地方の人々は彼らのために廟を建てて祀った。病人の快癒のために廟を訪れた信者たちに奇妙な占術が流行した。それは、まず廟の帳にゆで卵十個を入れるのである。まもなく一個の卵が投げ返される。信者は帰宅してからその卵を割ってみるのである。もし黄身がちゃんと入っていれば病人は快癒し、黄身のかわりに土が入っていれば回復の見込みがないというのである。

彼ら三兄弟は〝三茅君〟〝三茅真君〟と呼ばれた。そして、後に上清派または茅山派[*三]という道教宗派の始祖とされるに至った。

＊一　朮（うけら、おけら）　山野に咲く菊科の多年草。若芽は食用、根は漢方の健胃薬、屠蘇散とする。追儺の儀式（節分）の際、朮を入れた餅を供える習慣があった。京都・八坂神社には大晦日に朮を焚き、煙のたなびく方向を見て吉凶を占う神事がある。

＊二　伎女《ぎじょ》　芸妓、謡女。女性の芸能人の総称。のちに娼婦の意味も含めた。

＊三　茅山派《ぼうざんは》　晋の魏夫革存が開き、陶弘景（四五六～五三六）が確立した宗派。彼の著『真誥《しんこう》』は当時の道教経典の代表的なものになった。

淮南王劉安

わいなんおうりゅうあん

huainanwangliuan

白髪の老人が童子に変身

漢の高祖の孫である劉安（?～紀元前一二二）は、武帝の時代に淮南王に封じられた。当時、多くの王たちが遊興にふけるなかで、淮南王劉安ひとりは違っていた。幼少の頃から読書を好み、儒学をはじめ各種の学問に通じていた。彼はまた、優れた才能の持ち主を慈しむことから学者、方士、豪傑など数千人を食客として遇していた。

雄弁かつ博学の淮南王を武帝は重くとり立てた。仙術趣味が共通することもあって、特別の詔勅や親書の類いを記す必要のあるときは、司馬相如[*一]とともに淮南王を召し寄せて検討させた。劉安は武帝のご意見番のような存在だったのである。

そんな淮南王の評判を聞いたのか、あるとき鬚も眉も真っ白な老人が八人も揃って、淮南王の屋敷を訪問した。受付の役人は老人たちがあまりにも年老いているので、不審気に質問した。

「わが王が求めるのは不老長生の道を知る者か、あるいは博識を誇る大学者、さもなく

ば鼎を持ち上げ虎を退治できるほどの強者である。失礼ながら皆様はすでにご老体だ。老いを防ぐ仙術もなく、強者とは申せまい。それでは博学の士であらせられるのか」

八人の老人は笑って答えた。

「王さまは賢士を厚遇されること、昔の周公のごとしと聞いております。たとえどんな人間であれ、一芸に秀でた者を粗末に扱うことはないはずです。われらは老人で見苦しくはありますが、遠路わざわざ足を運んで参ったのです。それだけの理由でも、お目通りがかなうのではありませんか。われらが老人というだけの理由でお目通りできないのなら、あまりにも失礼な振る舞いです。それならば、ただいま若返ってお見せしましょう」

言葉が終わらないうちに八人の老人は変身した。年は十五歳ほどで、黒々とした頭髪、顔色は桃の花のようだった。役人は驚いて王に取りついだ。

☯ 八人の大魔術師に秘伝を授かる

さて、役人からこの話を聞いた淮南王は大慌てで応接間の準備を済ませ、弟子としての礼儀を尽くして八人を迎え入れた。淮南王が丁寧に挨拶を申しあげると、既に老人の姿に戻っている。代表する老人は次のように語った。

「われらは見識の浅い者ですが、仙術を学ぶことにおいては先輩です。王が方士を好まれると聞いて、お役に立てばと参上した次第。ところで王はどのような術を好まれるのでしょうか」

と、他の老人ひとりひとりの方術を紹介した。それは以下の通りだ。

第一の老人＝どんな場所でも風雨を呼び、雲や霧を起こすことができる。地面に線を引いて河川にしたり、土を取って山を作るという術者。

第二の老人＝山を平地にしたり、泉の水をとめることができる。虎や豹をかしずかせ、蛟龍を呼び寄せ、鬼神を使役する術を会得している。

第三の老人＝分身術、隠身術、変身術が得意。大軍をあっという間に消したり、白昼でも暗黒にすることができる術者。

第四の老人＝雲に乗って空中を歩き、海の上でも歩くことができる。また、一瞬に遠隔地へ移動する術の持ち主。

第五の老人＝火中でも火傷をせず、水に入っても濡れず、刀も矢も当たらない。厳冬でも凍えず、どんなに暑い夏でも汗ひとつかかない。

第六の老人＝自分の姿をどんなものにも変えることができる。禽獣草木をあっという間に造る。山を移動させて河をせき止めたり、家を動かして運ぶことができる。

第七の老人＝錬金術に長じている。土を黄金に、鉛を白銀に変え、各種の薬石を練って、雲や龍に乗ったり、空中に浮かぶこともできる。

残念ながら仲間の術を紹介したが本人については、どんな術を使うのか紹介されていない。淮南王は朝晩、彼らのもとに挨拶に伺い、酒や肴をすすめて応対した。八人の老人を尊敬して〝八公〟と呼び、その術をひとつひとつ伝授された。そして八公は淮南王に『丹経』という錬丹術の処方を記した書物を授けた。淮南王は仙薬を完成させたが、それを服用するまでは至っていなかった。自己の鍛練が未完のまま服用すれば、死に至ることを知っていたのだ。（『神仙伝』より）

淮南王劉安の書き記した書物は『淮南子[*二]』としてその一部が現在も残されている。

辟穀《へきこく》

道教では、人間の肉体はそのまま宇宙構造と〝入れ子〟になっていると考えられている。つまり宇宙というマクロ・コスモスにそのまま対応して、人体というミクロ・コスモスが成り立っているのである。宇宙に神さまがいるのと同様、肉体にも神さまが存在しているのだ。生命は肉体に「気」とともに入り込む。気は呼吸によって腹に下がり、「下丹田」（へその下部）に閉じ込められている「精」と結合して「神《しん》」が生ずるのである。「神」は人間行動の原理である。

さて、人間の肉体は三つの部分に分類される。上部（頭と腕）、中部（胸）、下部（腹と脚）である。それぞれの部分には司令室があり、「丹田《たんでん》」と呼ばれる。第一の丹田は脳の中、第二の丹田は心臓のそば、第三の丹田はへその下部にある。これら三つの丹田にはそれぞれ神が住んでいて、悪霊や悪気から人間を守っている。ところがこれらの丹田の近くには人間が生まれる前から、人体に有害な三尸《さんし》または三虫《さんちゅう》と呼ばれる生き物が住んでいるのである。

上丹田には「上尸彭踞《じょうしほうきょ》」、中丹田には「中尸彭躓《ちゅうしほうしつ》」、下丹田には「下尸彭蹻《げしほうきょう》」という虫である。彼らの役目はふたつある。ひとつは丹田を攻撃して老衰と死の原因を作ることであり、もうひとつは彼らが住居としている人間の犯した罪を、天界に報告することである。罪を天界に報告すると人間は罰として寿命を減らされる。人間の死が早まれば、彼らは早く肉体から解放されるのだ。

したがって、仙人修行の第一歩はこれらの三尸を絶滅させることだ。「辟穀」とはそのための食餌法である。三尸は穀物の精から生まれ、穀物を栄養分としているので、なによりも五穀を断つことが必要だ。さらに、身体に住む神々は血とタマネギ、ニンニクを好まないので、それらも断つ。

この修行は数年間にわたって続けられる。口に入れる穀物の種類を漸次減らしていって、ついには棗《なつめ》の実だけしか口にしなかったという仙人のエピソードは数多い。松の実、菊の花も効果的だ。

ちなみに〝仙人は霞を食う〟というのは、気を体内に採り入れるようすを例えた話である。

▲三尸図　左から下尸彭蹻、中尸彭躓、上尸彭踞

＊一 **司馬相如**《しばしょうじょ》 ?～紀元前一一八　四川省・成都（蜀）の出身で、前漢を代表する文学者。景帝に仕えて武騎常侍という役職となり、次に武帝に仕えた。中郎将となり、蜀の出身であることから四川省西部のチベット系民族の慰撫工作に従事し、成功をおさめて都へ帰った。当時隆盛した美文詩・賦《ふ》の第一人者とされている。

＊二 **『淮南子』**《えなんじ》　特定のジャンルに属さないことから雑家の書とされた。道家思想によって知識の集大成を図ったもので、後世の百科事典のような内容を持つ。

劉根 りゅうこん

liugen

断崖絶壁で暮らす全裸の仙人

長安（西安）に生まれた劉根は、若い頃から五経*一を学び、成帝（在位紀元前三三〜紀元前七）に推挙されて侍従官になった。のちに仙道を修得するために河南省登封県にある嵩《すう》山《ざん》に入った。彼の石室*二は数千メートルの断崖絶壁の上にあり、一般の人間にはとても生活できないような場所だった。劉根は夏も冬も全裸で修行に励んだので、全身が三十センチもの長い毛に覆われたという。激しい修行のために目はくぼみ、濃い髭は黄色くなっていたが、顔色だけは少年のようだった。

劉根に面会した人の話によると、裸身だったものが突然、冠をかぶり黒い衣服をまとった姿に変わることがあったという。いつ着替えたのか、誰も気がつかなかったのである。

河南省に疫病が大流行したことがあった。住民の大半が死んで、郡知事の一家にも感染した。知事はかねてから人々の間で評判の仙人、劉根の助力を願って使者を送った。使者は叩頭して疫病除けの方法を教えてくれるように頼むと、劉根は次のように語った。

「まず、木星の方位にあたる場所を選び、一メートルの深さまで掘りなさい。掘った穴に砂を詰め、そこに酒を注ぐがよい」
教えられた通りに実行してみると病人はことごとく全快し、疫病の恐怖は消え去った。この方法はいつでも素晴らしい効果を発揮したという。

☯冥界から死者の隊列を召喚し、新任知事を狂死させる

数年の後、新たに赴任した史祈《しき》という知事は、劉根を妖術師と非難して逮捕した。劉根を前に知事は質問した。

「おまえは鬼神（死者）を召び寄せる術を持つというが本当か？」

「その通りです」

「それなら、即刻この場に鬼神を召んでみなさい」

「承知した」

劉根は筆と硯を借りて呪文を書き上げた。しばらくたつと、どこからともなく金具の響きが聞こえ、号令も聞こえてきた。その声は異常に澄み、その場にいた人々はふるえあがった。忽然として白い壁面から鎧兜の武士が現れた。武士の隊列は四百〜五百人も続いた。次いで赤い衣装の男たちが現れ、一台の車を引いて来る。まさに冥界の隊列であった。劉根が赤い衣装の男に命令すると、年老いた男女が車から引き出され、後ろ手に縛られたままひざまずいた。知事がよく見ると、それは彼の亡き両親だった。両親は息子に恨みがましく語る。

「わしらの存命中、そなたはまだ官位も低く、そなたの俸禄で孝行してもらうことはできなかった。それなのに、いったいどんな理由があって尊い神仙の怒りに触れ、わしらを辱めるような振る舞いをいたすのか」

知事はその話を聞くと、真っ青になって劉根に叩頭して許しを願った。劉根は赤服の男に命じて両親の縄を解かせた。そして全員の退去を申しわたすと、冥界の隊列は再び壁面に消えていった。

静寂が戻ると知事は気が狂い、その妻は失神していた。数か月後、史祈の一族は子供たちを含めてすべて死んでいった。(『神仙伝』『捜神記』より)

劉根が異例とも思える極刑を史祈に科したのは〝人々を惑わす妖術師〟だと非難されたからだ。実際、劉根の仙術は疫病に苦しむ人々を救済し、希望を与えたのである。しかも史祈は郡知事という要職にいる人物である。人々を正しく導くべき立場の者が、権力を乱用することが許せなかったのだ。権力の外部にいる仙人による、権力者への戒めという意味でもあった。

＊一　**五経（ごきょう、ごけい）**　儒教の経典で、聖人の作として尊重される五部の経書。易経（周易）、時経（毛詩）、書経（尚経）、春秋、礼記。これらの文献に精通している学者を〝五経博士〟といった。

＊二　**石室《せきしつ》**　石造りの室。いしむろ。道教、仏教などの修行者が山中にこもる際に使用した。

董奉 とうほう

dongfeng

死者の再生術に優れた仙人

福建省出身の董奉は、呉の先王（孫権のこと　一八二〜二五二）の時代に県知事を勤めたことのある仙人だ。董奉がたまたま現在のベトナム・ホーチミン市のあたりを旅行中に、当地の総督が毒にあたって死んだ。既に三日が経過していたが、董奉は邸宅に出かけていって治療した。丸薬を死者の口に含ませて水を注ぎ、頭を持ち上げてゆすり、薬を消化させた。しばらくたつと手足がすこしずつ動きはじめ、顔に血色が出てきた。そして半日ほどで起き上がることができ、四日目には会話ができるほどの回復ぶりを示したのだ。

総督の死後体験は次のようなものだ。死んでしばらくは夢を見ているようだったが、やがて十数人の黒衣の人がやってきて総督を乗せた。大きな赤門をくぐり、すぐに牢獄に到着した。ひとりが入れるだけの広さの独房に入ると、入口を土でふさがれて、外の光はまったく入らなかった。しばらくの後、

「太乙神（北斗星君）の使者が総督をお呼びだ」

という声が聞こえて、引き出された。目の前に赤い覆いのついた馬車があり、三人が中に乗っていた。ひとりは使者であることを証明する〝節〟[*一]を持っていた。彼らは総督を呼んで馬車に乗せ、赤門のところまで連れてこられたと思った瞬間、生き返っていたというのである。

総督は董奉によって生命を助けられたことを知り、屋敷内に彼のための家を建てた。そして山海の珍味を差し出すのだが、董奉は乾した棗[*二]だけを食べ、酒をすこし飲むだけだった。下にも置かないもてなしが一年間もたった頃、董奉は総督に別れを告げた。総督は泣いて生命の恩人を引き留めたが、董奉の気持ちは変わらなかった。そこで総督が申し出た。

「どこかへお出掛けになるのであれば、大きな船を用意いたしましょう」

董奉は答えた。

「船は不要です。ただ棺桶をひとついただきたい」

総督が棺桶を用意すると、その翌日にあっけなく董奉は死んでしまった。総督が死体を棺桶に納めて仮埋葬を済ますと、七日後に広西省から来客があった。

「董奉さまからおことづけがあります。総督殿にくれぐれもお世話になった、そしてお身体を大切に、ということです」

総督がいぶかって董奉の棺桶を開けてみると、中には一枚の絹布があっただけだった。片面に人の姿が描かれ、片面は朱で護符が書かれていた。

☯雨を降らせ、猛虎を使役する魔術医師

その後、董奉は広西省の盧山《ろざん》山麓に移り住んだ。地元の人間が悪質の皮膚病にかかり、董奉の元に運ばれたことがあった。董奉は患者を座らせて五重の布をすっぽり頭からかぶせた。患者は、なにか巨大な怪物に身体中をなめ回されているような感覚を味わったそうだ。それから患者を池に連れていって水浴させた。

「まもなく治癒するから心配はいらない。ただし風に当てることは避けよ」

と、董奉は注意を与えた。患者は全身の皮膚が剥がれて強い痛みが続いたが、水浴すると痛みは治まったという。そして二十日後には新しい皮膚に変わって全快したのである。

あるとき、この地方にひどい干ばつが襲った。県の司令官である丁士彦《ていしげん》が礼を尽くして董奉に雨乞いを依頼した。

「雨を降らせるのは簡単だが、わしの家は空が丸見えなので困るのじゃ」

と董奉がいうと、丁はすぐさま董奉の家の新築に取りかかった。大勢の部下が材木を運び、あっという間に家の骨組みができた。次に泥をこねて壁を作るために、遠くの井戸まで水を運ぶ作業に取りかかると、董奉が部下を留めた。

「そんな仕事は無用じゃ。夕方には大雨が降る」

董奉の言葉どおり、大雨が降ったので人々は歓喜して彼を称えた。董奉は一切の農作業をせず、人々の病気治療に精をだした。治療代は受け取らなかったが、病気が治った者に

は杏の木を植えさせた。数年後に十万本を超える杏林になった。

さて、杏が実る季節になると林の中に草葺きの納屋を建てて、次のような看板を置いた。〝杏を欲しい者は穀物一杯分を置いて、杏一杯分を持っていってよろしい。董奉に申し出る必要はなし〟

人々の中には杏を多めに持ち去る者がいたが、その場合はいつも林の中から猛虎が現れて追いかけるのである。あわてて逃げ帰ると杏がこぼれ、自分の家に戻ったときにはちょうど一杯分になっていたのである。杏を盗む者は容赦なく猛虎に食い殺された。もっとも家人が董奉に謝罪すると、董奉は死者を生き返らせるのであった。集まった穀物は貧者に施したのである。

県の司令官には娘がいたが、あるとき重病になった。董奉は病状を聞くと即座に白い大鰐を召喚した。すると長さ数十メートルという大鰐が現れて司令官の屋敷の前までやってきた。董奉は武官に命じて大鰐を斬らせると、娘の病気はたちまち快癒したという。董奉はこの娘を妻とした。杏林を守る猛虎は董奉亡きあとも、その子孫に忠実に仕えたという。（『太平広記』[*三]『神仙伝』より）

邪鬼を退散させる神秘のフット・ステップ

魔除けの効果抜群といわれる歩行法がある。これは「禹《う》歩《ほ》」と呼ばれ、伝説上の夏王朝の始祖・禹が作り出したとされる。一説には禹が洪水を鎮めようとしたとき、足にあかぎれができたので片足で歩いたことを踏襲したものといわれている。「踏罡《とうこう》歩《ほ》斗《と》」とも呼ばれる。

この神秘的なステップは魔除け以外にもさまざまな効果を持つものだ。仙薬を作るために山に入って薬草を採る際や、修行のために入山する前に行わなければならないとされている。

具体的な禹歩の一例を記そう。まず両足を揃えて立ち、左足を半歩前に踏み出す。次に右足を左足の半歩前に踏み出し、それから左足を右足と同じ位置に揃える。これが第一歩である。次に、今度は右足から先に

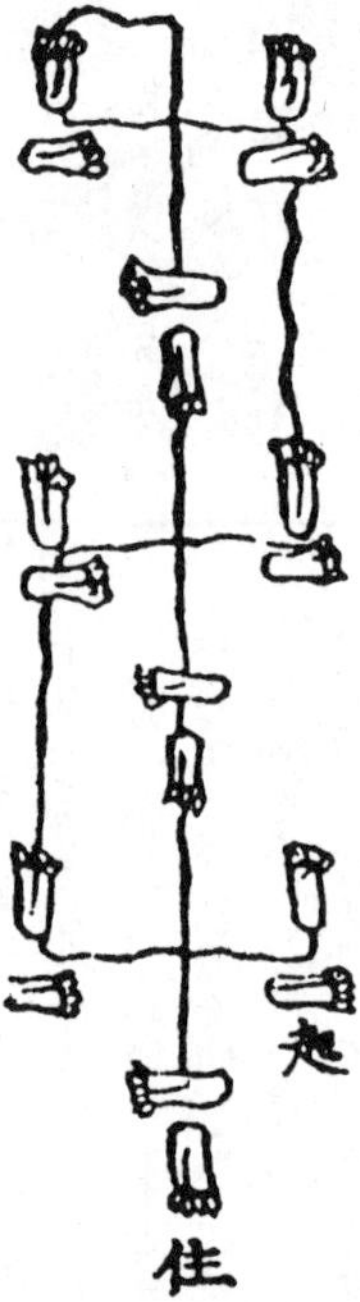

▲数十種ある禹歩の一例

踏み出し、同じ動作をする。これが第二歩である。さらに最初と同様のステップに戻る。この三歩が禹歩のワン・クールである。

『聊斎志異』には次のエピソードが記されている。山東省に住む趙旺という信心深い夫婦のひとり娘、小二は十一歳で五経に通じるという利発な子供だった。やがて白蓮教徒の乱が起こり、趙一家はそろって白蓮教徒となった。そこで小二の隠れた才能が開花する。教えを受けて数々の白蓮教の魔術をマスターしたのである。紙で兵士を作り、豆で馬を作って、政府軍と戦わせることを得意としたという。やがて恋人とともに戦乱を避けて田舎に住むが、ここでも魔術を駆使して村人たちを守った。

あるとき村がひでりに悩んだ。小二は村人に祭壇を作らせた。彼女は夜中に祭壇へ行き、禹歩のステップを踏んで祈った。するとたちまち空から大雨が降ってきたという。禹歩の威力はそれほど強力なものといわれている。

＊一　**節**《せつ》　皇帝またはそれに準ずる貴人の使者（勅使）であることを証明する印旗。
＊二　**棗**《なつめ》　中国原産、クロウメモドキ科の落葉小喬木。秋に暗褐色の果実をつけ、食用、強精薬になる。仙人の好むとされることでも知られている。
＊三　『**太平広記**《たいへいこうき》』　北宋の九七七年より六年間かかって編集された説話集。漢代から五代までの書四百七十五種から採り、神仙、方士、名賢、豪侠、神鬼など九十二項目に分かれている。

沈羲 しんぎ

chenye

突然、畑の真ん中に天界の使者が降臨

紀元前三世紀の人である沈羲は江蘇省の出身で、四川省で仙道を学んだ医師だった。医術に優れており、多くの難病患者を治療した手腕は人々によく知られていた。ある日のこと、沈羲夫婦が親戚の家に出かけた折、帰りに畑の中を通る路上で突然、不思議な行列に出会った。*一白鹿の引く車が一台、青龍の引く車が一台、白虎の車が一台で、それぞれに数十騎の従者が付き添っている。彼らは朱色の衣装を着け、矛をつき剣を腰にさしていて、たいへんに豪華な行列だった。ひとりの従者が沈羲の牛車に駆け寄ってたずねた。

「貴殿は沈羲殿ではございませんか」

沈羲が返事をすると従者は続けた。

「沈羲殿が人々に功徳を施されていることは承知しています。しかし今、寿命が尽きようとしておりますので、天界からお迎えに参った次第です。老君（太上老君）のご使者をお連れいたしました」

やがて三人の仙人が車から降りて沈羲夫婦を天界に招き、一緒に天に昇って行った。

驚いたのは道端で野良仕事をしていた人々だ。突然に濃霧が起こり、晴れたときには敬愛する沈羲の牛車だけが残されていたのである。農民の知らせが沈羲の家に届き、沈羲の弟子たちは必死になって師の探索をした。ひょっとしたら魔物に捕らわれたのかも知れないし、誘拐の可能性もあった。しかし、なにひとつ手掛かりを残さずに、沈羲夫婦は消えてしまっていた。

☯ 四百年後に天界から戻り、体験談を披露する

さて沈羲が消えて四百年、人々が

彼のことなどまったく忘れた頃に沈羲は故郷に帰ってきた。尋ね歩いて数代後の子孫である懐喜《かいき》という者の家を訪れた。懐喜はかろうじて沈羲の話を伝え聞いていた。

「先祖代々の言い伝えによりますと、仙人になったご先祖がおりまして、いつまでも帰らなかったとのことでした」

沈羲は懐喜の家に数十日滞在して、天上界での体験を子孫に語っている。

「はじめて天に昇ったとき、天帝にはお目にかかれず、太上老君に拝謁できた。老君は東を向いて座っておいでだった。わしはご挨拶をしたかったのだが、左右にはべる方が制止した。宮殿は素晴らしく美しかった。周囲には五色の雲がたなびき、庭には珠玉の木や霊草が茂り、龍や虎が遊んでいる。侍従は数百人いたがほとんどは美しい女性で占められている。時々、銅鑼をたたくような音が響いたが何をしているのかまったくわからなかった。宮殿の四方の壁は輝いていて、符が貼ってある。老君は三メートル以上も背丈のある方で、髪を総髪にして模様のある衣装を着けていらした。身体全体から光を放って、まぶしくて正視できなかった。

あるとき数人の仙女が黄金の台と玉の杯を持って、わしの前にきた。

〝これは神丹と申して、飲む者は不死となる。夫婦それぞれ一杯飲めば、万年の寿命がありますᵕ〟といってくだされた。それから鶏卵ほどの大きさの棗《なつめ》(通常は小粒の苺の大きさ)を二個と、乾肉を少しくださった。

▲町を離れ農村で暮らすことを楽しんだ沈羲夫婦

〝人間界に戻って人々の病を治してやりなさい。もし、また天界に昇りたくなったら、この符を竿の先にかけておきなさい。迎えの仙人をつかわします〟と、一枚の符と仙薬の処方を賜った。わしは眠いような気持ちになったところで、目が覚めたら地上にいたのだよ」

沈羲はまた人々の病気を治療していたが、そのうちに天上界に戻って行ったという。

（『神仙伝』より）

医師という職業は人々の生命を救うという重要な役目である。一生懸命に人助けをすれば、天の神さまはお見通しである。きっと天界に連れて行っていただける……というのが、この物語の骨子である。

＊一 **白鹿《はくしか》** 太上老君、つまり老子さまが乗用とする鹿のこと。この文の後に出てくる青龍、白虎は天界の四方を護るといわれる四獣に含まれている。

王遠《おうえん》／蔡経《さいけい》／麻姑《まこ》

wangyuan/caiji/magu

王遠――山海の神々が拝謁する天界の高級官僚

二世紀の有名な仙人である王遠は、山東省の海岸地方の出身とされている。たいへんな博識で五経に通じ、なかでも天文学、予言学、易学にとりわけ優れた才能を示した。天下盛衰の時期を予知し、全国各地の吉凶についても掌中を見るようだったという。

後漢の桓帝（在位一四六～一六七）は王遠の噂を聞いて召喚した。ところが彼は修行中の山から降りようとしない。そこで強引に宮殿に連行された。桓帝は王遠に色々と質問するのだが、彼は下を向いたまま口を開かなかったという。王遠は帰りがけに、宮殿の門扉に四百字あまりの予言を記した。内容については不明だが、これを読んだ桓帝は立腹して削り取るよう命令した。ところが削れば削るほど、文字は鮮明に見えたという。

王遠は後に昇天したが、天界での彼の地位は相当な高位であったとされる。彼は崑崙山に住んで、定期的に山々を巡回した。訪れるどの山にも山頂に宮殿があり、天界の役人が事務を行っている。それを監督するのが王遠の業務である。行く先々では山海の神々の拝

謁を受けたという。

☯蔡経――脱皮して仙人となる

天界で要職を勤める前の王遠が、旅行中に江蘇省で蔡経という男の家に立ち寄った。蔡経は平民だが、仙人になる骨相の持ち主だったという。王遠は蔡経に語った。

「おまえは将来、天界の役人になるだろう。しかし気が足りず、肉が多いので尸解《しかい》しなければなるまい。まあ、犬の掘った穴をくぐり抜けるようなものだ」

王遠は蔡経に尸解の方法を伝授して立ち去った。尸解というのは仙人になるひとつの方法で、一般の人間には死んだと見せかけて、世俗との交渉を断つのである。

その後、蔡経は突然に発熱した。あまりにも身体が熱いので家人に水をかけさせたが、焼け石に水を注ぐようにジュウジュウと湯気が出たという。そうした症状が三日ほど続き、蔡経の身体は痩せ衰えて骨と皮ばかりになった。あるとき家人が、眠っている蔡経の布団をめくると、そこにはまるで蝉の抜け殻みたいに蔡経の皮だけが残り、中身はどこかへ消えてしまっていたという。

☯麻姑――仙人たちの宴会に招かれた仙女

蔡経は姿を消してから十年ほど後に、ひょっこり帰宅した。顔色は以前よりも若々しく、髪も黒くなっていた。蔡経は家人に告げた。

「七月七日には王遠閣下がおいでになる。宴会の準備をしてお供の方々にも振る舞わねばならぬ」

当日、蔡経の家では隣近所の食器まで借り出し、盛大な酒宴の用意をして待ち受けた。やがて五匹の龍の引く車に乗った王遠が到着した。朱色の衣装に虎頭の飾り金をつけた帯、顔色は黄色く口髭がすこしあった。車の周囲には指揮旗やのぼりがたなびき、数百人の武官が護衛についていた。蔡経の一家が王遠に拝謁すると、王遠は麻姑を招待しようといい、使者を送った。

麻姑は女仙であり、次のようなエピソードの持ち主だ。

彼女の父は気性が荒く、人々が働いている間は鶏が鳴くとき以外は休息を取らせない。かわいそうに、と思った麻姑が鶏の鳴き声をまねてみた。すると近所の鶏が一斉に鳴き出したのである。それで人々は仕事をやめてたっぷり休むことができたのだ。父親が彼女の仕業と知って、彼女を鞭打とうとする。麻姑は逃げ出して、橋の上から天界に昇っていったという。その後、庭に槐[*1]の大木がある家の主人が、夢の中で仙女に槐をくれといわれて承知した。数日後に雷雨があり、槐の大木は麻姑廟の前に倒されていたという事件があった。

さて、麻姑が蔡家に到着した。麻姑は十八～十九歳くらいの年頃の美人で、髪を頭上でまげに結い、残りを腰まで垂らしていた。衣装は不思議な光沢を持った生地で作られ、とても地上の物とは思われなかった。三人の仙人はお互いに挨拶を交わした。麻姑は王遠に話しかけた。

「お目にかかって以来、早くも五百年がたちました。先頃、蓬萊[*二]に行って参りましたが、昔ご一緒した頃に比べて水が半分に減っておりました。やがてはまた、陸地になるのでしょう」

麻姑は蔡経の家族に会うことを希望した。一同がまかり出ようとしたが、麻姑は蔡経の弟の妻だけをとどめた。彼女が妊娠しているのを察知したのだ。妊娠は穢れなのである。清めのために米を用意させて、地面に撒いた。地上に落ちた米はことごとく丹砂に変わっていた。王遠は笑っていった。

「麻姑殿はまったくお若い。わしは年を取って、このように気の利いた術は面倒になりました」

蔡経は麻姑とは初対面だった。麻姑の爪が鳥のようだったのを見て、〝あんな爪で背中を掻いてもらったら、ひどく気持ちがいいだろう〟と想像した。その途端、王遠は部下に指示して蔡経を鞭打たせた。周囲の人間には鞭の音は聞こえるものの、鞭が見えなかった。

☯王遠、庶民に長寿の護符を授ける

蔡経の家の近所に陳という男がいた。彼は仙人が来臨しているのを知ると、拝謁したい

と申し出た。王遠が面会を許すと、陳は蔡経同様に王遠の下で働きたいと申し出た。王遠は陳をよく眺めてからいった。

「そちは心が不純なので到底仙道を教えることはできない。そちには地上の仕事を授けよう」

帰りがけに王遠は一通の護符と手形を陳に与えた。

「これを持てば、そちは百年を超す寿命を得る。これらの品物は災難をはらい、病を治すことができるのだ。罪なき者が病気になったら、そちがこの護符で治療をなさい。もし、邪鬼の祟りがあれば、護符を身につけて手形で天界の役人を呼ぶのだ」

陳はその後、この護符を使って多く

の人々の病気を治療した。そして百十歳で死んだ。彼の死後家族の者が彼の護符を使おうと思ったが、既に効力を失っていたという。(『神仙伝』より)

一般の人々にとって、仙人を拝むのは廟を訪れたときぐらいのものだ。日常生活で信仰を示すような習慣はあまりない。絵画や彫刻、詩歌の題材に扱われる程度だ。ただ、麻姑は別格で、婦人の誕生日にその絵姿を飾る習慣が民国(一九一二~一九四〇)の時代まで続いている。麻姑が蟠桃を持ち、雄鹿を連れているデザインである。ちなみに男性の誕生日には南極老人星(寿老人)の絵である。

*一 槐《えんじゅ》 中国原産、マメ科の落葉喬木。幹の高さ約十メートル。材木は建築・器具用、黄白色の花の色素はルチンで高血圧の薬、また乾燥して止血薬となる。果実は痔薬になる。

*二 蓬莱《ほうらい》 仙人が住むとされる東海中の島。周辺の海は数千年ごとに乾燥・水没を繰り返すとされる。

葛玄 かつげん
gexuan

護符を使って数々の魔術を披露

葛玄は『抱朴子』を著した葛洪（二八四～三六三）の祖父のいとこにあたる人物である。彼は有名な仙人、左慈（百八十二ページ参照）に師事して『九丹金液仙経』[*一]を授けられたが、金丹を完成させるには至っていなかった。葛玄には多くのエピソードが遺されているが、それを読むと彼が水に関連した魔術が得意なことと、邪鬼退治に力があったことがうかがい知れる。いずれにせよ、かなり自己顕示欲の強い人物だったようだ。

葛玄が旅をするときには、常に護符数十枚を持ち歩いていた。たまたま船の上で、ある人がそれについて質問した。

「あなたの護符はどのような働きをするのでしょうか」

「護符そのものはたいした働きをしない」

といって、葛玄は一枚の護符を河に流した。護符は下流に流れていく。次にまた一枚の護符を流す。すると護符は流れに逆らって上流に向かうではないか。人々は驚いた。葛玄は

さらに一枚の護符を河に入れた。すると、今度の護符はまったく動かないで静止したままである。しばらくたつと三枚の護符は一か所に集まってきたので、葛玄はそれを元にしまった。
　葛玄がよく利用する旅館の主人が病気になった。たまたま葛玄が訪れたとき、巫女が祈禱していて、精霊が巫女に憑依した。精霊は巫女の口を借りてさまざまな指示を出し、葛玄にも酒を飲ませよという。ところがその言葉使いが横柄だったので葛玄が怒った。何事かを念じると、あっという間に五人の鬼神が出現して精霊を縛りつけた。もっとも周囲の人間にはそんなことは見えないで、ただ巫女が柱にしがみついて命乞いをするだけだ。鞭を打つ音がして巫女の身体から血

が流れた。

「おまえを死罪にすることは許してやる。おまえは、ここの亭主の病気を治すことができるか？」

葛玄が精霊に聞くとかぼそい声で返事があった。

「はい。できます」

「ならばおまえに三日の猶予をやる。それまでに病人が治らなかったら死罪にいたすぞ」

病人は快癒したのである。

☯大雨を起こし、分身の術でパフォーマンス

呉の大帝（孫権　一八二〜二五二）は葛玄を謁見し、賓客待遇とした。あるとき、大帝と酒楼で飲んでいると、路上で人々が雨乞いをしていた。大帝がいう。

「百姓たちが雨乞いをしているが、そちの力でなんとかなるまいか」

「簡単なことです」

葛玄は護符を一枚したためて、ある廟に届けさせた。すると、俄かに大雨が降ってきて、目の前の庭までが深さ三十センチほどの池のようになった。

「この水に魚がいればいいのだが」

「おやすいご用です」

また護符をしたためて水中に投じた。すると五十センチもある魚が群れをなして泳ぐのが見えた。

「あの魚は食べられるのか」

と大帝が聞くので捕って料理させたところ、普通の魚とまったく変わらなかったという。

あるとき、葛玄を招待した人がいた。彼は断ったが再三の申し出にやむなく使者に従った。数百歩も歩くと葛玄は腹痛を起こし、地面に横になったまま、あっけなく死んでしまった。驚いたのは使者である。あわてて葛玄の頭を持ち上げると、首がちぎれてしまった。腕を持ってもちぎれ、身体がばらばらになってしまったのである。しかもあっという間に腐りはじめ、ウジまで涌いてきた。使者はあわてて葛玄の家に知らせに戻ると、そこにはもうひとりの葛玄がくつろいでいた。自分の目が信じられない使者は、路上に戻ってみると、そこにあったはずの葛玄の遺体は消えていたという。(『神仙伝』『太平広記』より)

仙人の使用する術で、その仙人が活躍した時代がだいたいわかる。古い場合は護符・呪文を多用し、その次に仙丹が使われだし、時代が下るにつれてあまり派手なパフォーマンスをやらなくなっている。初期の道教宗派がオカルト的であり、やがて仏教や儒教の影響を受けて求道的、精神的に変貌したこととリンクしているといえるだろう。葛玄の場合などは、古いタイプの仙人に属すると思われる。

調息《ちょうそく》

体内の三尸を退治（三百七十四ページコラム参照）したら、次に行うべきことは外部の「気」を身体の中に採り込むことである。一般に行われる呼吸法は外気を吸うだけで、それを身体の各部に巡らせることができない。重要なのは気をそのまま外に出さず「閉気」といって身体の内部に留めておくことである。これが「調息」である。

道士は「胎息《たいそく》」という呼吸法を採用している。これは母親の胎内にいる胎児の呼吸法を踏襲したものだ。この呼吸法を会得すればどんな病気も治るし、水の中に留まることもできる。飢えや渇きが避けられ、虎や蛇の毒からも免れることができるとされている。

これにはまず「握固《あくこ》」という胎児の手の握り方をする。親指を手の平の中に入れて、固く握りしめる。さらに「守一《しゅいつ》」という精神統一をする。これは身体に住む「一」という神を心の中で強く念じるのである。

呼吸の方法は、まず鼻から息を吸って胸の中に入れ、息を止める。そして心臓の鼓動を百二十数えて、口から吐き出すのである。この動作はできるだけ静かにゆっくりと行うことが望ましい。これをマスターするには羽毛を鼻の頭につけて、揺れないように行う方法が取られる。

吸気を多く、吐気を少なくするように心がける。そして胸の中に息を留めておく時間を長くするように訓練するのだ。鼓動を千まで数えられるようになれば、肉体は次第に若さを取り戻し、さらに十年も続けると仙女が現れ、左右にはべるようになるという。

この呼吸法で守らなければならないのは、必ず午前零時から正午までに行うことである。この時間帯は「陽」すなわち生気のみなぎっている時間であるからだ。午後は「陰」つまり死気のみなぎる時間なので、呼吸法を行っても逆効果になるだけだ。

＊一 **『九丹金液仙経《きゅうたんきんえきせんきょう》』**『九鼎丹経』とおなじ。黄帝がはじめて作った不老長生薬の製造法とされ、左慈を経て葛玄に渡り、やがては葛洪によってその著『抱朴子』にその秘訣の一部が収められた。

蘇仙公

そせんこう

suxiangong

牧童たちと暮らす、貧しく平凡な仙人

蘇仙公は湖南省の出身で、前漢五代目の皇帝である文帝（紀元前二〇二〜紀元前一五七）の時代の人である。蘇仙公は早くから父を亡くして母親とふたり、たいへん貧しい暮らしをしていた。自分で牛を飼い、村の少年たちとともに一日交替で牧童をしていた。蘇仙公が牧童をする番になると、牛は蘇仙公の周囲を歩くだけで、勝手に家に帰るという従順さを示した。ほかの牧童たちには牛の面倒は厄介なものなので、蘇仙公に質問した。

「あんたは牛になにか術でもかけたのかい」

蘇仙公は笑っているだけだった。決して自慢したり尊大なところを見せず、ただの庶民として生活していた。もっとも蘇仙公の術はなかなかのものだった。食事中、母に塩漬けの魚を買うように頼まれた。蘇仙公はご飯に箸をさしたままふらりと家を出て、すぐに魚を持って帰ってきた。母親は近所で買ったと思ったが、彼は一瞬の間に六十キロも離れた町へ行ってきたのだ。

何年か後、蘇仙公は自宅を修理し、堀や門を清掃した。友人が聞いた。

「どなたかお迎えするのかね」

「なに、仙人の仲間がやってきますので」

やがて西空の一角に紫色の雲が出て、そのなかから数十羽の白鶴[*一]が現れて庭に降り立った。白鶴は地上に着くと十八歳くらいの端麗な若者に姿を変えた。

蘇仙公は丁寧に彼らを迎え、母親にいった。

「母上、わたしは迎えの方々と天に昇ります。もはや孝養を尽くすこともかないませんが、どうかお達者でお暮らしください」

母親は泣いた。

「母上の暮らし向きはご心配なく。来年は疫病が大流行しますので、庭の井戸水と橘の木が役立ちます。井戸水一杯と橘の葉一枚で、ひとりの疫病患者を治療できます。それと、箱をひとつ残しておきます。なにか必要な物があったら、この箱を叩いて品物の名前をおっしゃってください。すぐ品物が出てきます。ただし、決してこの箱を開けてはいけませんよ」

蘇仙公は紫の雲に乗って、白鶴とともに昇天していった。

翌年、予言通りに疫病が大流行した。蘇仙公の母親は息子の語った治療法で多くの病人を快癒させた。品物の不足があると、例の箱を叩いて出した。あるとき、中身に興味を持った母親が箱を開けてみた。すると二羽の白鶴が飛び去った。それ以来、箱はなんの力も持たなくなった。

☯紫雲に乗り、赤龍を橋に化けさせる

数年後に蘇仙公の母親が亡くなった。村人たちが葬式をすませて、ふと西方の牛脾山《ぎゅうひざん》を見上げると、山頂に紫色の不思議な雲が垂れ込め、何者かの泣き声が聞こえてくるではないか。人々はそれが蘇仙公の起こした神異であることに気がつき、郡の長官とともども山頂へ弔問に出かけた。しかし泣き声がするだけで姿は見えない。一同は願った。

「蘇仙公さま、どうかお顔をお見せください」

空中から返事があった。

「俗界を離れて長い時間が過ぎているので、姿形も普通の人とは違っている。姿を見せれば驚かれるので遠慮しているのじゃ」

人々が再三願うと、蘇仙公は顔の一部をちらりと見せたが、びっしり短い毛が生え、人間のものとは思えなかった。蘇仙公は集まった人々にこう語った。

「遠路はるばる弔問に参られてかたじけない。山道は危険なので、特別の道を作りました。後ろを振り向かずに真っすぐお帰りなさい」

峰に長い橋がかかり、町まで一直線に延びていた。人々は橋を渡り、最後のひとりが振り返ると橋は一匹の巨大な赤龍[*二]に姿を変えて、うねりながら空中を去っていったのである。（『神仙伝』より）

一介の農民に混じって山里に暮らす蘇仙公の地味な生活振りは隠士[*三]の理想を彷彿とさせる。派手なパフォーマンスを披露する仙人に比べれば、なんとも渋い存在感がある。

＊一　**白鶴**《はくつる》　白い鶴は千年の生命を持つという、長寿のシンボルである。日本にもある諺〝鶴は千年、亀は万年〟は本来、神仙伝説から生まれたものである。

＊二　**赤龍**《せきりゅう》　五行説では龍は東方を護るとされることから青色とされるが、龍の人気が高まるにつれ、四方＋中央のすべてを龍が護ると考えられるようになった。その場合の龍は五色、すなわち黄、赤、白、青、黒である。

＊三 隠士《いんし》 隠者。中国知識人には〝隠逸の思想〟というものがある。いわばドロップ・アウト。官僚になるしか出世の道がなかった当時の人々が、俗界を拒否する思想である。激しい派閥抗争や献金争いに嫌気がさし、山里で平穏に暮らそうと考える、理想的な自然への回帰でもある。ただし、仙人と隠士の思想とは直接の関係はない。

スッポンが支える神山

『史記』封禅書によれば、神仙の住む山は人間の世界からさほど離れていないという。もっとも、人間が近づこうとすると強風が巻き起こり、船を遠くに押し流してしまうので、一般の人間にはけっして上陸できないとされている。まあ、不老不死の仙薬が簡単に入手できないのは当然だ。

さて、これらの山々は底なしの谷に溜まった水の上に浮いているわけだから、潮や波の影響を受けて浮き沈みし、流されることもある。あるとき、心配した仙人たちは天帝に訴えた。天帝は海中に住む巨大なスッポン十五匹に命令した。「おまえたちは六万年ずつ、五匹が交代で首を持ち上げて五つの山を支えるようにしなさい」

それ以来、五つの山は固定されて動かなくなった。ところがその後、龍王の国に住む巨人がやってきて、岱輿《たいよ》と員嶠《いんきょう》を支えているスッポンを捕まえて自分の国に持ち帰ってしまった。そのおかげでこの二つの山は流され、やがては海中に没してしまった。現在では三神山だけが残っているというわけだ。すなわち蓬萊、方丈、瀛州の山々である。

壺公／費長房
ここう／ひちょうぼう

hugong/feichangfang

壺の中にあった異次元世界

　壺公という人の姓名は不明だが、護符魔術のエキスパートとして知られ、『召軍符』や『召鬼神治病王府符』など二十巻あまりの護符書を著したとされる。これらの護符類は総称して『壺公符』*一と呼ばれている。

　後漢の時代（二五～二二〇）、河南省汝南県に費長房《ひちょうぼう》という役人がいた。彼の住む町に壺公がやってきて、街頭で薬売りをはじめた。この薬がとてもよく効き、値段が安いことで、町の人々の間で評判になった。壺公は、薬を飲んだ後の病状の変化や快癒する日数についても丁寧に説明して、その言葉通りになるのである。商売は大繁盛、毎日たくさんの儲けがあったが、壺公はすべて貧乏人に施した。壺公は商売が終わると、そっと薬の入っている壺に飛び込むのである。町の人々はこの事実を誰も知らないが、費長房はたまたま見張り楼の上から見ていたのである。

　長房は壺公が普通の人間ではないことを知った。そして、毎日のように壺公の座ってい

る地面を掃除し、御馳走を差し出すようになった。壺公は長房の行為を無視した。それでも毎日のようにやって来るので、壺公は長房の誠実さを認め、こう語った。

「日が暮れて誰もいなくなったら、ここへ来なさい」

夕方、長房は壺公の元を訪れた。壺公はついてくるようにいって、壺に飛び込んだ。長房も思い切って壺に飛び込むと、そこには信じられないような広い世界があった。立派な門の内側に、楼閣をはじめとしてさまざまな建物があり、この世のものではない優雅な雰囲気にあふれている。建物には侍者が何人もはべっていた。長房はここが仙人の住居だと知った。

「さよう、わしは仙人じゃ。かつては天界の役人だったが職務怠慢で叱責され、人間界に落とされたのじゃ。そなたには見どころがあるゆえ、ここに連れてまいったのじゃ。このことは決して人に漏らすなよ」

☯困難を極める仙道修行の数々

あるとき壺公が長房の家を訪れた。

「わしはこれから出発するが、おまえはわしに従って修行をする気があるか」

長房は胸をはずませて答えた。

「もちろんです。ただ、家族には悟られずに出発したいのですが」

壺公は傍らの青竹を取って与えた。

「家人には病気だといいなさい。そして、この竹をベッドに置いたまま、黙って出てきなさい」

長房がいわれた通りにして家を出た。その後、家人は長房が死んでいるのを発見し、丁寧に埋葬した。

長房は連れていかれた場所がどこなのか、まったく見当がつかなかった。いよいよ修行が始まった。まず、壺公は長房を虎の群れのなかに置き去りにした。虎は長房の周囲を回って威嚇し、鋭い牙を剥き出しにして襲いかかろうとする。長房は必死に恐怖に耐えた。次に長房は狭い石室に閉じ込められた。頭上には何トンもある大石が藁縄で吊り下げられている。長房がじっと耐えていると、たくさんの蛇がやってきた。蛇たちは縄を噛み切ろうとする。縄はキリキリと音を立て、今にも大石が落ちてきそうだった。長房はできるだけ心を平静にすることに務め、どうにか耐えることができた。

その次に壺公は糞尿を食えと命令した。見るとひどい悪臭がして、しかもウジがたくさん涌いている。長房はどうしてもこれを食べることができなかった。壺公は溜息をついた。

「そなたは、天界に昇るのは無理だが、地上[*二]の主にしてやろう。この護符を身につければ諸々の鬼神を従わせることが可能じゃ。鬼神（死者の魂）を呼び出して病を治し、災いを鎮めることができる」

といって護符一巻を遣わした。

さて、長房はどうやって家に帰ったらいいのかわからなかった。すると壺公は一本の杖を渡して、これに乗っていけという。長房が杖にまたがって、ふっと気がつくと自宅に帰り着いていた。杖を捨てると一匹の青龍に変身して帰っていった。家人は死んだはずの長房を見て恐れた。長房が事情を説明して自分の棺桶を開けさせると、死体の代わりに青竹があったので、家人は納得した。ほんの一日の修行だったと思ったが、暦を確かめると一年間も過ぎていた。

天界の役人が罪を犯して、地上に落とされることはよくあったようだ。『西遊記』の孫悟空、猪八戒、沙悟浄も同様の身の上だ。壺公に従って修行した費長房は、壺公が尋常の人間でないことを知ったおかげで仙人になれたという、幸運に恵まれた。道教教義など知らなくても、偶然に仙人になれるという発想は、道教が広まる前のものである。長房はその後、重陽節（〈旧〉九月九日）には高い場所に登る風習のきっかけを作っている（三百三十ページ参照）。

不死への憧れが〝仙人〟に結実

　生き物には常に死の影がつきまとう。生ある以上、死を迎えなければならないのが宿命なのである。〝死は肉体の休止であり、霊魂は肉体が滅びたあとも不滅である〟……永遠を願う古代の人々はこう考えた。

　こうした事情は中国においても同様で、人が死ぬとその霊は天に昇って魂《こん》となり、あるいは地上にとどまって魄《はく》となる。これが中国の〝魂魄〟という精神不滅の思想である。別説もある。人間の魂は三個あり、死ぬと一個は地獄または天国に行き、一個は家にとどまる。そして最後の一個は肉体とともに墓場へ行くとされる。

　こうした考え方は春秋戦国時代になるとさらに発展して考えられ、精神ばかりか肉体までが不滅になることができると思われるようになった。紀元前三世紀の文献『韓非子』『楚辞』『春秋左氏伝』には「不死薬」「不死道」という言葉が記載されている。つまり巫術や呪術よりも医学的処置によって不滅の生を得るという考え方が優先するようになったのである。

　こうして生まれたのが〝仙人〟の発想である。仙人は当初「僊人」と記された。「僊」つまり軽やかに空を舞う人という意味である。また「仙」は「仚《せん》」の同義語である。つまりは山頂で暮らす人々という意味である。死を超越し、空中を自由自在に飛びまわる人であれば当然、その住居は高い場所、つまりは山頂であろうということである。三神山（四百九ページ参照）の発想も、ここから出ている。

＊一　『壺公符《ここうふ》』　葛洪の著である『抱朴子』にその書名がみられるが、内容については残されていない。

＊二　地上の主　ここでは天上界に昇ることができず、もっぱら地上で暮らす下級の仙人＝「地仙《ちせん》」という意味である。

終章

道教アイテム
北京・白雲観の暮らし
不老不死薬〝金丹〟
中国簡易年表

付録一 道教アイテム

道観の道士が儀式などの際に使用する道具を紹介しよう。宗派や儀式の種類によって多少の違いはあるが、おおむね以下の道具が一般的だ。

①笏《しゃく》＝本来は皇帝に奏上する臣下が持つ木板または象牙板。一種のカンニング道具だ。三清や玉帝に謁見するなど重要な儀式の際に使用する。長さ四十五センチ、幅六センチ、厚さ七ミリほど。

②七星剣《しちせいけん》＝宝剣、法剣とも呼ばれる、悪霊を切り殺すための武器。両刃で鋼鉄製。刃の両面に北斗七星のマークが刻まれている。長さ六十センチほど。桃の木で作った木剣や包丁を使用することもある。

①

②

③
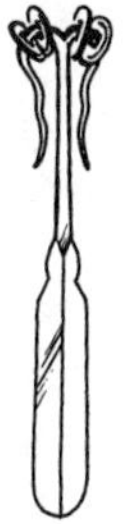

④

⑤
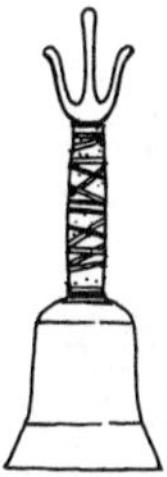

⑥
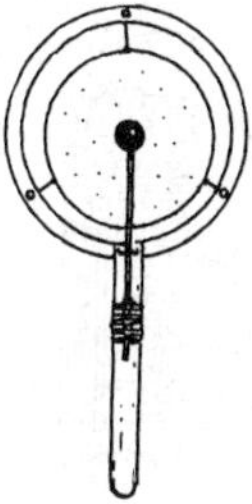

③師刀《さいけん》＝巫剣とも呼ばれる長さ三十〜四十センチの短剣。先端部分が丸みを帯び、龍の髭のようになっている。ここに銅銭などを通して使用する。握りの部分の直径は三センチほど。全体に彫刻が施されている。

④龍角《りゅうかく》＝長さ三十センチほどの角笛である。牛の角か錫で作ったもの。側面には北斗七星の彫刻を施したものが多い。本来は戦場で使用されたが、道教では神降ろしまたは魔除けの両方に使用する。

⑤帝鐘《ていしょう》＝仏教で使われる金剛鈴に似たもの。法鈴、巫鈴とも呼ばれる。口径十センチ、高さ二十センチほどだ。頂上部分に三本の突起（三清のシンボル）があることで仏教用と区別される。儀式の際に道士が左手に持って鳴らし続ける。神降ろしと魔除けに効果がある。

⑥単音《たんおん》＝直径十センチ程度の皿状の銅鑼《どら》を、ひとまわり大きな金属枠で囲み、取っ手をつけたもの。片

手で使用できる銅鑼である。
⑦令牌《れいはい》＝雷令、五雷牌とも呼ばれる木製の札。高さ二十センチ、幅十センチ、厚さ三センチほどの大きさで上部が丸みを帯びている。正面に「五雷号令」、背面に「総召萬霊」、両側面に二十八星宿の名称を彫刻したものが多い。これは天地の象徴であり、神霊を来臨させ、雷神を使役して魔除けにもなるという、神聖な法器である。
⑧法縄《ほうじょう》＝法鞭、鞭とも呼ばれる、蛇の姿をかたどった鞭である。長さ二十センチの棒に一メートルほどの麻または木綿縄が取りつけてある。握りの部分に八卦図が彫刻されていることも多い。道士はこの鞭を打ち鳴らして悪霊を退散させる。

⑦

⑧

このほかに鐘磬《しょうけい》という碗形の鈴や木魚、銅拍子などの楽器類、奉旨《ほうしゅ》という木片、水盂《すいう》という聖水容器、印章などがある。

付録二 北京・白雲観の暮らし

白雲観は全真教の本山。この宗派は禅宗の影響が強く、座禅、雲水（行脚修行）を採用していて、妻帯、肉食をせず、祭事も一般に地味である。また、ここは十方叢林《じっぽうそうりん》といわれる修行道場であり、一人前になった道士に、証明書である〝戒牒《かいちょう》〟を伝授できる権限を持っている。小規模の道観は住職が代わると所属する宗派も変わるが、十方叢林の場合はそういうことはない。

ここでの道士は髷《まげ》を結い、道服を着て〝道巾〟という頭巾をかぶる。一般道士の道服は青色、普段は筒袖で、儀式の際は広い袖の服を着用する。道巾は九種類、役職・用途に応じて使い分ける。脚には白い脚絆のようなものを巻き、黒フェルトの布靴を履く。高位の道士の場合は赤い道服を着る。

起床は夏期が午前五時、冬期六時。七時から朝の勤行が始まる。勤行は本堂内で行い、高位の道士が最前列に並び、その前の卓上に木魚、鐘、経本などが置かれている。読経は最前列の赤服の道士が行い、中・後列に並ぶ青服の道士は経を読まないしきたりである。

読経の際、道士は直立して行うが、時折ひざまずく。その方法は膝を八の字に開き、自分の前に置かれた台上に乗せ、背筋を伸ばす。ちなみに道士の日常の挨拶は、左手で右手を包み、両方の親指を隠して数回、上下させる。左手が陽、右手が陰とされ、陽が陰を包むという意味がある。

七時半から朝食時間となる。その内容はお粥に漬物。音を立てて食べることは許されない。八時半から正午までは堂の清掃や参詣人の接待などに追われる。正午から昼食。食事内容は朝食に一、二品おかずが付く。もちろん菜食で、使用する油にいたるまで動物性のものは一切使われない。昼食後は再び、午前中同様の雑事に追われ、四時半から晩の勤行に入る。五時半に夕食。内容は昼食とたいして変わらない。それが済むとようやく自由時間となる。この時間帯に道士は経典についての勉強や、座禅を組むなど自主的な修行に入る。就寝は九時半である。

およそ、以上が修行中の道士の生活である。道観内の行儀作法はたいへんにやかましく〝清規《しんぎ》〟といわれる。それに背くと罰を受けることになる。

もっとも軽い罰は〝跪香《きこう》〟といわれる。線香を持ち、燃え尽きるまで神殿にひざまずくのだ。日本の線香とは違い、太く長いので数時間かかる。もっとも重い罰は〝杖革《じょうかく》〟といわれ、髷を切り落とし、長老の持つ杖で叩かれてから道観を追放される。

以上が道観の生活のおおよそだが、祭事が多く、道士たちは忙しい毎日を送っていたよ

▲古代社会の道士の服“道衣”。初期の道衣は袖も広く、青色に限定されていた

うだ。白雲観は全真教の道場であるから、その生活態度も非常にストイックなものである。台湾や東南アジアで勢力を持つ正一教の場合は、規律もぐんと緩む。妻帯・肉食もできるし、髷を結うこともなく、町に出れば一般の人々と変わらない。祭事や日頃の勤行も派手である。当然、供物も変わってくる。全真教の供物は果物、菓子など精進物が中心だが、正一教では子豚や鶏の丸焼き、魚類など生臭物が供えられる。

付録三 不老不死薬〝金丹〟

錬金術の目的は卑金属から貴金属を作り出そうというものである。そして最終目的として考えられたものが、西洋では「賢者の石」であり、中国においては「金丹」、つまり仙人となって不死を得ることなのである。

錬金術は一方では人間に科学的思考をもたらす母体ともなった。中国が世界に誇る四大発明のひとつ、火薬が錬金術の副産物であったことは知られている。

中国における錬金術（錬丹術）の発祥は紀元前四世紀頃とされている。紀元前二世紀の淮南王・劉安は八公から次のような教えを受けている。

「泥のように見えるものを煮て金に変え、鉛から銀を作り出せる。八種の石を練り合わせた薬を服用すると、空を飛び、雲や龍に乗って天上の世界に行くことができる」

さまざまな試行錯誤の結果、いくつもの丹薬が作られた。それらを今日、もっともよく伝えているのが大錬金術師・葛洪の著した『抱朴子』である。葛洪によれば薬は三種に分類できるという。病気を治療するだけの下薬、人間の健康を増進させる中薬、そして寿命を延ばし、空を飛んだり鬼神を使役できる上薬である。この上薬のなかでもっとも優れているのが〝金丹〟である。

もっとも原始的ともいえる金丹は朱色の「丹砂《たんしゃ》（硫化水銀）」から作られる。丹砂を加熱すると水銀に変化する。そして水銀は硫黄と化合させるともとの丹砂に戻る。これを還丹という。これを数回繰り返すことで不死の薬とすることができるという。

葛洪によれば〝丹薬〟を作るには名山に入り、人のいない場所で作らなければならない。事前に百日の斎戒をし、香の入った湯で沐浴することが必要だという。製造法を紹介しよう。

第一の丹＝丹華という。雄黄水（硫化砒素の溶液）、礬石水（明礬水）、戎塩《じゅうえん》（甘い岩塩）、鹵塩（苦い塩）、礜石（砒素を含んだ石）、牡砺《ぼうれい》（カキ殻の粉末）、赤石脂（風化した石のやに）、滑石（つるつるした石）、胡粉を練り合わせて三十六日間、火にかけてできたもの。これを飲めば七日で仙人になれる。また玄膏《げんこう》（黒い油）でこの丹を丸め、強い火で焼くと、たちまちのうちに黄金に変化する。

第二の丹＝神丹、または神符。これを飲むと百日で仙人になれる。これを足に塗れば水の上を歩くことができる。三匙飲むと体内の三尸を消滅させることができる。

第三の丹＝神丹。一匙ずつ飲むと百日で仙人になれる。また、剣で切られ、槍で突かれてもはねかえせるようになる。服用百日目に仙人、仙女、山川の鬼神たちが迎えにくるのが見える。家畜に飲ませても不死となる。

第四の丹＝還丹。一匙ずつ百日間服用すると仙人になれる。朱雀や鳳凰、仙女がお迎えにくる。この薬一匙と水銀二百二十グラムを混ぜて火にかけると黄金になる。これを銭に塗って使うと、その日のうちに戻ってくる。人の目の上にこの丹で字を書くと、どんな鬼も近寄れない。

第五の丹＝餌丹。これを服用すると三十日で仙人になることができる。鬼神はかしずき、仙女が目の前にやってくる。

第六の丹＝錬丹。十日間服用すると仙人になれる。この丹に水銀の化合物である汞《こう》を混ぜて火にかけると黄金になる。

第七の丹＝柔丹。百日の服用で仙人になれる。いちごの汁と混ぜて飲めば、九十歳の老人にも子供を生ませる力ができる。鉛と混ぜて火にかけると黄金になる。

第八の丹＝伏丹。これを飲めば即日、仙人になれる。棗《なつめ》の種子ほどの量を持っていると百鬼は避けて通る。この丹で門や戸に字を書くと、すべての悪霊は入れない。盗賊や虎狼をもはねつけることができる。

第九の丹＝寒丹。毎日一匙、百日で仙人になれる。仙女、仙童がそばに仕えにくる。翼を使わずに軽々と大空を飛べるようになる。

実際にこうした薬を服用した人は何人もいたようだ。しかし、高価な材料なので一般人には無理であったようだ。歴代皇帝の死因を調べると砒素中毒、あるいは水銀中毒が原因となった例が少なくない。とりわけ漢代には薬禍が多かった。大変な劇薬なのである。道士はこうした丹薬を飲んだ際には、薬の毒を発散させるために歩き回ったという。これが「散歩」の語源である。

中国簡易年表

西暦	王朝	文化・道教関連事項	日本
紀元前四〇〇〇	仰韶期	沙苑文化（前五〇〇〇） 仰韶文化（前四〇〇〇） 老子？	無土器文化（前一〇〇〇〇）
三〇〇〇	竜山期	竜山文化（前二五〇〇）	
	夏　前二十一世紀～前十六世紀頃	青銅器 彭祖	縄文時代 前一〇〇〇〇～ 前三〇〇
一五〇〇	殷（商）　前十六世紀～前十一世紀	亀甲獣骨文字 比干	
	西周　前十一世紀～前七七〇年	鉄器時代　呂尚 穆王、西王母に謁見？	
五〇〇	春秋　前七七〇～前四〇三　東周・衛・曹・宋・鄭・晋・燕・韓・魏・ 戦国　前四〇三～　趙・魯・楚・呉・越・	墨子 魯班	弥生時代 ～西暦四〇〇

紀元前
西暦
二〇〇
三〇〇

前二二一
蔡・陳・斉・秦
秦　前二二一～前二〇七
前漢　前二〇六～西暦二四
新　九～二三
後漢　二五～二二〇
魏（二二〇～二六五）
蜀（二二一～二六三）
呉（二二九～二八〇）
西晋（二六五～三一六）
東晋　三一七～四二〇
五胡十六国
宋　四二〇～四七九

秦始皇帝天下統一
（前二二一）
『史記』司馬遷
仏教中国に伝わる（前二）
『山海経』『礼記』李少君
蔡倫、製紙法を発明（一〇五）
魏伯陽
黄巾の乱（一八四）
五斗米道興る
劉備、諸葛孔明に三顧の礼
二〇九
左慈　許遜
関羽没す　二一九
華陀
『三国志』
『神仙伝』『抱朴子』葛洪
『捜神記』
寇謙之『新天師道』

倭王、後漢に使者を遣わし金印を得る（五七）
卑弥呼没す（二四八）

西暦	王朝	文化・道教関連事項	日本
四〇〇	五胡十六国 南北朝時代 四二〇〜五八九 北魏 三八六〜五三四 斉 四七九〜五〇二 梁 五〇二〜五五七 陳 五五七〜五八九 西魏 五三五〜五五七 東魏 五三四〜五五〇 北斉 五五〇〜五七七 北周 五五七〜五八一	陶弘景「茅山派」 北魏、華北を統一	古墳時代 四〇〇〜五九三 仏教伝来 五三八
五〇〇			聖徳太子 五七四〜六二二
六〇〇	隋 五八一〜六一八	玄奘 六〇二〜六六四 媽祖	飛鳥時代 五九三〜七一〇
七〇〇	唐 六一八〜九〇七	玄宗の前に鍾馗出現 安禄山の乱 七五五 呂洞賓 火薬・羅針盤の発明	奈良時代 七一〇〜
八〇〇			平安時代 七九四〜一一八五 最澄・空海の入唐 八〇四
九〇〇	五代十国時代 九〇七〜九六〇 遼 九一六〜一一二五		
一〇〇〇	北宋 九六〇〜一一二七	王重陽「全真教」	
一一〇〇		時遷	鎌倉時代 一一八五〜一三三六

年	中国	出来事	日本
一二〇〇	南宋 一一二七～一二七九 金 一一一五～一二三四 蒙古 一二〇六～元	丘長春、チンギス・ハンに謁見 一二二二 浄明道	元寇 一二七四～一二八一
一三〇〇	元 一二七一～一三六八		室町時代 一三三六～一五八〇
一四〇〇	明 一三六八～一六四四	『水滸伝』 鄭和の南海遠征 一四〇五～一四三三	
一五〇〇		道教経典『道蔵』完成	鉄砲伝来 一五四三 桃山時代 一五八〇
一六〇〇	後金 一六一六～一六三六	『西遊記』	江戸時代 一六〇〇～一八六七 鎖国令 一六三五
一七〇〇	清 一六四四～一九一二	『聊斎志異』	大政奉還 一八六七
一八〇〇			明治 一八六七～
一九〇〇	中華民国 一九一二～一九四〇	五四運動 一九一九 上海事変 一九三二	大正 一九一二～ 昭和 一九二六～
一九四九	中華人民共和国 一九四九～	国共内戦 一九四五	太平洋戦争 一九四一

索引

※太字のページ数は、その項目の掲載ページです。

■ さ ■

文昌帝君(ぶんしょうていくん)……101
文帝(ぶんてい)……405
碧霞元君(へきかげんくん)……69
辟穀(へきこく)……374
扁鵲(へんじゃく)……256
茅盈(ぼうえい)……366
茅山派(ぼうざんは)……369
方士(ほうし)……156
鮑静(ほうせい)……162
封禅(ほうぜん)……245・267
彭祖(ほうそ)……169
方相氏(ほうそうし)……320
房中術(ぼうちゅうじゅつ)……169
酆都大帝(ほうとたいてい)……83
抱朴子(ほうぼくし)……190・244・399
蓬莱山(ほうらいざん)……356・396
ポエ……98
穆王(ぼくおう)……42
墨子(ぼくし)……163
穆宗(ぼくそう)……191
北斗星君(ほくとせいくん)……55・381
保生大帝(ほせいたいてい)……276
本草綱目(ほんぞうこうもく)……261

■ま■

馬王堆(まおうたい)……171
麻姑(まこ)……394
媽祖(まそ)……66
蛟(みずち)……251
妙峰山(みょうほうざん)……71
岷江(みんこう)……250
門神(もんしん)……314
文武天皇(もんむてんのう)……320

■や■

夜叉(やしゃ)……89
酉陽雑俎(ゆうようざっそ)……224
楊貴妃(ようきひ)……141
煬帝(ようだい)……251

■ら■

雷神(らいじん)……221
雷帝(らいてい)……221
羅公遠(らこうえん)……144
羅刹(らせつ)……107
李左車(りさしゃ)……228
李少君(りしょうくん)……156
李白(りはく)……233・354
龍王(りゅうおう)……51・214・315
龍顔(りゅうがん)……127
龍穴(りゅうけつ)……124
劉根(りゅうこん)……377
柳仙(りゅうせん)……340
劉伯温(りゅうはくおん)……109
龍発木(りゅうはつぼく)……218
劉備(りゅうび)……94・185
劉猛将軍(りゅうもうしょうぐん)……296
聊斎志異(りょうさいしい)……154・387
呂尚(りょしょう)……288

呂祖（りょそ）……150
臨水夫人（りんすいふじん）……281
霊宝天尊（れいほうてんそん）……30
蓮華座（れんげざ）……78
老子（ろうし）……23
六丁六甲（ろくていろっこう）……46・49
盧生（ろせい）……355
呂洞賓（ろどうひん）……150・198
魯班（ろばん）……292・364

■わ■

淮南王劉安（わいなんおうりゅうあん）……370

参考文献

●辞書・事典類
東洋史辞典／京大東洋史辞典編纂会　東京創元社
科学史技術史事典／弘文堂
宗教辞典／上海辞書出版社
中国大百科全書（宗教・天文学）／中国大百科全書出版社
中国神話伝説辞典／上海辞書出版社

●道教専門書
道教の神々／窪徳忠著　日本放送出版協会
道教の養生術／アンリ・マスペロ著　せりか書房
道教の世界／窪徳忠著　学生社
世界宗教叢書9道教史／窪徳忠著　山川出版社
道教1～3／福井康順、山崎宏、木村英一、酒井忠夫監修　平河出版社
道教百話／窪徳忠著　講談社学術文庫
道教／アンリ・マスペロ著　平凡社東洋文庫
中国道教史／上海人民出版社
白話老子／岳麓書社
老子演義／斉魯書社
原始宗教興神話／上海文芸出版社
超凡世界／馬書田著　中国文史出版社
道教知識百問／今日中国出版社
道教文化面面観／斉魯書社
中国的水神／黄芝崗著　上海文芸出版社
原始信仰和中国古神／王小盾著　上海古籍出版社
道蔵要籍選刊1～10／上海古籍出版社
太平広記／中華書局

●その他の書籍
中国の神獣・悪鬼たち／伊藤清司著　東方書店
童乩（タンキー）／加藤敬著　平河出版社
水滸伝の旅／陳舜臣監修　講談社
西遊記の旅／陳舜臣監修　講談社
台湾民族大観／梁丞文著　大威出版社
中国民族探微／高国藩著　河海大学出版社

科学史からみた中国文明／藪内清著　日本放送出版協会
中国の思想／竹内実著　日本放送出版協会
天の科学史／中山茂著　朝日新聞社
滑稽／大室幹雄著　せりか書房
中国人の思考様式／中野美代子著　講談社・新書
中国の妖怪／中野美代子著　岩波書店・文庫
中国怪異集／鈴木了三著　社会思想社・文庫
北京風俗大全／羅信耀著　平凡社
捜神記／干宝著　平凡社・東洋文庫
酉陽雑俎／段成式著　平凡社・東洋文庫
北京の伝説／金受申著　平凡社・東洋文庫
清俗紀聞／中川忠英著　平凡社・東洋文庫
燕京歳時記／敦崇著　平凡社・東洋文庫
荊楚歳時記／宗懍著　平凡社・東洋文庫
中国社会風俗史／尚秉和著　平凡社・東洋文庫
天工開物／宋應星著　平凡社・東洋文庫
髪・鬚・爪／上海文芸出版社
三国志演義／立間祥介訳　平凡社
西遊記／太田辰夫、鳥居久靖訳　平凡社
水滸伝／駒田信二訳　平凡社
抱朴子／本田済、沢田瑞穂、高馬三良訳　平凡社
列仙伝／本田済、沢田瑞穂、高馬三良訳　平凡社
神仙伝／本田済、沢田瑞穂、高馬三良訳　平凡社
山海経／本田済、沢田瑞穂、高馬三良訳　平凡社
史記／野口定男、近藤光男他訳　平凡社
六朝唐宋小説集／前野直彬訳　平凡社
今古奇観／千田九一、松枝茂夫他訳　平凡社
聊斎志異／増田渉、松枝茂夫他訳　平凡社
剪燈新話／飯塚朗、今村与志雄訳　平凡社
剪燈余話／飯塚朗、今村与志雄訳　平凡社
閲微草堂筆記／飯塚朗、今村与志雄訳　平凡社
子不語／飯塚朗、今村与志雄訳　平凡社
中国中世都市紀行／井原弘著　中央公論社・新書
中国民俗探徽／高国藩著　河海大学出版社

あとがき

Taoism（タオイズム）という言葉は、一般にふた通りの意味を持つ。道教そのものを指す場合と、老荘の学である道家思想である。道教と道家思想。両者はともに老子がルーツであることを主張するが、この二者は大きな隔たりがある。どちらが本家かと問われれば、残念ながら道家思想の方だといわざるを得ない。宗教というものは、ひとりの人物が造り上げられるような代物ではない。発想はひとりでも可能かも知れないが、それが人々の間に定着する過程に、多くの人間の手によって肉付けされ、削られるものなのだ。そして、時代という流れの中であく抜きや研磨が繰り返されて、人々の心に馴染んでいくのである。

そういう意味で道教を考えると、これほど貪欲に肉付けした宗教というのも珍しい。太古からの神話や伝説、時折登場するヒーロー、天変地変、科学や倫理学を手当たり次第に吸収して、膨れてきたのである。

宗教は〝魂鎮めのための文化装置〟といわれる。人はなにかの目的を持ち、その成就を図る。手段のひとつが呪術であり、もうひとつの方法は、目的そのものを自分の内部で合理的に変質させるのである。つまりは魂鎮めである。

道教の場合、不思議なことに呪術的部分をも含んだ魂鎮めのシステムを持っている。

人々を救済する方法をいくつも持ったデパートのような存在なのだ。

中国人は世界に誇るべき偉大な文化を造り上げた民族だが、その恩恵を受ける者はひとにぎりにも満たなかった。世界のトップレベルの文化や思想の隣に、生存の危機がある。こうした状況が唯一の中国固有の宗教に反映するのは当然である。高邁な哲学的疑問に応えながら、日々の暮らしの不安にも応える。これが否応なしに求められた宗教の姿なのである。

それにしても、中国人の持つエネルギーはすごい。道教の神々の奇抜なアイディア、豊かなストーリー性、合理的な構成、いずれをとってもそのイメージの彷彿ぶりは驚嘆に値する。宇宙的なスケールでわれわれに迫り、しかも微妙な心の襞をくすぐるのだ。そのあたりを汲み取っていただけたら幸いである。

一九九一年春　真野隆也

この作品は、一九九一年四月に単行本として新紀元社より刊行されました。

文庫版あとがき

本書を記述してすでに二十年が経過した。誕生したばかりの赤ん坊が立派に成人式を迎える歳月である。その間『タオの神々』の本家たる中国大陸も大きく変貌を遂げている。停滞していた文化が突如として開放されると、錯誤と混迷を含みながらも、着実に新しいものを生み出していく。価値観の転換に大きな痛みがともなうのは仕方のないことか。

さいわいなことに、蒙昧・反動の烙印を押されていた道教という文化も復権を果たしつつある。宗教色が濃厚な年画が再評価され、道教研究についても進展しているようだ。日本でもタオの神々が活躍している。一九九五年、埼玉県坂戸市に三清道祖を祭った聖天宮が開廟し、横浜中華街には従来からあった関帝廟に加えて、媽祖廟が二〇〇六年に開廟した。関心ある方々にはぜひとも参詣をお勧めする。廟内に漂う独特の宇宙観を体感していただきたい。

真野隆也

Truth In Fantasy
タオ《道教》の神々

2012年5月5日　初版発行

著者　真野隆也
編集　弦巻由美子／堀良江／新紀元社編集部

発行者　藤原健二
発行所　株式会社新紀元社
〒160-0022
東京都新宿区新宿1-9-2-3F
TEL：03-5312-4481　FAX：03-5312-4482
http://www.shinkigensha.co.jp/
郵便振替　00110-4-27618

カバーイラスト　丹野忍
本文イラスト　森コギト／森川宗則
デザイン・DTP　株式会社明昌堂
印刷・製本　大日本印刷株式会社

ISBN978-4-7753-1007-6

●好評既刊　新紀元文庫●

幻想世界の住人たち
健部伸明と怪兵隊
定価：本体800円（税別）
ISBN978-4-7753-0941-4

幻想世界の住人たちⅡ
健部伸明と怪兵隊
定価：本体800円（税別）
ISBN978-4-7753-0963-6

幻想世界の住人たちⅢ〈中国編〉
篠田耕一
定価：本体800円（税別）
ISBN978-4-7753-0982-7

幻想世界の住人たちⅣ〈日本編〉
多田克己
定価：本体800円（税別）
ISBN978-4-7753-0996-4

幻の戦士たち
市川定春と怪兵隊
定価：本体800円（税別）
ISBN978-4-7753-0942-1

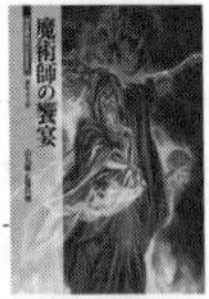

魔術師の饗宴
山北篤と怪兵隊
定価：本体800円（税別）
ISBN978-4-7753-0943-8

天使
真野隆也
定価：本体800円（税別）
ISBN978-4-7753-0964-3

占術　命・卜・相
高平鳴海 監修／占術隊 著
定価：本体800円（税別）
ISBN978-4-7753-0983-4

中世騎士物語
須田武郎
定価：本体800円（税別）
ISBN978-4-7753-0997-1

武勲の刃
市川定春と怪兵隊
定価：本体800円（税別）
ISBN978-4-7753-1006-9

●シリーズ刊行予定●

2012年6月末
Truth In Fantasy　ヴァンパイア
Truth In Fantasy　星空の神々

SKB